Das deutsche
Genossenschaftswesen

Dr. Gunther Aschhoff
Eckart Henningsen

Veröffentlichungen der
DG BANK Deutsche Genossenschaftsbank
Band 15

Das deutsche Genossenschaftswesen

Entwicklung, Struktur,
wirtschaftliches Potential

Zweite, völlig überarbeitete
und erweiterte Auflage

Dr. Gunther Aschhoff
Eckart Henningsen

Fritz Knapp Verlag · Frankfurt am Main 1995

Redaktion:
Dr. Gunther Aschhoff
Eckart Henningsen
DG BANK Deutsche Genossenschaftsbank, Frankfurt am Main.

*Gefördert durch den
Wissenschaftsfonds der DG BANK
im Stifterverband für die
Deutsche Wissenschaft.*

ISBN 3-7819-0558-6

Copyright 1995 by Fritz Knapp Verlag, Frankfurt am Main
Satz und Druck: Oehms Druck GmbH, Frankfurt am Main
Schrift: Linotype Aldus-Buchschrift
Bindearbeit: C. Fikentscher Großbuchbinderei GmbH, Darmstadt
Papier: 110 g/qm maschinenglatt holzfrei gelblichweiß Werkdruck 1,5fach.

Redaktionsschluß: 31. Oktober 1994.

Bei aller Fülle und Vielfalt der deutschen Fachliteratur über spezielle Aspekte der Genossenschaftswissenschaft und -praxis fehlte es lange an einer umfassenden, aber knappen Gesamtdarstellung sowohl der Ursprünge und der historischen Entwicklung als auch der aktuellen Struktur und des wirtschaftlichen Potentials sämtlicher Bereiche des deutschen Genossenschaftswesens. Nachdem diese Lücke im Jahre 1985 durch die erste Auflage von »Das deutsche Genossenschaftswesen – Entwicklung, Struktur, wirtschaftliches Potential« für die Bundesrepublik in ihren alten Grenzen geschlossen werden konnte, bedurfte dieses Werk nunmehr sowohl einer Aktualisierung als auch der Einbeziehung der Genossenschaften in den neuen Bundesländern.

Die vorliegende zweite Auflage von Band 15 der Veröffentlichungen der DG BANK Deutsche Genossenschaftsbank setzt zugleich die Reihe der Länder-Monographien fort, in der bereits die genossenschaftlichen Organisationen Großbritanniens, Indiens, der Niederlande, Österreichs und der Schweiz vorgestellt worden sind.

Im Vorwort zur ersten Auflage dieses Buches hatten wir der Hoffnung Ausdruck verliehen, daß diese Publikation den Charakter eines Standardwerkes erhalten werde. In der Tat liegt das Werk inzwischen auch in englisch (1986), chinesisch (1989) und japanisch (1990) vor; eine Veröffentlichung in arabisch wird gegenwärtig vorbereitet.

Damit hat eine weitere der Aufgaben, die bereits dem ersten Vorgänger-Institut der DG BANK – der 1895 in Berlin als Spitzeninstitut gegründeten Preußischen Central-Genossenschafts-Kasse – oblagen, nämlich die Veröffentlichung von Informationen über das deutsche Genossenschaftswesen, eine zeitgemäß globale Dimension gewonnen.

Der Vorstand
DG BANK Deutsche Genossenschaftsbank

Inhaltsverzeichnis

I. *Einleitung* 11

II. *Die historische Entwicklung* 16
    A. Die Anfänge 16
    B. Die Entwicklung bis zum Ersten Weltkrieg 27
    C. Die Zeit von 1918 bis 1945 33
    D. Der Wiederaufbau in den westlichen Besatzungszonen und in der Bundesrepublik Deutschland 38
    E. Die Entwicklung in der sowjetischen Besatzungszone und in der Deutschen Demokratischen Republik 41

III. *Struktur und wirtschaftliches Potential der Genossenschaften in der Bundesrepublik Deutschland* 48
    A. Genossenschaftsbanken 55
        1. Struktur der genossenschaftlichen Bankengruppe 55
            a) Kreditgenossenschaften 57
            b) Regionale genossenschaftliche Zentralbanken 63
            c) DG BANK als Spitzeninstitut 67
            d) Verbundunternehmen 73
            e) Verbandswesen 79
        2. Das wirtschaftliche Potential des genossenschaftlichen Bankenverbundes 82

    B. Ländliche Genossenschaften 89
        1. Struktur der Raiffeisen-Organisation 89
            a) Kreditgenossenschaften mit Warengeschäft 89
            b) Bezugs- und Absatzgenossenschaften und ihre Zentralen 91

  c) Molkereigenossenschaften und ihre Zentralen   94
  d) Vieh- und Fleischgenossenschaften und ihre Zentralen   96
  e) Obst- und Gemüsegenossenschaften und ihre
    Zusammenschlüsse   97
  f) Winzergenossenschaften und ihre Zentralen   98
  g) Sonstige Warengenossenschaften   100
  h) Dienstleistungsgenossenschaften   100
  i) Agrargenossenschaften   101
  j) Verbandswesen   102
 2. Das wirtschaftliche Potential der
  Raiffeisen-Organisation   103

C. Gewerbliche Genossenschaften   107
 1. Struktur der gewerblichen
  Genossenschaftsorganisation   107
  a) Genossenschaften des Nahrungs- und
    Genußmitteleinzelhandels und ihre Zentralen   108
  b) Genossenschaften des
    Nicht-Nahrungsmitteleinzelhandels   111
  c) Genossenschaften des Nahrungsmittelhandwerks
    und ihre Zentralen   114
  d) Genossenschaften des
    Nicht-Nahrungsmittelhandwerks
    und ihre Zentralen   116
  e) Genossenschaften der Freien Berufe   118
  f) Verkehrsgenossenschaften und ihre Zentralen   119
  g) Sonstige gewerbliche Genossenschaften   121
  h) Verbandswesen   122
 2. Das wirtschaftliche Potential der gewerblichen
  Genossenschaften   123

D. Konsumgenossenschaften   128
 1. Struktur der konsumgenossenschaftlichen
  Organisation   128
  a) Konsumgenossenschaften und ihre Zentralen   128
  b) Verbandswesen   134
 2. Das wirtschaftliche Potential der
  Konsumgenossenschaften   135

	E. Wohnungsgenossenschaften	136
	1. Struktur der wohnungswirtschaftlichen Genossenschaftsorganisation	136
	a) Wohnungsgenossenschaften	136
	b) Verbandswesen	142
	2. Das wirtschaftliche Potential der Wohnungsgenossenschaften	143
IV.	**Wesensmerkmale des Genossenschaftswesens**	146
	A. Das genossenschaftliche Gedankengut	146
	B. Das demokratische Prinzip in den Genossenschaften	150
	C. Das Selbstverständnis der Genossenschaften	153
	D. Das Image der Genossenschaften	158
V.	*Die Bildungs- und Ausbildungsarbeit der Genossenschaften*	163
VI.	*Die rechtlichen Grundlagen*	171
	A. Organisationsrecht	171
	B. Steuerrecht	176
	C. Wettbewerbsrecht	181
	D. Verfassungsrecht	186
VII.	*Die internationale Zusammenarbeit zwischen den Genossenschaften*	189
VIII.	*Einige Überlegungen zur Zukunft der Genossenschaften*	199
	Anhang:	
	Verzeichnis der Abkürzungen	205
	Verzeichnis der Übersichten	208
	Literaturverzeichnis	209
	Personenverzeichnis	221
	Sachverzeichnis	223

I. Einleitung*

Die Bundesrepublik Deutschland, mit dem Inkrafttreten des Grundgesetzes am 23. Mai 1949 als föderativer Bundesstaat gegründet und durch den Beitritt der Deutschen Demokratischen Republik am 3. Oktober 1990 erweitert, ist mit einer Fläche von 357 000 Quadratkilometern und einer Bevölkerung von 81 Millionen Einwohnern eines der am dichtesten besiedelten Länder Europas. Die Wirtschaftsstruktur wird durch die besondere geopolitische Lage in der Mitte Europas (Westintegration bei gleichzeitiger Öffnung des europäischen Ostens) sowie durch historisch-politische Bedingungen (Wiedervereinigung nach mehr als 40 Jahren der Trennung) geprägt. Die Industrialisierung hat früh und nachhaltig eingesetzt. Heute zählt die Bundesrepublik zu den führenden Industriestaaten der Welt.

Die Gesamtfläche wird zu 54,7 Prozent landwirtschaftlich und zu 29,1 Prozent forstwirtschaftlich genutzt. 1993 gab es insgesamt 36,4 Millionen Erwerbstätige. Ihre Aufteilung auf die verschiedenen Sektoren der Wirtschaft ist aktuell nur für die alten Bundesländer[1] bekannt. Dort betrug 1993 der Anteil der Erwerbstätigen im Produzierenden Gewerbe (Verarbeitendes Gewerbe zuzüglich Energie- und Wasserversorgung, Bergbau und Baugewerbe) 37,3 Prozent, in den Dienstleistungsunternehmen 20,6 Prozent, in Handel und Verkehr 19,3 Prozent, in der Land- und Forstwirtschaft einschließlich Fischerei 3,0 Prozent sowie in sonstigen Wirtschaftsbereichen (Staat, private Haushalte und ähnliches) 19,8 Prozent. Zur Bruttowertschöpfung der deutschen Volkswirtschaft haben 1993 das Produzierende Gewerbe 37,1 Prozent, die Dienstleistungsunternehmen 32,7 Prozent, Handel und Verkehr 14,5 Prozent und die Landwirtschaft 1,4 Prozent beigetragen; der Rest entfiel auf den Staat, private Haushalte und private Organisationen ohne Erwerbszweck.

---

* Wir danken allen, die durch konstruktiv-kritische Hinweise dazu beigetragen haben, daß wir dieses Buch in dieser Form vorlegen können. Bei unserem Bemühen um eine klare und genaue Darstellung der gewachsenen Struktur des deutschen Genossenschaftswesens hat uns der Rat erfahrener Fachleute sehr geholfen. Mit unserem Dank verbinden wir die Bitte, den Verfassern auch für die geplanten weiteren Auflagen Anregungen jeder Art zukommen zu lassen.

1 Baden-Württemberg, Bayern, Berlin, Bremen, Hamburg, Hessen, Niedersachsen, Nordrhein-Westfalen, Rheinland-Pfalz, Saarland und Schleswig-Holstein.

Die Bundesrepublik Deutschland ist in hohem Maße auf den Außenhandel angewiesen. Der Anteil der Exporte am Bruttosozialprodukt betrug 1993 20,2 Prozent, der Anteil der Importe 18,3 Prozent.[2] Der strukturelle Überschuß in der Handelsbilanz wird in starkem Umfang zur Deckung der Defizite in der Übertragungs- und der Dienstleistungsbilanz benötigt. Dennoch bildete sich in der Leistungsbilanz – wiedervereinigungsbedingt – seit 1991 ein erheblicher Fehlbetrag in zweistelliger Milliardenhöhe heraus.

Haupthandelspartner der Bundesrepublik sind die Länder der Europäischen Gemeinschaft (EG), die 1958 von Belgien, der Bundesrepublik, Frankreich, Italien, Luxemburg und den Niederlanden gegründet wurde. Im Jahre 1973 traten der EG Dänemark, Großbritannien und Irland bei, Griechenland folgte 1981, Spanien und Portugal schlossen sich 1986 an. In diese Länder gingen 1993 46,0 Prozent der deutschen Ausfuhren, und 44,4 Prozent der Einfuhren stammten aus der EG. Die Bundesrepublik ist ferner eines der Gründungsmitglieder des Europäischen Währungssystems (EWS) von 1979, der Wirtschafts- und Währungsunion (WWU), die 1991 in Maastricht beschlossen wurde, und der Europäischen Union (EU), deren Vertragswerk zum 1. Januar 1994 in Kraft trat. Zu Beginn des Jahres 1994 wurde auch der Europäische Wirtschaftsraum (EWR) gebildet, der die zwölf Mitgliedstaaten der EG sowie fünf der sieben Länder der Europäischen Freihandelszone (EFTA) umfaßt (Finnland, Island, Norwegen, Österreich und Schweden).

Hinsichtlich der Größenstruktur der Unternehmen überwiegen in der Bundesrepublik Deutschland Mittel- und Kleinbetriebe; diese beschäftigen nahezu zwei Drittel aller Arbeitnehmer. Nach einer früheren Untersuchung im Rahmen dieser Schriftenreihe[3] sind Handwerk, Handel, Verkehrsgewerbe sowie Gaststätten- und Beherbergungsgewerbe am deutlichsten, und zwar nahezu völlig, mittelständisch strukturiert; selbst die Industrie besteht zu über 90 Prozent aus mittelständischen Unternehmen.

---

2 Folgt man der international gebräuchlichen Übung, als Indikator für die wirtschaftliche Verflechtung mit dem Ausland die Handels- und die Dienstleistungsbilanz zusammenzufassen, so erreichen die Exporte 28,4 Prozent und die Importe 27,7 Prozent des Bruttosozialproduktes.

3 Vgl. Felix Viehoff, Zur mittelstandsbezogenen Bankpolitik des Verbundes der Genossenschaftsbanken, Teil I: Zum Begriff und zur wirtschaftlichen Bedeutung des Mittelstandes (unter Mitarbeit von Eckart Henningsen), Frankfurt am Main 1978, S. 117 ff.; diese Untersuchung bezog sich naturgemäß allein auf die aus heutiger Sicht »alten« Bundesländer.

Leitidee der deutschen Wirtschaftspolitik ist die Soziale Marktwirtschaft, deren geistige Grundlage die freiheitliche Ordnung in Wirtschaft und Gesellschaft bildet. In bewußter Abkehr von der zentralen Wirtschaftslenkung hat der Staat dabei für eine Wettbewerbsordnung zu sorgen und wirtschaftspolitische Entscheidungen unter marktkonformen Gesichtspunkten zu treffen. Motor der Sozialen Marktwirtschaft ist der Wettbewerb. Der Markt entscheidet grundsätzlich darüber, was angeboten und nachgefragt wird; entscheidende Voraussetzungen dafür sind die Dezentralisierung wirtschaftlicher Entscheidungen, das Recht auf Privateigentum und die persönliche Verantwortung und Risikoübernahme. Die soziale Komponente dieser Wirtschaftsordnung manifestiert sich in dem sozialen Ausgleich der aus dem Produktionsprozeß resultierenden Einkommensverteilung ebenso wie in dem ausgebauten Sozialversicherungssystem und vielfachen Möglichkeiten staatlich geförderter Vermögensbildung. Die durch die Soziale Marktwirtschaft freigesetzten Produktivkräfte haben seit der Währungsreform von 1948 zu einer breiten Steigerung des Wohlstandes geführt.[4] In den alten Bundesländern betrug die Wachstumsrate des Bruttosozialproduktes (nach mehr als real sechs Prozent im Durchschnitt der fünfziger und sechziger Jahre) in den siebziger Jahren rund drei und in den achtziger Jahren rund zwei Prozent. Nachdem mit der Wiedervereinigung zunächst zusätzliche Wachstumseffekte verbunden gewesen waren, war die deutsche Volkswirtschaft zu Anfang der neunziger Jahre durch eine konjunkturelle Schwäche der Weltwirtschaft, die mit dem Aufbau der Wirtschaft in den neuen Bundesländern[5] verbundenen Belastungen und entsprechende Anpassungsmaßnahmen gekennzeichnet. Inzwischen aber steigt das Bruttoinlandsprodukt wieder an (seit 1992 in Ostdeutschland, seit 1994 auch in Westdeutschland).

Gegenstand der vorliegenden Veröffentlichung ist – vor dem Hintergrund dieser Wirtschaftsstruktur – die Darstellung der Entwicklung, des Aufbaus und des wirtschaftlichen Potentials des deutschen Genossenschaftswesens. Dazu bedarf der Begriff »Genossenschaftswesen« zunächst einer Klärung

---

4 Vgl. Artikel Soziale Marktwirtschaft, in: Handwörterbuch der Sozialwissenschaften, Stuttgart-Tübingen-Göttingen 1956, Bd. 9, S. 390 ff. (zukünftig zitiert als HDSW), sowie Artikel Marktwirtschaft, soziale, in: Handwörterbuch der Wirtschaftswissenschaft, Stuttgart-New York-Tübingen-Göttingen-Zürich 1977, Bd. 5, S. 153 ff. (zukünftig zitiert als HdWW), ferner Artikel Soziale Marktwirtschaft, in: Horst Claus Recktenwald, Wörterbuch der Wirtschaft, Stuttgart 1975, S. 431 f.
5 Brandenburg, Mecklenburg-Vorpommern, Sachsen, Sachsen-Anhalt und Thüringen.

und Abgrenzung in zwei Richtungen.[6] Einerseits sollen nur die Erwerbs- und Wirtschaftsgenossenschaften des privaten Rechts behandelt werden, während die öffentlich-rechtlichen Genossenschaften (zum Beispiel Berufsgenossenschaften, Waldgenossenschaften, Jagdgenossenschaften, Wasser- und Bodengenossenschaften) außer Betracht bleiben, weil sie Zwangsgemeinschaften mit hoheitlichen Aufgaben sind. Andererseits sind über die privatrechtlichen Genossenschaften hinaus jene Unternehmen und Wirtschaftsgebilde zu behandeln, die von Genossenschaften des privaten Rechts oder zu deren Förderung errichtet wurden, auch wenn sie nicht die Rechtsform der eingetragenen Genossenschaft (eG) haben. Ein Beispiel dafür stellt die DG BANK Deutsche Genossenschaftsbank dar, ihrer Rechtsform nach eine Körperschaft des öffentlichen Rechts.

Als Ausgangspunkt und organisatorisches Gliederungsschema wählen wir – der wirtschaftlichen Realität folgend – die Zugehörigkeit der Genossenschaften und der von ihnen getragenen Unternehmen zu einem der auf nationaler Ebene operierenden Verbände; wir unterscheiden demnach im deutschen Genossenschaftswesen die Sparten der Kreditgenossenschaften, der ländlichen Genossenschaften sowie der gewerblichen Genossenschaften. Daneben gibt es in der Bundesrepublik Deutschland noch die Konsumgenossenschaften und die Wohnungsgenossenschaften.

Da in der Bundesrepublik die im Genossenschaftsgesetz vorgeschriebene Pflichtmitgliedschaft[7] umfassend ist, garantiert dieses Gliederungsschema eine lückenlose Erfassung aller Erwerbs- und Wirtschaftsgenossenschaften. Richten wir uns nach dem organisatorischen Aufbau, so nehmen wir freilich bewußt in Kauf, daß Genossenschaften gleicher Funktion gesondert behandelt werden, sofern sie, wie die Einkaufsgenossenschaften des Handels und des Handwerks einerseits, die Bezugsgenossenschaften der Landwirtschaft sowie die Konsumgenossenschaften andererseits, verschiedenen Verbänden angehören.

Trotz mannigfacher Unterschiede in der wirtschaftlichen Betätigung, der soziologischen Struktur des Mitgliederkreises und der Erfolge auf den je-

---

6 Vgl. Hans Georg Ruppe, Das Genossenschaftswesen in Österreich, Frankfurt am Main 1970, S. 12. Wir folgen Ruppe auch im weiteren Aufbau dieser Einleitung.
7 Wie im einzelnen bei der Behandlung der rechtlichen Grundlagen der Genossenschaft noch nachzuweisen sein wird, muß jede Genossenschaft Mitglied eines genossenschaftlichen Prüfungsverbandes sein. Siehe S. 36 und S. 176.

weiligen Märkten weist das deutsche Genossenschaftswesen eine *relative Geschlossenheit* auf. Die Eigenheiten der Rechtsform der eingetragenen Genossenschaft, durch die strengen Revisionsbestimmungen[8] besonders unterstrichen, und betriebswirtschaftliche Besonderheiten aufgrund von Förderungsauftrag und Identitätsprinzip[9] unterscheiden die Genossenschaften von der übrigen (privaten) Wirtschaft. Die Geschlossenheit dokumentiert sich äußerlich in einer – allerdings nicht streng institutionalisierten – gemeinsamen Interessenvertretung, dem Freien Ausschuß der deutschen Genossenschaftsverbände. Wir sehen in diesen genossenschaftstypischen Eigenheiten eine Rechtfertigung für die gemeinsame Behandlung aller Teile jenes Sektor der Wirtschaft, den man in der Bundesrepublik trotz aller augenfälligen Unterschiede unter dem Begriff »Genossenschaftswesen« zusammenfaßt. Die Rechtsform allein kann dafür nämlich nicht entscheidend sein, da sonst gerade viele wirtschaftlich herausragende Unternehmen des Genossenschaftssektors, die in anderen Rechtsformen geführt werden, außer Betracht bleiben müßten.[10]

Struktur und wirtschaftliches Potential der Genossenschaften in der Bundesrepublik Deutschland sollen im Mittelpunkt der folgenden Darstellung stehen, ehe wir auf die *Wesensmerkmale*, die *Bildungs- und Ausbildungsarbeit*, die *rechtlichen Grundlagen* und die *internationale Zusammenarbeit* der Genossenschaften eingehen. Da das deutsche Genossenschaftswesen eine lange Entwicklungsgeschichte aufweist, beginnen wir mit einer *historischen Einführung*. Die Arbeit ist nach dem am 31. Oktober 1994 vorliegenden Datenmaterial abgeschlossen worden.

---

8 Siehe S. 176.
9 Siehe S. 148 f.
10 Vgl. Ruppe, a. a. O., S. 7.

II. Die historische Entwicklung

A. Die Anfänge

Die Anfänge genossenschaftlicher Zusammenschlüsse auf deutschem Boden lassen sich bis auf die germanischen Stämme zurückführen. Die organisatorische Form, in der sich die Genossenschaftsbildung bei den Germanen vollzog, war der Sippenverband, der allerdings nicht auf freiwilliger Übereinkunft beruhte, sondern in der blutsmäßigen Verbundenheit der Großfamilie wurzelte. Oberster Machtträger dieser familienrechtlichen Zwangsverbände, die den Boden gemeinschaftlich kultivierten und nutzten, war der Sippenälteste, dem die unumschränkte Gewalt über Leben und Eigentum der Familienmitglieder zustand. Das wirtschaftliche Handeln und die soziale Entwicklung des Einzelnen waren mithin nur innerhalb der von dieser patriarchalischen Ordnung gesetzten Schranken möglich; die Zugehörigkeit zur Sippe war Voraussetzung für seine Teilnahme am Wirtschafts- und Rechtsleben.[1]

Als die personellen Bindungen zurücktraten und die Sippenverbände sich allmählich auflösten, entstand auf dem Lande mit dem Typ der Markgenossenschaft eine andere Frühform gemeinschaftlichen Wirtschaftens. Ihre Mitglieder verfügten in der Regel über das individuelle Eigentum an den Äckern, deren Bewirtschaftung jedoch infolge des Flurzwanges[2] strikten Bindungen unterlag. Die bei den germanischen Sippenverbänden generell betriebene gemeinschaftliche Nutzung des Bodens erstreckte sich bei den Markgenossenschaften nur noch auf Wälder, Weiden, Wasser und Wege, die sogenannte Allmende. Über dieses markgenossenschaftliche Gemeinland konnte nur die Gesamtheit der Markgenossen verfügen. Dieses System wurde erst mit der Aufhebung des Flurzwanges aufgelöst. »Das

---

[1] Vgl. Otto von Gierke, Das deutsche Genossenschaftsrecht, 1. Bd., Rechtsgeschichte der deutschen Genossenschaft, Berlin 1868, Neudruck Graz 1954, Helmut Faust, Geschichte der Genossenschaftsbewegung, 3. Aufl., Frankfurt am Main 1977, S. 20 f., und Heinz Paulick, Das Recht der eingetragenen Genossenschaft, Karlsruhe 1956, S. 15 f. Diese Art des Zusammenlebens stellt keine deutschrechtliche Besonderheit dar, sondern ist, zum Teil bis in die Gegenwart hinein, typisch für archaische Gesellschaften.

[2] Der Flurzwang war ein gemeinsamer Wirtschaftsplan der Markgenossen mit festgelegten Terminen für Bestellung, Aussaat und Ernte; ihm hatte sich der einzelne Markgenosse unterzuordnen.

bis dahin genossenschaftlich verwaltete und genutzte Allmendeland wurde von den Nutzungsrechten der Genossen befreit und in freies Gemeindevermögen oder in freies Eigentum der Genossen überführt.«[3]
Genossenschaftsähnliche Zusammenschlüsse bildeten sich auch in den mittelalterlichen Städten, und zwar unabhängig von den bisher behandelten bäuerlichen Gemeinschaftsformen. Es handelte sich dabei zum einen um die Gilden des Handels, zum anderen um die Zünfte des Handwerks.[4]
Die ersten Gilden entstanden in Deutschland bereits im 8. und 9. Jahrhundert. Sie waren anfänglich Schutzgemeinschaften von Kaufleuten gegen die Wechselfälle des Lebens, später unterhielten sie gemeinsame Einrichtungen wie eigene Hallen, Kais und Kräne. Ihrem Gemeinschaftsleben gaben sie bestimmte Formen, die sie in Satzungen niederlegten. Ursprünglich aus dem freien Willen der Mitglieder entstanden, wurden die Gilden allmählich zu Zwangsgemeinschaften, die ein Monopol in dem betreffenden Handelszweig anstrebten, um auf diese Weise jedem Angehörigen der Gilde ein standesgemäßes Auskommen zu sichern.[5]
Eine ähnliche Geltung, wie sie sich im Handel die Gilden verschafft hatten, kam im Handwerk den Zünften zu, die seit dem Beginn des 12. Jahrhunderts in Deutschland aufkamen. Auch sie waren ursprünglich freie Vereinigungen der Handwerker gleichen Gewerbes in einer Stadt, unterwarfen jedoch bald die Zunftgenossen starken Bindungen: Die Arbeitsweise und die Qualität der handwerklichen Erzeugnisse waren vorgeschrieben; die Mitglieder der Zunft waren verpflichtet, die ihnen zugeteilten Arbeitsaufträge zu erledigen; Löhne, Arbeitsstunden und die Zahl der zu beschäftigenden Gesellen wurden von der jeweiligen Zunft ebenso festgelegt wie die Verkaufspreise der handwerklichen Erzeugnisse. Es wurden Gemeinschaftseinrichtungen gegründet für den Bezug, die Produktion und den Absatz. Gemeinsames Ziel dieser Bemühungen war es, die Sicherheit und Gleichheit aller Zunftgenossen zu gewährleisten.[6]

---

3 Paulick, a. a. O., S. 18.
4 Vgl. Gerhard Dilcher, Die genossenschaftliche Struktur von Gilden und Zünften, in: Gilden und Zünfte. Kaufmännische und gewerbliche Genossenschaften im frühen und hohen Mittelalter, Sigmaringen 1985, S. 71 ff.
5 Vgl. Faust, a. a. O., S. 25 f., und Artikel Gilde, in: Genossenschafts-Lexikon, Wiesbaden 1992, S. 322 f.
6 Vgl. Faust, a. a. O., S. 26 f., und Artikel Zünfte und moderne Genossenschaften, in: Genossenschafts-Lexikon, a. a. O., S. 759 f.

In unserem Zusammenhang ist als Kennzeichen der Zünfte der Zunftzwang hervorzuheben, der für die Zunftgenossen zugleich ein Gewerbemonopol und eine Gewerbepflicht bedeutete. Die Zünfte verbanden ihre Angehörigen nicht nur zu wirtschaftlichen Zwecken, sondern erfaßten sie in fast allen sozialen Beziehungen – politisch, militärisch, gesellschaftlich, kulturell und religiös. Die Zünfte und Gilden lösten sich zu Anfang des 19. Jahrhunderts auf, als mit der Einführung der Gewerbefreiheit derart umfassende Gemeinschaftsformen den neuen, liberalen Ordnungsvorstellungen diametral zuwiderliefen; keine der frühen Kooperationsformen hat die beginnende Industrialisierung überdauert.

Aufhebung des Flurzwanges, Ende des Zunftzwanges, Einführung der Gewerbefreiheit – dies alles vertrug sich nicht mit den festgefügten Gemeinschaftsformen, die vorher in der Landwirtschaft, im Handel und im Handwerk bestanden hatten. Andererseits waren es gerade die Bedürfnisse dieser Bereiche und waren es gerade auch diese ordnungspolitischen Neuerungen, die zur Gründung der modernen Genossenschaften führten, die mit den Namen von HERMANN SCHULZE-DELITZSCH und FRIEDRICH WILHELM RAIFFEISEN verbunden sind. Ihr genossenschaftspolitischer Ansatz war jedoch in zwei entscheidenden Punkten völlig verschieden von den Vorläuferorganisationen in der deutschen Rechtsgeschichte. Zum einen basierten die Genossenschaften beider Gründerpersönlichkeiten auf dem *Prinzip der absoluten Freiwilligkeit* des Ein- und Austritts, sie waren also schon insoweit mit den Zwangsverbänden der früheren Zeit nicht mehr vergleichbar. Zum anderen waren die Genossenschaften, die SCHULZE-DELITZSCH und RAIFFEISEN schufen, *Hilfs- und Ergänzungsgenossenschaften*, auf die die Mitglieder die Wahrnahme bestimmter betrieblicher oder haushaltswirtschaftlicher Teilfunktionen übertrugen, ohne daß die Genossenschaften die gesamte Wirtschaftsführung oder gar andere Lebensbereiche der Mitglieder bestimmt hätten. »Dieser Totalitätsgedanke, dieser Anspruch auf Erfassung des gesamten Lebensbereiches der Genossen fehlen den modernen Erwerbs- und Wirtschaftsgenossenschaften. Ihr Zweck erstreckt sich jeweils nur auf die Erreichung der engbegrenzten wirtschaftlichen Ziele, die durch den in der Satzung genau umschriebenen Gegenstand des Unternehmens bestimmt werden; sie erfassen nur einen kleinen Teilbereich, nur einen Ausschnitt der im übrigen selbständigen und selbständig bleibenden Einzelwirtschaften der Mitglieder. Hierin liegt der fundamentale Unterschied zwischen der heutigen Genossenschaft und ihren historischen Vorbildern.«[7] Und man könnte hinzufügen: Der soziale Antrieb der beiden großen Gründerpersönlichkeiten des deutschen Genossenschaftswesens kam, anders als der vieler utopischer Konzepte, nicht aus dem bloß Gedachten, sondern aus dem Erlebten; er war daher von humanitärer Nüchternheit gekennzeichnet.[8]

Nur diese heutige Form der Genossenschaft werden wir im weiteren behandeln.

SCHULZE-DELITZSCH und RAIFFEISEN sahen sich mit der wirtschaftlichen Not konfrontiert, in die breite Schichten in Stadt und Land durch die Liberalisierung des Wirtschaftslebens Anfang des 19. Jahrhunderts gestürzt worden waren. Die Industrialisierung hatte Handwerker und Kleingewerbetreibende vor eine neue Situation gestellt; die Stein-Hardenberg'schen Reformen[9] hatten zwar den ehemals abhängigen Bauern die Freiheit zu wirtschaftlicher Selbständigkeit gebracht, doch hatten sie auch die damit verbundenen Herausforderungen zu bestehen. Besonders gravierend wirkte sich die ökonomische Schwächelage dieser Schichten beim Bezug von Bedarfsartikeln und insbesondere bei der Kreditbeschaffung aus. Aufbauend auf den Grundsätzen der solidarischen Selbsthilfe und der Gleichbehandlung der Beteiligten erdachten und schufen SCHULZE-DELITZSCH und RAIFFEISEN, ungeachtet mancher Unterschiede im Detail, gleichförmig Genossenschaften, die speziell diesen Schwierigkeiten begegnen sollten.

SCHULZE-DELITZSCH und RAIFFEISEN waren mithin die *Schöpfer des modernen Genossenschaftswesens in Deutschland*.[10] Die von ihnen geschaffenen neuen Unternehmenstypen der Kreditgenossenschaft, der Kreditgenossenschaft mit angeschlossenem Warengeschäft sowie der Einkaufsgenossenschaft für Handel und Handwerk waren *originäre Leistungen und Vorbild für entsprechende Gründungen in aller Welt*. Mit ihnen und ihren Gründern wollen wir uns daher noch genauer beschäftigen.

---

7 Paulick, a. a. O., S. 21. Vgl. zu Vorstehendem auch Felix Viehoff, Zur mittelstandsbezogenen Bankpolitik des Verbundes der Genossenschaftsbanken, Teil II: Wirtschaftlicher Mittelstand und genossenschaftliche Bankpolitik (unter Mitarbeit von Gunther Aschhoff), Frankfurt am Main 1979, S. 47 ff.
8 Vgl. Joachim Fest, in: Ansprachen zur Einweihung des Neubaus der DG BANK, (Frankfurt am Main 1985), S. 18 f.
9 Die Stein-Hardenberg'schen Reformen, eine liberale Agrarreform zu Anfang des 19. Jahrhunderts, sprengten die bis dahin geltende feudale Rechtsordnung und setzten an die Stelle der Grundherrschaft oder der Gutsherrschaft das freie Eigentumsrecht des Bauern. Der Ablösungswert verblieb jedoch als zu verzinsende Kapitalschuld auf dem bäuerlichen Eigentum. Vgl. Artikel Agrarpolitik (II), in: HDSW, Bd. 1, S. 89 f., und Faust, a. a. O., S. 323 ff.
10 Vgl. Werner Wilhelm Engelhardt, Allgemeine Ideengeschichte des Genossenschaftswesens, Darmstadt 1985, S. 146 ff., und Hans-Werner Winter, Genossenschaftswesen, Stuttgart-Berlin-Köln-Mainz 1982, S. 23 f.

HERMANN SCHULZE-DELITZSCH (1808–1883) war Jurist und lernte die Sorgen des Kleingewerbes sowohl bei seiner richterlichen Tätigkeit in seiner sächsischen Heimatstadt als auch durch sein Wirken als Parlamentsangehöriger kennen. In privater Initiative führte er zunächst, zur Abwendung von Notlagen bedrohter Mitbürger, soziale Hilfsmaßnahmen zusammen, wobei er die Mittel durch humanitäre Appelle an die Wohlhabenden zu gewinnen suchte. Doch stellte er bald fest, daß auf diese Weise die gedrückte und unsichere Lage vieler seiner Mitbürger nicht auf Dauer verbessert werden konnte. Bei der Suche nach praktischen Mitteln wirksamer Hilfe, dabei als Liberaler mit einem Lösungsansatz zwischen Individualismus und Kollektivismus sowohl den Manchester-Liberalen als auch den Sozialisten entgegentretend, entdeckte er als Grundprinzip der modernen Genossenschaft das Vertrauen des Einzelnen in die eigene Kraft und den Zusammenschluß zur Stärkung der Einzelkräfte. *»Die freie, gemeinschaftliche Selbsthilfe und die persönliche Selbstverantwortung, die Solidarität der Betroffenen – das sind die Grundideen, auf denen sein genossenschaftliches Werk fußt.«*[11]

Im Jahre 1849 gründete SCHULZE-DELITZSCH in seiner Heimatstadt als erste gewerbliche Warengenossenschaften »Rohstoffassoziationen« für Tischler und Schuhmacher.[12] Ihnen folgte 1850 ein »Vorschußverein«, der 1852 umgestaltet wurde. Als SCHULZE-DELITZSCH seine ersten Erfahrungen über die Gründung derartiger Vereine schriftlich niederlegte, benannte er sie bereits mit der noch heute gültigen Bezeichnung »Volksbanken«.[13] Er wollte mit dieser Benennung zum Ausdruck bringen, worauf es ihm von Anfang an ankam, nämlich breiten, mittelständischen Volksschichten den Zugang zum organisierten Betriebsmittelkredit zu ermöglichen, den ihnen weder die Aktienbanken boten, die sich in ihrer Geschäftspolitik auf die rasch expandierende Industrie und den großbetrieb-

---

11 Hermann Schulze-Delitzsch. Genossenschaftsgründer und Sozialreformer, in: DG BANK Deutsche Genossenschaftsbank, Bericht über das Geschäftsjahr 1982, S. 34 (Hervorhebung von den Verfassern).
12 Die deutsche Bezeichnung »Genossenschaft« anstelle des aus dem Französischen entlehnten Begriffes »Assoziation« führte Schulze-Delitzsch erst im Jahre 1858 ein. Der Begriff der Genossenschaft geht auf die althochdeutsche Wortwurzel »noz« = Vieh zurück. Aus dem althochdeutschen »Ginoz« hat sich im Mittelhochdeutschen »Genoz« gebildet, wobei die Vorsilbe »Ge« immer auf eine Gemeinsamkeit hinweist. Wie der Geselle derjenige ist, der im gleichen Saal weilt, den gleichen Raum teilt, der Gefährte Teilnehmer einer Fahrt ist, so hat der Genosse Anteil am Vieh oder an der Viehweide. Die Viehhaltung aber war eine Angelegenheit der »ginozcaf«; das war im Althochdeutschen das Wort für Genossenschaft. Vgl. Faust, a. a. O., S. 20.
13 Vgl. Hermann Schulze-Delitzsch, Vorschuß- und Kreditvereine als Volksbanken, Leipzig 1855.

lichen Handel konzentrierten, noch die Sparkassen, die neben dem Spargedanken vornehmlich den Kommunalkredit und den hypothekarisch gesicherten langfristigen Kredit zu pflegen hatten. Hinsichtlich der Mitgliedschaft bei seinen Vorschußvereinen legte er das Prinzip der unbeschränkten Solidarhaft als Norm fest.[14] Der einfache und gerade deswegen große Gedanke, die Beschaffung marktmäßig sonst unerhältlicher Kredite auf der Basis solidarischer Selbsthilfe zu organisieren, fiel auf außerordentlich fruchtbaren Boden. Um die zahlreichen Gründungen der Folgezeit betreuen und deren weitere Entwicklung fördern zu können, gründete SCHULZE-DELITZSCH bereits 1859, als Vorläufer des späteren nationalen Dachverbandes, ein »Centralkorrespondenzbüro der Deutschen Vorschuß- und Kreditvereine«, dessen Leitung er übernahm.

Bald darauf, im Jahre 1864, entstand zum Zwecke des Geldausgleichs als erste genossenschaftlich getragene zentrale Geschäftsanstalt in Deutschland die »Deutsche Genossenschaftsbank von Soergel, Parrisius und Co.«. Einem ihrer beiden persönlich haftenden Gesellschafter, RUDOLF PARRISIUS, ist auch die Schaffung eines genossenschaftseigenen Gironetzes durch die Gründung des »Giroverbandes der deutschen Genossenschaften« im Jahre 1867 zu verdanken.

Um die von ihm entwickelte eigenständige Organisationsform der Genossenschaft auch rechtlich abzusichern, setzte SCHULZE-DELITZSCH zunächst 1867 in Preußen, dann 1868 im Norddeutschen Bund und schließlich 1871 im Deutschen Reich die Verabschiedung eines speziellen Genossenschaftsgesetzes durch; auch die Umgestaltung des Gesetzes im Jahre 1889 ging im wesentlichen noch auf seine Vorarbeit zurück.[15]

Ebenfalls um die Mitte des 19. Jahrhunderts – zunächst jedoch ohne von SCHULZE-DELITZSCHS Gründungen zu wissen – versuchte auch FRIEDRICH WILHELM RAIFFEISEN (1818–1888), der seit 1845 als Bürgermeister in ver-

---

14 Vgl. Gunther Aschhoff, Die Verwirklichung der Genossenschaftsidee durch Hermann Schulze-Delitzsch in der zweiten Hälfte des 19. Jahrhunderts, in: Sparkassenidee und Genossenschaftsgedanke, Zeitschrift für bayerische Sparkassengeschichte, Heft 4, (Wolnzach) 1990, S. 76 f.

15 Die umfassendste Würdigung des Lebenswerkes von Hermann Schulze-Delitzsch in der jüngeren Vergangenheit stammt aus dem Institut für Genossenschaftswesen an der Universität Marburg. In dem Sammelband »Schulze-Delitzsch, ein Lebenswerk für Generationen«, Bonn 1987, werden sowohl der Politiker, der Wirtschafts- und Sozialpolitiker und der Rechtspolitiker Schulze-Delitzsch eingehend gewürdigt als auch das Organisationskonzept Genossenschaft zu Recht als eine Pionierleistung von Schulze-Delitzsch herausgestellt. Im Jahre 1993 gab der Deutsche Genossenschafts- und Raiffeisenverband (DGRV) eine Broschüre heraus, die in sehr prägnanter Form Leben und Werk von Hermann Schulze-Delitzsch würdigt (Denken, handeln – Hermann Schulze-Delitzsch, Wiesbaden 1993).

schiedenen ländlichen Gemeinden des Westerwaldes im heutigen Bundesland Rheinland-Pfalz wirkte, angesichts akuter wirtschaftlicher Notlagen Hilfsmaßnahmen zu organisieren, indem er die wohlhabenderen Dorfbewohner zur Unterstützung ihrer bedrohten Mitmenschen anregte.[16] Aber auch RAIFFEISEN gelangte zu der Einsicht, daß ausschließlich karitativ motivierte »Wohltätigkeitsvereine«, wie seine ersten Gründungen hießen, auf die Dauer nicht lebensfähig seien. Nicht die wohlhabenderen Bevölkerungsschichten, sondern die Bedürftigen selbst mußten als Träger und Garanten organisierter Selbsthilfe gewonnen werden. Auch RAIFFEISEN fußte auf dem Grundsatz der unbeschränkten Haftpflicht. *»Die wesentlichste Pflicht der Mitglieder, worauf sich das Bestehen der Vereine gründet, ist die Haftbarkeit. Um den Vereinen den nöthigen Credit für das zu ihrem Betriebe erforderliche Geld zu verschaffen, ist es durchaus nöthig, daß diese Haftbarkeit unter den Mitgliedern solidarisch stattfindet, daß nämlich unter den letzteren alle für eines und eines für alle haften.«*[17]

Während SCHULZE-DELITZSCH zunächst gewerbliche Einkaufsgenossenschaften und erst später Kreditgenossenschaften schuf, waren RAIFFEISENS erste Genossenschaftsgründungen in Anhausen 1862 und in Heddesdorf 1864 Kreditgenossenschaften, die er »Darlehnskassenvereine« nannte. Im Jahre 1869 unternahm erstmals ein Darlehnskassenverein auch Warenbezüge; damit war der neue und in der ländlichen Wirtschaftsstruktur wirksame Typ der »gemischtwirtschaftlichen« Genossenschaft[18] entstanden, der fast ein Jahrhundert später zum Prototyp beim Aufbau des Genossenschaftswesens in Entwicklungsländern werden sollte.

---

16 Raiffeisen beschritt diesen Weg auch noch über den im Notwinter 1846/47 gegründeten »Brotverein« in Weyerbusch hinaus mit seinen Gründungen des »Flammersfelder Hilfsvereins zur Unterstützung unbemittelter Landwirte« von 1849 und des »Heddesdorfer Wohltätigkeitsvereins« von 1854, wurde jedoch durch einen Briefwechsel mit Schulze-Delitzsch davon überzeugt, »daß derartige Vereine nur dann lebensfähig sind und bestehen können, wenn sie auf die unbedingte Selbsthilfe gegründet ... sind« (Erich Lothar Seelmann-Eggebert, Friedrich Wilhelm Raiffeisen – Sein Lebensgang und sein genossenschaftliches Werk, Stuttgart 1928, S. 72).
17 Friedrich Wilhelm Raiffeisen, Die Darlehnskassen-Vereine als Mittel zur Abhilfe der Noth der ländlichen Bevölkerung, sowie auch der städtischen Handwerker und Arbeiter, 1. Aufl., Neuwied 1866, S. 23 (Hervorhebung von den Verfassern). Im Jahre 1984 stellte die Raiffeisendruckerei Neuwied einen Faksimiledruck dieser Erstausgabe her.
18 Wir verwenden diesen Begriff, weil er seit langem und bis heute hin im genossenschaftlichen Schrifttum verwendet wird (vgl. beispielsweise Artikel Gemischtwirtschaftliche Kreditgenossenschaften, in: Handwörterbuch des Genossenschaftswesens, Wiesbaden 1980, Sp. 611 ff. (zukünftig zitiert als HdG), und Artikel Gemischtwirtschaftliche Kreditgenossenschaften, in: Genossenschafts-Lexikon, a. a. O., S. 240 ff.), obwohl der Begriff »gemischtwirtschaftlich« auch für die Mischung von staatswirtschaftlicher und privater Unternehmung verwandt wird und man daher besser von der »gemischten« Genossenschaft spräche, da es, wie in unserem Falle, um die Mischung nicht zweier Wirtschaftssysteme, sondern zweier Branchen geht. Vgl. auch Artikel Genossenschaftsgeschichte, in: HdG, Sp. 764.

Für RAIFFEISEN, einen Konservativen und engagierten Christen, war Nächstenliebe ein zwingendes Gebot.[19] Die Grundsätze, nach denen er die von ihm gegründeten Genossenschaften führte, bestimmten unter anderem, daß der Geschäftsbezirk der einzelnen Kreditgenossenschaft klein und überschaubar sein sollte, die Kreditverwendung zu kontrollieren sei, auf Geschäftsanteile möglichst verzichtet werden sollte, Vorstands- und Aufsichtsratsfunktionen als unbesoldete Ehrenämter wahrzunehmen seien und ein unteilbares Vereinsvermögen (der Stiftungsfonds) anzusammeln sei.[20] Wegen der durch ihre Dezentralisierung bedingten geringen Größe bedurften die von RAIFFEISEN gegründeten Genossenschaften noch stärker als die von SCHULZE-DELITZSCH geschaffenen eines Rückhaltes bei Zentralen. Nach verschiedenen Anläufen gründete RAIFFEISEN im Jahre 1876 zum Zwecke des Geldausgleichs die »Landwirtschaftliche Central-Darlehnskasse« als einheitliches Zentralinstitut für die nach den Raiffeisen'schen Grundsätzen gebildeten Kreditgenossenschaften, der 1881 für die Zentralisierung des Warenbezuges die Firma »Raiffeisen, Fassbender & Cons.« folgte. Zur Förderung einerseits, zur Vertretung der Interessen der ländlichen Kreditgenossenschaften andererseits schuf auch RAIFFEISEN im Jahre 1877 einen national operierenden Verband. Wie seinerzeit SCHULZE-DELITZSCH, so wurde auch RAIFFEISEN der erste Anwalt seines Verbandes.[21]

Die Genossenschaftsgründungen von RAIFFEISEN und SCHULZE-DELITZSCH waren originäre Neuschöpfungen; für sie gab es kein Vorbild. In diesem Sinne zählt WILHELM HAAS (1839–1913) nicht zu den Gründern der Genossenschaften; ihm kommt aber das bis heute nachwirkende Verdienst zu, *der erste große Gestalter der genossenschaftlichen Organisation* gewesen zu sein. HAAS, Jurist wie SCHULZE-DELITZSCH, wirkte anfangs als Beamter im Großherzogtum Hessen. Sein ausgeprägtes Interesse an der Förderung der Wirtschaftsentwicklung dieses Raumes veranlaßte ihn ab 1872 zur Gründung der ersten speziellen landwirtschaftlichen Bezugsgenossenschaften in Deutschland (die er noch »landwirtschaftliche Konsumver-

---

19 Vgl. Walter Arnold und Fritz H. Lamparter, Friedrich Wilhelm Raiffeisen: Einer für alle – alle für einen, Stuttgart 1985, S. 161 f.
20 Vgl. Artikel Genossenschaftsgeschichte, in: HdG, Sp. 757 ff. Diese Prinzipien gelten heute, bis auf das des überschaubaren Geschäftsbezirkes, nicht mehr.
21 Vgl. Rudolf Maxeiner, Gunther Aschhoff und Herbert Wendt, Raiffeisen. Der Mann, die Idee und das Werk, Bonn 1988, S. 41 ff.

eine« nannte); bereits im Jahre 1873 wurde der »Verband der hessischen landwirtschaftlichen Konsumvereine« gegründet, dessen Leitung HAAS neben der des ersten lokalen Konsumvereins (in Friedberg) übernahm. Dieser Verband nahm, im Gegensatz zu den Aufgaben der heutigen Verbände, für die Mitglieder auch Einkaufsfunktionen wahr. Im Jahre 1879 wurde ein weiterer spezieller Regionalverband gegründet, und zwar für die Darlehnskassenvereine, die inzwischen auch in der Haas'schen Organisation entstanden waren, später auch ein solcher für Molkereigenossenschaften. Im Jahre 1883 führte HAAS zehn der parallel zur Raiffeisen-Organisation entstandenen Provinzial- oder Landesverbände in einem nationalen Spitzenverband zusammen, der 1903 in »Reichsverband der deutschen landwirtschaftlichen Genossenschaften« umbenannt wurde.

HAAS, obwohl zeitlich gesehen nicht Gründer innerhalb der ersten beiden Jahrzehnte des Entstehens ländlicher und gewerblicher Genossenschaften in Deutschland, hat – dies kann als Ergebnis seines Wirkens festgehalten werden – zwei Elemente neu in die Organisation ländlicher Genossenschaften eingeführt. Die eine Neuerung bestand in der Gründung spezieller landwirtschaftlicher Bezugs- und Absatzgenossenschaften neben den Kreditgenossenschaften und damit der Schaffung eines anderen landwirtschaftlichen Genossenschaftstyps, als er durch die Raiffeisen'sche gemischtwirtschaftliche Genossenschaft repräsentiert wurde. Darüber hinaus entstanden in der Haas'schen Genossenschaftsorganisation Spezialgenossenschaften gänzlich neuer Art, wie etwa Molkereigenossenschaften und Winzergenossenschaften. Die andere Neuerung lag in der Schaffung zunächst regionaler Verbände (mit zusätzlichen zentralgenossenschaftlichen Funktionen) vor einer Gründung auf nationaler Ebene. Auf diese Weise konnte regionalen Eigenheiten besser Rechnung getragen werden – ein Charakteristikum, das sich für den späteren Ausbau des Genossenschaftswesens als sehr vorteilhaft erweisen sollte.

Doch ehe wir diesen Ausbau darstellen, sollen zur Ergänzung unseres Bildes von den Anfängen des Genossenschaftswesens in Deutschland auch diejenigen Genossenschaftsgründungen erwähnt werden, deren Ursprünge in England beziehungsweise in Frankreich lagen: die Konsumgenossenschaften und die Wohnungsgenossenschaften.

Fast gleichzeitig mit der Entstehung der ersten Rohstoffassoziationen und Vorschußvereine von SCHULZE-DELITZSCH bildeten sich nach dem Vorbild der englischen »Redlichen Pioniere von Rochdale« aus dem Jahre 1844 auch in Deutschland die ersten Konsumgenossenschaften, die sich damals noch »Konsumvereine« nannten. Ihre Aufgabe, die nicht mit der der landwirtschaftlichen Konsumvereine von HAAS zu verwechseln ist, bestand in der Beschaffung preisgünstiger und qualitativ einwandfreier Lebensmittel für die Konsumenten. Die Ziele der zunächst vereinzelt in Sachsen, im Rheinland, in Norddeutschland und in Berlin[22] und später in großer Zahl – vor allem auf Anregung von VICTOR AIMÉ HUBER (1800–1869), einem wichtigen geistigen Wegbereiter des Genossenschaftsgedankens in Deutschland – gebildeten Konsumvereine standen jedoch nicht im Mittelpunkt der Bestrebungen von SCHULZE-DELITZSCH, obwohl viele von ihnen in dessen Genossenschaftsorganisation eingebettet waren und in Form von Unterverbänden dem von SCHULZE-DELITZSCH 1864 gegründeten »Allgemeinen Verband der auf Selbsthilfe beruhenden deutschen Erwerbs- und Wirtschaftsgenossenschaften« angehörten. Sie spielten dort daher nur eine untergeordnete Rolle – bei Gründung dieses Verbandes im Jahre 1864 waren unter den insgesamt 392 Genossenschaften nur 15 Konsumvereine.

Auch der zweite Ansatzpunkt der Konsumgenossenschaften, der in der sozialistischen Arbeiterbewegung lag, erfuhr von dorther anfangs keine nachhaltige Förderung, weil sowohl FERDINAND LASSALLE als auch KARL MARX Konsumgenossenschaften gegenüber ablehnend eingestellt waren. Der Sozialreformer EDUARD PFEIFFER (1835–1921) hingegen stand der Idee der Konsumgenossenschaften äußerst positiv gegenüber. Er gründete für die nach seinem System geschaffenen Konsumvereine neben einer Großeinkaufsgesellschaft auch einen eigenen Spitzenverband, doch wurde dieser bald in den Allgemeinen Verband von SCHULZE-DELITZSCH eingegliedert, so daß dieser Versuch der Begründung einer selbständigen, zentral aufgebauten konsumgenossenschaftlichen Organisation als gescheitert angesehen werden muß.[23] Erst mit der revisionistischen Marx-Kritik trat hier eine Änderung ein, auf die wir später noch eingehen werden.[24]

---

22 Vgl. Erwin Hasselmann, Geschichte der deutschen Konsumgenossenschaften, Frankfurt am Main 1971, S. 41 ff.
23 Vgl. Gunther Aschhoff, Die Geschichte der genossenschaftlichen Wirtschafts- und Marktverbände in Deutschland, in: Geschichte, Struktur und Politik der genossenschaftlichen Wirtschafts- und Marktverbände, Karlsruhe 1965, S. 46 ff.
24 Die Revisionisten empfahlen nicht nur die Gründung von Genossenschaften schlechthin, sondern sahen (im Gegensatz zu Lassalle und Marx) speziell in den Konsumgenossenschaften eine Möglichkeit, die Wirtschaft zugunsten der Arbeiterschaft umzugestalten. Siehe S. 32.

Auch die Gründung von Wohnungsgenossenschaften geht – wie bei den ländlichen und gewerblichen Genossenschaften sowie bei den Konsumgenossenschaften – auf die Initiative einer Persönlichkeit zurück: Im Falle der Wohnungsgenossenschaften war es, wie bei den Konsumgenossenschaften, VICTOR AIMÉ HUBER, doch hat dieser – nach der Gründung einer gemeinnützigen Baugesellschaft in Berlin schon 1848 –, anders als SCHULZE-DELITZSCH, RAIFFEISEN, HAAS und PFEIFFER in ihren jeweiligen Bereichen, keinen wirksamen Einfluß auf die weitere Entwicklung genommen. So bildeten sich in der Gründerphase auch nur wenige spezielle Wohnungsgenossenschaften, deren erste 1862 in Hamburg entstand. »Der Grund für diese zunächst nur langsame Entwicklung ist vor allem darin zu sehen, daß die wohnungsbedürftigen Bevölkerungskreise angesichts der hohen Investitionen der Baugenossenschaften zumeist das Risiko der unbeschränkten Haftung scheuten, deren Übernahme von dem bis 1889 gültigen Genossenschaftsgesetz von den Mitgliedern einer Genossenschaft verlangt wurde.«[25]

Trotz dieser anfänglich zögerlichen Entwicklung speziell bei den Wohnungsgenossenschaften ist insgesamt festzustellen, daß sich nach Abschluß der Gründungsphase der Genossenschaften in Deutschland eine große funktionale Breite dieses neuen Unternehmungstyps herausgebildet hatte. Die Gesamtzahl der Genossenschaften im Deutschen Reich belief sich vor dem Erlaß des Genossenschaftsgesetzes von 1889 auf über 5 000. Der Zahl und der Bedeutung nach dominierten die Kreditgenossenschaften nach den Systemen Schulze-Delitzsch, Raiffeisen und Haas, gefolgt von den ländlichen und den gewerblichen Warengenossenschaften.[26] Eine noch stärkere Entfaltung des Genossenschaftswesens und eine organisatorische Straffung ergaben sich in der Folgezeit, die wir nunmehr betrachten wollen.

---

25 Aschhoff, Die Geschichte..., a. a. O., S. 66.
26 Vgl. Hugo Zeidler, Geschichte des deutschen Genossenschaftswesens der Neuzeit, Leipzig 1893, S. 396 ff., und 100 Jahre Deutscher Genossenschaftsverband, Wiesbaden (1959), S. 33.

B. Die Entwicklung bis zum Ersten Weltkrieg

Der weitere Ausbau des Genossenschaftswesens bis zum Ersten Weltkrieg (1914 bis 1918) ist durch verschiedene neue Regelungen und Neugründungen gekennzeichnet, die sich durchweg positiv auf die Entwicklung der Genossenschaften ausgewirkt haben. Es handelt sich dabei zum einen um Änderungen des Genossenschaftsrechtes und, im Zusammenhang damit, um eine Straffung und Stärkung der Organisation der Genossenschaften, zum anderen vor allem um die Gründung der Preußischen Central-Genossenschafts-Kasse, die zum umfassenden Förderinstitut des gesamten deutschen Genossenschaftswesens werden sollte.

Das in Preußen 1867 in Kraft getretene, ein Jahr später zum Norddeutschen Bundesgesetz und 1871 zum Reichsgesetz erhobene Genossenschaftsgesetz kannte nur Genossenschaften mit unbeschränkter Haftpflicht. Dies war für die Gründungsphase des Genossenschaftswesens in Deutschland von grundlegender Bedeutung, weil es die Kreditfähigkeit der jungen Genossenschaften erhöhte, indem es das gesamte Vermögen ihrer Mitglieder zur Haftungsgrundlage ihrer Kreditgeber machte. Andererseits aber behinderte die unbeschränkte Haftpflicht, wie wir bereits ausgeführt haben, den Aufbau stark anlageintensiver Genossenschaften, wie etwa der Wohnungsgenossenschaften. Überdies war die Gründung von Zentralunternehmen in der zunächst ausschließlich vorgesehenen Rechtsform der eingetragenen Genossenschaft mit unbeschränkter Haftpflicht (eGmuH) unmöglich, weil bei einer derartigen Konstruktion die Mitglieder einer Ortsgenossenschaft, die ihrerseits zu den Trägern einer Zentralgenossenschaft gehört hätte, für ein mehrstufiges Verbundsystem unbeschränkt haftbar und so einer Kumulation von Haftungsverpflichtungen unterworfen gewesen wären. Daher wurde am 1. Mai 1889 – unter Berücksichtigung einer noch von SCHULZE-DELITZSCH erarbeiteten Denkschrift und nach Anhörung einer Sachverständigenkommission, der unter anderem auch HAAS angehörte – ein neues Genossenschaftsgesetz erlassen, das auch Genossenschaften mit beschränkter Haftpflicht zuließ. Durch dieses Gesetz erhielten darüber hinaus die Genossenschaftsverbände eine neue Funktion, denn sein § 51 legte die Pflichtprüfung der Genossenschaften durch einen sachverständigen, nicht der Genossenschaft angehörenden Revisor fest. Zwar war die Pflichtprüfung, vorangetrieben vor allem durch FRIEDRICH WILHELM RAIFFEISEN, bereits seit 1864 diskutiert worden, und es war auch in den achtziger Jahren den ländlichen und den gewerblichen Genossenschaften durch ihre Verbände vorgeschrieben worden, sich alle drei Jahre einer Revision durch einen vom Verband bestellten Sachverständigen zu unterziehen, aber eine allgemeine Pflicht, sich einer Prüfung zu unterziehen, war damit für die Genossenschaften noch nicht verbunden. Denn nicht alle Genossenschaften gehörten einem Verband an, und auch die Verbandsmitglieder konnten sich – durch Austritt – der Prüfung jederzeit wieder entziehen. So war die Vorschrift in dem Genossenschaftsgesetz von 1889, in dem die Pflichtprüfung für alle Genossenschaften verankert wurde, in der Tat erstmals umfassend. Die meisten Genossenschaften unterwarfen sich daraufhin der Revision durch ihren eigenen Verband, weil dieser die offenbar qualifizierteste Revision durchzuführen vermochte.[27]

Breitenwachstum und organisatorische Weiterentwicklung des Genossenschaftswesens empfingen durch diese beiden neuen Bestimmungen des Genossenschaftsgesetzes kräftige Impulse. Daß die beiden Jahrzehnte vor dem Ersten Weltkrieg zur großen Zeit der Genossenschaftsgründungen wurden, ist aber vor allem auf die Gründung der Preußischen Central-Genossenschafts-Kasse im Jahre 1895 zurückzuführen.

Der Anstoß zur Errichtung dieser Bank, einem Vorgänger-Institut der heutigen DG BANK Deutsche Genossenschaftsbank, war von der Landwirtschaft ausgegangen, der geholfen werden sollte, sich des steigenden weltwirtschaftlichen Wettbewerbsdrucks zu erwehren und notwendige strukturelle Anpassungen zu vollziehen. In diesem Zusammenhang richteten sich die Überlegungen des Preußischen Abgeordnetenhauses insbesondere auf die Frage, wie die Befriedigung des Kreditbedarfs der Klein- und Mittelbetriebe der Landwirtschaft unter Einschluß ihrer Genossenschaften verbessert werden könnte. Denn die Möglichkeiten der landwirtschaftlichen Genossenschaften, eine Geldausgleichsfunktion zwischen ihren Mitgliedern wirkungsvoll wahrzunehmen, waren insofern gering, als deren Kreditbedarf in der Regel gleichzeitig auftrat, eine überregionale Refinanzierungsquelle zum Ausgleich dieser erhöhten Kreditnachfrage jedoch fehlte. Einmal in Gang gekommen, führten die weiteren Diskussionen um die Gründung eines anfänglich staatlichen Instituts zum

---

27 Vgl. Aschhoff, Die Geschichte..., a. a. O., S.17 f.

Zwecke der Behebung dieses Notstandes, die insbesondere von dem damaligen preußischen Finanzminister JOHANNES VON MIQUEL vorangetrieben wurden, auch zu der Zielsetzung, den anderen genossenschaftlichen Organisationen, namentlich denen des Handwerkerstandes, eine ähnliche Hilfestellung zuteil werden zu lassen.[28]

Die Institution der Preußischen Central-Genossenschafts-Kasse war auf dem Gebiet des Genossenschaftswesens und des Bankwesens überhaupt etwas gänzlich Neues. Ihr Grundkapital betrug zum Zeitpunkt der Gründung fünf Millionen Mark und ein Jahr später bereits 20 Millionen Mark. Es wurde ihr vom preußischen Staat als Sondervermögen gewährt. Nachdem die seit 1889 in großer Zahl entstandenen ländlichen Zentralkassen von Anfang an mit der »Preußenkasse« zusammengearbeitet hatten, machte im Jahre 1905 die erste Zentralkasse von dem diesen Instituten von Anfang an zugestandenen Recht Gebrauch, sich an der Preußenkasse zu beteiligen.

Ihrer Hauptaufgabe, der Förderung des genossenschaftlichen Personalkredits, wurde die Preußenkasse vor allem dadurch gerecht, daß sie den teilweise als »Verbandskassen« bezeichneten genossenschaftlichen Zentralkassen als Geldausgleichsstelle diente: Sie nahm einerseits zeitweilig überschüssige liquide Bestände der Zentralkassen verzinslich auf und verlieh diese andererseits entweder möglichst billig an andere Genossenschaften weiter oder brachte sie auf dem allgemeinen Geldmarkt unter. Darüber hinaus vermittelte sie in wirksamer Weise den mittelbar angeschlossenen Kreisen (unter ihnen, wie schon ausgeführt, auch dem Kleingewerbe) den Zugang zum allgemeinen Geldmarkt, dessen (banküblichen) Sicherheitsforderungen der genossenschaftlich organisierte Mittelstand seinerzeit nur selten nachkommen konnte. Daher berücksichtigte die Preußenkasse bei der Kreditbemessung neben dem meist geringen Vermögen der Kreditgenossenschaften auch den Wert der in den Haftsummen liegenden Garantieverpflichtungen der Genossenschaftsmitglieder; die Auswertung dieser Kreditsicherungen wurde von der Preußenkasse zu einem regelrechten Kreditsystem ausgebaut. Dabei bediente sie sich aus Gründen größerer Sicherheit im Hinblick auf Kreditwürdigkeitsprüfungen der genossenschaftlichen Zentralkassen, mit denen sie ausschließlich zusam-

---

28 Vgl. Johannes Loest, Die Deutsche Genossenschaftskasse – Vorgeschichte, Aufbau und Aufgaben, Neuwied 1952, S. 10 ff.

menarbeitete, also ohne direkten Geschäftsverkehr mit Einzelgenossenschaften; die Haftsummenkredite wurden den Zentralkassen als Gesamtkredite gewährt.[29] »Auf diesem Wege hat die Preußische Zentralgenossenschaftskasse die persönliche Leistungsfähigkeit der Angehörigen des Mittelstandes als Kreditunterlage bankfähig gemacht und damit auch schwächeren und jungen Genossenschaften den Weg zum allgemeinen Geldmarkte geöffnet.«[30]
Es gelang der Preußenkasse dank ihrer rechtlichen Ausgestaltung, des Volumens ihres Betriebskapitals und ihrer Funktion als Geldausgleichsstelle des *gesamten* genossenschaftlich organisierten Mittelstandes, dessen temporal unterschiedliche Kreditbedürfnisse sich bei ihr weitgehend ausglichen, einen entscheidenden Beitrag zur Ausbreitung der gewerblichen und ländlichen Kreditgenossenschaften in Deutschland zu leisten.
Die sprunghafte Entwicklung der Zahl der Genossenschaften und ihrer Mitglieder wird durch folgende Ziffern belegt: Bei Ausbruch des Ersten Weltkrieges bestanden im Deutschen Reich 1914 insgesamt 34 568 Genossenschaften. Die Kreditgenossenschaften stellten mit über 19 000 Unternehmen weiterhin den größten Anteil, gefolgt von den ländlichen Waren- und Betriebsgenossenschaften, den Konsumgenossenschaften und den gewerblichen Warengenossenschaften. Die Wohnungsgenossenschaften, die in der Gründungsphase nur vereinzelt entstanden waren, stellten mit 1 342 Unternehmen jetzt ebenfalls eine beachtliche Gruppe dar. Die Zahl der Mitgliedschaften bei allen Genossenschaften, die 1889 bei 1,15 Millionen gelegen hatte, war auf 6,25 Millionen gestiegen. Auch hier lagen die Kreditgenossenschaften mit 2,9 Millionen Mitgliedern vorn, aber ihnen folgten bereits mit 2,1 Millionen die Konsumgenossenschaften.[31]
Parallel zu der sprunghaften Zunahme der Zahl der örtlichen Genossenschaften und ihrer Mitglieder expandierten sowohl die regionalen Zentralkassen und die regionalen Genossenschaftszentralen für das Warengeschäft als auch das genossenschaftliche Verbandswesen. So bestanden im

---

29 Vgl. Faust, a. a. O., S. 550.
30 Die Preußische Zentralgenossenschaftskasse. Ihre Aufgaben und ihr Wirken. Aus 25jähriger Tätigkeit, Berlin 1922, S. 32.
31 Errechnet nach Angaben in: Preußische Central-Genossenschafts-Kasse, Mitteilungen zur deutschen Genossenschaftsstatistik für 1913 und 1914, Berlin 1918, S. 62 ff., und 100 Jahre Deutscher Genossenschaftsverband, a. a. O., S. 33.

Jahre 1914 bereits 64 regionale Zentralkassen, 60 Warenzentralen[32] und 134 regionale Revisionsverbände,[33] die (mit wenigen Ausnahmen) einer der folgenden fünf Verbandsvereinigungen angeschlossen waren:
– Allgemeiner Verband der auf Selbsthilfe beruhenden deutschen Erwerbs- und Wirtschaftsgenossenschaften (SCHULZE-DELITZSCH, gegründet 1864);
– Generalverband ländlicher Genossenschaften für Deutschland (RAIFFEISEN, gegründet 1877);
– Reichsverband der deutschen landwirtschaftlichen Genossenschaften (HAAS, gegründet 1883);
– Hauptverband deutscher gewerblicher Genossenschaften (KORTHAUS, gegründet 1901);
– Zentralverband deutscher Konsumvereine (KAUFMANN, gegründet 1903).
Während wir die drei erstgenannten Verbände bereits früher erwähnt haben, sind die beiden letzteren erst nach dem Erlaß des Genossenschaftsgesetzes von 1889 entstanden. Die Gründung des Hauptverbandes deutscher gewerblicher Genossenschaften hing mit der Schaffung der Preußischen Central-Genossenschafts-Kasse zusammen, die auch gewerblichen Genossenschaften konditionengünstige Kredite anbot. Da jedoch die Gründungsinitiative vom preußischen Staat ausgegangen war und sich die von SCHULZE-DELITZSCH gegründeten Genossenschaften gegen jegliche Staatshilfe wandten, lehnten diese eine Zusammenarbeit mit der Preußenkasse aus grundsätzlichen Überlegungen zunächst ab. Damit schossen sie seinerzeit zweifellos weit über das Ziel der Bewahrung des Gedankens der Selbsthilfe hinaus. Denn die Gründung der Bank drückte deutlich die Absicht der preußischen Regierung aus, in den Genossenschaften eine Institution zu sehen, die staatlicherseits förderungswürdig war. Andererseits hätte die Preußenkasse auch den Schulze-Delitzsch-Genossenschaften durchaus nützlich sein können, denn die weitere Entwicklung der im Allgemeinen Verband zusammengeschlossenen Kreditgenossenschaften drängte ohnehin zur Gründung eines Spitzeninstituts. Die positiven Chancen wurden denn auch – außerhalb des Allgemeinen Verbandes –

---

32 Vgl. Preußische Central-Genossenschafts-Kasse, Mitteilungen..., a. a. O., S. 92* ff.
33 Vgl. Preußische Central-Genossenschafts-Kasse, Mitteilungen..., a. a. O., S. 94 ff.

bald erkannt, und es bildeten sich zum Ende des 19. Jahrhunderts zahlreiche Handwerkereinkaufs-, Absatz- und Kreditgenossenschaften, die sich zu selbständigen Revisionsverbänden zusammenschlossen, um über ebenfalls neugegründete Zentralkassen die Zusammenarbeit mit der Preußischen Central-Genossenschafts-Kasse aufzunehmen. Die damit verbundenen Erfolge erwiesen bald sehr deutlich, daß es für die Steigerung der Leistungsfähigkeit dieser Einzelgenossenschaften sehr zweckmäßig war, über einen Spitzenverband zu verfügen. Ein solcher wurde daher auch bald, nämlich im Jahre 1901, als »Hauptverband deutscher gewerblicher Genossenschaften« gegründet; sein Gründer war KARL KORTHAUS (1859–1933).[34]

Der »Zentralverband deutscher Konsumvereine« hatte sich gebildet, nachdem die revisionistische Marx-Kritik[35] der Arbeiterschaft die Gründung von Konsumgenossenschaften als eine wichtige Zielsetzung überzeugend nahegebracht hatte. Dadurch erhielt die Konsumgenossenschaftsbewegung zum Ende des 19. Jahrhunderts neue Impulse durch die Massenbeitritte von Arbeitern. Die von ihnen gegründeten Konsumgenossenschaften waren anfangs Mitglieder in dem Allgemeinen Verband von SCHULZE-DELITZSCH, wurden dort jedoch zunehmend als Fremdkörper empfunden, weil sie in eine Konkurrenzstellung zu den mittelständischen Mitgliedern der Volksbanken und der Handwerkereinkaufsgenossenschaften hineinwuchsen. Dies wurde besonders deutlich durch die Gründung der »Großeinkaufs-Gesellschaft Deutscher Consumvereine« von 1894, die in Ergänzung lokaler Bäckerei- und Schlachtereibetriebe der Konsumgenossenschaften eigene Produktionsstätten für Lebensmittel und andere Erzeugnisse errichtete. Daher kam es im Jahre 1902 zur Trennung von den Konsumvereinen und 1903 zur Gründung des »Zentralverbandes deutscher Konsumvereine« unter der Führung von HEINRICH KAUFMANN (1864–1928). Aus einer betont christlichen Gegenbewegung erwuchs als konkurrierender Spitzenverband im Jahre 1913 der »Reichsverband deutscher Konsumvereine«.

So präsentierte das deutsche Genossenschaftswesen insgesamt eine große Breite und Funktionstüchtigkeit, ehe der Erste Weltkrieg die Genossenschaften auf eine harte Bewährungsprobe stellte, die sie jedoch ohne

---

34 Vgl. Aschhoff, Die Geschichte ..., a. a. O., S. 18 f.
35 Siehe S. 25 und S. 130.

wesentliche Schäden überstanden. Im Gegenteil: Die Probleme der Kriegswirtschaft sowie gemeinsame Steuer- und Gebührenfragen ließen die Genossenschaften in ihren organisatorischen Spitzen noch enger zusammenwachsen, so daß die genossenschaftlichen Spitzenverbände im Jahre 1916 den »Freien Ausschuß der deutschen Genossenschaftsverbände« bildeten; er besteht noch heute.

C. Die Zeit von 1918 bis 1945

Die Periode vom Ende des Ersten bis zum Ende des Zweiten Weltkrieges unterteilt sich in die Jahre bis 1933 und die folgende Zeitspanne der Zentralverwaltungswirtschaft sowie der Kriegszeit von 1939 bis 1945.
Die Jahre bis 1933 sind gekennzeichnet zum einen durch ein Zusammenrücken solcher Genossenschaftsverbände, die funktional gleichartige Genossenschaften betreuten, zum anderen durch eine Ergänzung und eine stärkere Zentralisierung der marktbezogenen Funktionen der Genossenschaften.
Bereits im Jahre 1920 kam es zum Zusammenschluß des »Allgemeinen Verbandes der auf Selbsthilfe beruhenden deutschen Erwerbs- und Wirtschaftsgenossenschaften« und des »Hauptverbandes deutscher gewerblicher Genossenschaften«. Der Gedanke der Rationalisierung im genossenschaftlichen Verbandswesen, der uns auch in der weiteren Entwicklung immer wieder begegnen wird, führte zur verbandlichen Einheit aller gewerblichen Genossenschaften im »Deutschen Genossenschaftsverband«. Er umfaßte bei seiner Gründung rund 1400 Kreditgenossenschaften und knapp 2000 Warengenossenschaften.[36] Ihm traten nach und nach zahlreiche Fachprüfungsverbände bei, so 1922 der bereits 1907 gegründete EDEKA-Verband,[37] im Jahre 1929 der für die seit der Jahrhundertwende entstandenen Binnenschiffahrtsgenossenschaften gebildete spezielle Prüfungsverband und in den dreißiger Jahren der REWE-Prüfungsverband. Nachdem sich nämlich anfangs, in der Mitte des vorigen Jahrhunderts, Handwerker und Einzelhändler zu Kreditgenossenschaften zusammen-

---

36 Vgl. Artikel Genossenschaftsgeschichte, in: HdG, Sp. 780.
37 Der EDEKA-Verband war ebenso wie der REWE-Prüfungsverband ein Zusammenschluß von Einkaufsgenossenschaften, deren Mitglieder Lebensmitteleinzelhändler waren.

geschlossen hatten und darüber hinaus zahlreiche Handwerkereinkaufsgenossenschaften entstanden waren, gründeten später zunehmend auch Einzelhändler eigene Großhandelsgenossenschaften, um ihre Wettbewerbsfähigkeit zu sichern und zu steigern. Während die so entstandenen Genossenschaften außerhalb des Lebensmitteleinzelhandels über ihre Regionalverbände dem Deutschen Genossenschaftsverband angeschlossen waren, erwarben die EDEKA- und die REWE-Genossenschaften diese Mitgliedschaft über selbständige, nationale Fachprüfungsverbände.

Für die ländlichen Genossenschaften entstand im Jahre 1930 aus den beiden zuvor getrennt operierenden Verbänden, die auf die Gründungen von RAIFFEISEN und HAAS zurückgingen, mit dem »Reichsverband der deutschen landwirtschaftlichen Genossenschaften – Raiffeisen –« unter finanzieller Mitwirkung der Preußischen Central-Genossenschafts-Kasse ebenfalls ein einheitlicher Spitzenverband. Diesem damals größten Genossenschaftsverband der Welt gehörten bei seiner Gründung mehr als 37 000 Genossenschaften an, darunter gut die Hälfte Kreditgenossenschaften, die in ihrer Mehrzahl auch das Bezugs- und Absatzgeschäft betreiben.[38]

Während sich für die Konsumgenossenschaften in der Zeit nach dem Ersten Weltkrieg zunächst keine größeren verbandlichen Veränderungen ergaben, kam es bei den Wohnungsgenossenschaften ebenfalls zu einer deutlichen Zentralisierung des Verbandswesens. Erste regionale Revisionsverbände hatten sich hier bereits seit 1896 gebildet und – nach einem Zusammenschluß auf nationaler Ebene zum »Verband der Baugenossenschaften Deutschlands« – dem Allgemeinen Verband von SCHULZE-DELITZSCH angeschlossen. Jedoch erfolgte schon 1897 die Gründung eines konkurrierenden Verbandes. Die Bildung eines Spitzenverbandes bahnte sich erst an, nachdem sich die Prüfungsverbände seit Anfang des 20. Jahrhunderts zu Kongressen zusammengefunden hatten, um die Frage einer engeren Zusammenarbeit zu erörtern. Indessen kam es erst im Jahre 1924 zur Gründung des »Hauptverbandes deutscher Baugenossenschaften«. Damit verfügte nun auch dieser Bereich über einen eigenen Spitzenverband.

Aber nicht allein auf der Verbandsebene kam es zu einer Straffung der genossenschaftlichen Organisation; dies galt vielmehr in gleicher Weise auch

---

38 Vgl. Faust, a. a. O., S. 420, und Deutsche landwirtschaftliche Genossenschaftspresse, 57. Jg., Nr. 5, Darmstadt 1930, S. 98.

für die Ergänzung und die Zentralisierung der Marktfunktionen der Genossenschaften. Obwohl als Zentralbank der Genossenschaften für den primär kurzfristigen Personalkredit bereits seit 1895 die Preußenkasse tätig geworden war, bestanden einstweilen kaum Möglichkeiten, den Bedarf der Kreditgenossenschaften und ihrer Mitglieder an mittel- und langfristigen Krediten zu befriedigen – mit der Vergabe von Realkrediten hatten sich die Genossenschaften traditionell nicht befaßt. Diese Lücke wurde im Jahre 1921 durch die Gründung der »Deutschen Genossenschafts-Hypothekenbank« geschlossen, deren Aktienkapital von der Preußenkasse gezeichnet wurde. Bei der Preußenkasse selbst vollzog sich insoweit ein Wandel, als mehr und mehr auch Zentralkassen ihre finanziellen Mitträger geworden waren, wie es den von Anfang an bezeugten staatlichen Bemühungen entsprach. Dadurch wandelte sich der Charakter der Preußenkasse erheblich, denn aus einem reinen Staatsinstitut war sie zu einem Unternehmen geworden, in dem sich staatliche und private Interessen die Waage hielten. Nachdem sich ihre Geschäftsbeziehungen auf Zentralgeschäftsanstalten aller Genossenschaftssparten und auch über Preußen hinaus ausgeweitet hatten, wurde dieser Entwicklung 1932 durch ihre Umbenennung in »Deutsche Zentralgenossenschaftskasse« Rechnung getragen. An ihrem Grundkapital, das zu diesem Zeitpunkt 100 Millionen Reichsmark betrug, hielten das Deutsche Reich und der preußische Staat jeweils Beteiligungen von 42,5 Prozent. Im Jahre 1939 übertrug die Dresdner Bank, die 1904 die »Deutsche Genossenschaftsbank von Soergel, Parrisius & Co.« übernommen hatte, ihr genossenschaftliches Geschäft ebenfalls auf die Deutsche Zentralgenossenschaftskasse.[39]

Das Jahr 1922 kann als erfolgreicher Beginn einer umfassenden genossenschaftseigenen Versicherungstätigkeit angesehen werden. In diesem Jahr wurden als Sachversicherung die »Raiffeisen Allgemeine Versicherungsgesellschaft a. G.« und als Lebensversicherung die »Raiffeisen Lebensversicherungsbank a. G.« gegründet. Mitte der dreißiger Jahre wurde diese Versicherungsgruppe durch weitere Versicherungsgesellschaften ergänzt. Als weiterer Bereich genossenschaftlicher Betätigung trat in den dreißiger Jahren das Bauspargeschäft hinzu, als sich die gewerbliche Genossenschaftsorganisation an der 1931 gegründeten Bausparkasse »Deutscher

---

39 Vgl. 120 Jahre Dresdner Bank. Unternehmens-Chronik 1872 bis 1992, Frankfurt am Main 1992, S. 37 ff.

Bausparer AG, Bau-, Spar- und Entschuldungskasse« beteiligte, die 1941 in die »Bausparkasse der deutschen Volksbanken AG« umgewandelt wurde. Die Zentralisierung genossenschaftlich getragener Warenhandelsfunktionen in dieser Periode läßt sich bei den gewerblichen Genossenschaften beispielhaft aufzeigen an der Gründung von überregionalen Einkaufszentralen für Bäcker- und für Schuhmachergenossenschaften, für den Einkauf von Textilien, Schuhen und Haushaltsgeräten sowie an der Schaffung der EDEKA- und der REWE-Zentrale, ferner im Bereich der ländlichen Genossenschaften an der ab 1913 erfolgten Gründung und dem folgenden Ausbau genossenschaftlicher Reichszentralen, deren Zahl bis 1937 auf 20 wuchs.

Diese Entwicklung der zentralgenossenschaftlichen und der verbandlichen Funktionen regte ihrerseits das Wachstum auf der genossenschaftlichen Primärstufe stark an. Die Zahl der Genossenschaften in Deutschland, die schon in den zwanziger Jahren über 50 000 hinausgegangen war, belief sich in der Spitze (am 1. Januar 1935) auf 53 348 Unternehmen mit insgesamt etwa neun Millionen Mitgliedschaften, darunter etwa 20 000 Kreditgenossenschaften, großenteils mit angeschlossenem Warengeschäft.[40] Einen besonderen Akzent erhielt die Genossenschaftsorganisation im Jahre 1934, als durch eine Genossenschaftsrechtsnovelle die 1889 verankerte generelle Pflichtprüfung der Genossenschaften durch die Pflichtmitgliedschaft in einem genossenschaftlichen Prüfungsverband ergänzt wurde; damit entfielen für die Genossenschaften sowohl die zuvor gegebene Alternative eines vom Registergericht zu bestellenden Revisors als auch die Möglichkeit eines Verbandswechsels, um sich »scharfen Prüfungen« zu entziehen. Dies war auch eine Konsequenz der Erfahrungen, die man während der Weltwirtschaftskrise gemacht hatte, als sich diejenigen Genossenschaften als stabiler erwiesen, die sich uneingeschränkt den Pflichtprüfungen durch ihre angestammten Verbände unterzogen hatten.

Die zunehmende Eingliederung in die Zentralverwaltungswirtschaft der Vorkriegs- und Kriegszeit von 1933 bis 1945 traf die Genossenschaften in unterschiedlicher Weise. Grundsätzlich paßten die auf demokratischer Selbstverwaltung beruhenden Genossenschaften nicht in das gesellschaftspolitische und wirtschaftsordnungspolitische Konzept des Natio-

---

40 Vgl. Deutscher Genossenschaftsverband, Jahrbuch des Deutschen Genossenschaftsverbandes für 1938, Berlin 1939, S. 27 ff.

nalsozialismus, doch hatten sie sich andererseits eine so starke Marktposition erarbeiten können, daß man sie auch nicht einfach auflösen konnte. Dies geschah denn auch nur in einem einzigen Bereich, nämlich bei den Konsumgenossenschaften, deren sozialistisch orientierte Aktivitäten durch die Zerschlagung ihrer Träger unterbunden werden sollten: Mit diesem Ziel wurden sämtliche konsumgenossenschaftlichen Organisationen, also neben den Verbänden auch die Geschäftszentralen, zunächst der Befehls- und Verfügungsgewalt der »Deutschen Arbeitsfront«[41] unterstellt und die beiden national operierenden Spitzenverbände aufgelöst. Im Jahre 1941 übernahm das »Gemeinschaftswerk der Deutschen Arbeitsfront« das gesamte Vermögen der Konsumgenossenschaften, ihrer Verbände und ihrer Zentralen; die Konsumgenossenschaften wurden zu Filialbetrieben, sogenannten Versorgungsringen, zusammengefaßt und hörten damit einstweilen auf zu bestehen.

Die ländlichen und die gewerblichen Genossenschaften wurden hingegen nicht aufgelöst. So behielten die Verbände der ländlichen Genossenschaften ihre – durch die Genossenschaftsrechtsnovelle von 1934 erweiterten – Prüfungs- und auch ihre sonstigen Betreuungsfunktionen im wesentlichen in eigener Autonomie. Diese verhältnismäßig liberale Gestaltung galt jedoch nicht für die marktwirtschaftlichen Operationen der Genossenschaften und ihrer Zentralen, die vielmehr genauestens reglementiert wurden. Ihre Organisationen waren nämlich in den »Reichsnährstand«[42] eingegliedert worden und wurden dort für die Marktordnung auf den einzelnen Warenmärkten mitverantwortlich gemacht. Bestimmte Arten von ländlichen Genossenschaften, so die Elektrizitätsgenossenschaften und die Brennereigenossenschaften, waren nicht in den Reichsnährstand, sondern in ständische Organisationen der gewerblichen Wirtschaft eingegliedert worden.

Wiederum anders erging es den Wohnungsgenossenschaften. Ihr Spitzenverband, im Jahre 1934 umbenannt in »Hauptverband deutscher Wohnungsunternehmen (Baugenossenschaften und -gesellschaften)«, dem die gesetzlich anerkannten genossenschaftlichen Prüfungsverbände nunmehr angehören mußten, wurde 1938 mit dem Spitzenverband der anderen ge-

---

41 Die Deutsche Arbeitsfront war nach der Auflösung der Gewerkschaften im Jahre 1933 als zentraler Zusammenschluß von Arbeitnehmer- und Arbeitgeberorganisationen gegründet worden.
42 Der Reichsnährstand war während der nationalsozialistischen Herrschaft eine öffentlich-rechtliche Körperschaft, in der die landwirtschaftlichen Verbände und die Landwirtschaftskammern zusammengefaßt waren.

meinnützigen Wohnungsunternehmen zusammengeschlossen, womit die nationalsozialistische Führung eine zentrale Planung nun auch für die Wohnungswirtschaft (ähnlich wie mit dem Reichsnährstand für die Ernährungswirtschaft) durchsetzte.

Das Jahr 1945 bedeutete für das deutsche Genossenschaftswesen materiell den tiefsten Einschnitt seiner bisherigen Entwicklung: Alle zentralen Organisationen gingen mit dem Kriegsende unter oder mußten aufgelöst werden.

D. Der Wiederaufbau in den westlichen Besatzungszonen und in der Bundesrepublik Deutschland

Der Neuaufbau des Genossenschaftswesens nach dem Zweiten Weltkrieg erfolgte – weil das Deutsche Reich 1945, soweit territorial noch vorhanden, in vier Besatzungszonen aufgeteilt worden war – zunächst durch regionale Zusammenschlüsse der Lokalgenossenschaften auf der Ebene der einzelnen Besatzungszonen. Wir werden in diesem Abschnitt die Entwicklung in den drei westlichen Besatzungszonen sowie der aus ihr hervorgegangenen Bundesrepublik Deutschland behandeln, im nächsten Abschnitt dann gesondert die Entwicklung in der sowjetischen Besatzungszone beziehungsweise der Deutschen Demokratischen Republik.

Bereits im Jahre 1945 bildete sich ein Zusammenschluß der gewerblichen Prüfungsverbände der britischen Besatzungszone zur »Arbeitsgemeinschaft gewerblicher Genossenschaften«, 1946 eine ebensolche »Arbeitsgemeinschaft der ländlichen Genossenschaftsverbände der britischen Zone«. Nach dem Beitritt der jeweiligen Prüfungsverbände der amerikanischen und der französischen Besatzungszone entstanden aus diesen Arbeitsgemeinschaften im Jahre 1948 der »Deutsche Raiffeisenverband e.V.« und 1949 der »Deutsche Genossenschaftsverband e.V.«. Letzterer bestand wie zuvor aus regionalen Prüfungsverbänden und Fachprüfungsverbänden.

In enger Kooperation mit dem Deutschen Genossenschaftsverband bildete sich daneben die »Arbeitsgemeinschaft EDEKA-REWE«, um die Interessen der von diesen beiden genossenschaftlichen Fachverbänden betreuten Großhandelsgenossenschaften gemeinsam wahrzunehmen. Nach der Aufnahme weiterer gewerblicher Einkaufsgenossenschaften des Einzelhandels und des Handwerks, die ebenfalls die Großhandelsfunktion ausübten, erweiterte sich die Aufgabe dieser Arbeitsgemeinschaft beträchtlich; sie nannte sich fortan »Zentralverband des genossenschaftlichen Groß- und Außenhandels«.

In ähnlicher Weise lebten auch die übrigen Spitzenverbände wieder auf, und zwar noch 1948 der Zentralverband deutscher Konsumgenossenschaften sowie 1949 der Gesamtverband Gemeinnütziger Wohnungsunternehmen. Bemerkenswert war dabei hinsichtlich der Konsumgenossenschaften, daß der vor der Auflösung in den dreißiger Jahren bestehende Dualismus zwischen den beiden Spitzenverbänden jetzt überwunden wurde und sämtliche Konsumgenossenschaften von Anfang an in einem einheitlichen Spitzenverband zusammengefaßt waren. Der bereits im Jahre 1916 als Arbeitsgemeinschaft begründete lockere Zusammenschluß der genossenschaftlichen Spitzenverbände, der 1945 ebenfalls untergegangen war, wurde 1946 als »Freier Ausschuß der deutschen Genossenschaftsverbände« wiederbegründet.

Da auf ein gemeinsames genossenschaftliches Zentralkreditinstitut gerade beim Wiederaufbau des Genossenschaftswesens nicht verzichtet werden konnte, wurde als Spitzeninstitut des Genossenschaftswesens 1949 die »Deutsche Genossenschaftskasse« (DGK) gegründet, deren Aufgaben zunächst denen ihrer Vorgänger-Institute entsprachen. Ihr Kapital war jetzt allerdings – abgesehen von der Beteiligung der späteren Bundesrepublik – mehrheitlich von Genossenschaften selbst zu übernehmen. Anders als seinen Vorgänger-Instituten wurde dem Spitzeninstitut alsbald auch der unmittelbare Zugang zum Kapitalmarkt eröffnet: Im Jahre 1957 erhielt die DGK das Recht, Schuldverschreibungen mit einer Laufzeit von bis zu zehn Jahren zu begeben.

Wie beim Spitzeninstitut mit der Neugründung bald auch eine Funktionserweiterung verbunden war, so entstanden auch im Bereich des genossenschaftlichen Bauspar- und Versicherungswesens Neugründungen mit erweiterter Aufgabenstellung. Die bis 1945 lediglich für die Volksbanken zuständige Bausparkasse wurde im Jahre 1956, nachdem sich auch ländliche Zentralkassen an ihrem Aktienkapital beteiligt hatten, umbenannt in »Bausparkasse Schwäbisch Hall – Bausparkasse der Volksbanken und Raiffeisenbanken«. Der umgekehrte Vorgang vollzog sich im genossenschaftseigenen Versicherungsbereich. Hier führten Vereinbarungen der ländlichen Genossenschaftsorganisation über eine engere Zusammenarbeit mit den gewerblichen Genossenschaften zu der Umbenennung in

»Raiffeisen- und Volksbanken-Versicherung«. In beiden Vorgängen kann man einen Vorgriff auf die verbandsorganisatorische Einheit erblicken, zu der die Kreditgenossenschaften später gelangten.

Die Wiederbegründung der genossenschaftlich getragenen Zentralgeschäftsanstalten auch im Bereich der gewerblichen Einkaufsgenossenschaften, der ländlichen Warengenossenschaften und bei den Konsumgenossenschaften – hier mit der »Großeinkaufs-Gesellschaft Deutscher Konsumgenossenschaften« – machte insgesamt den Willen der Genossenschaften deutlich, sich in der marktwirtschaftlichen Wettbewerbsordnung der Nachkriegszeit zu entfalten.[43]

Jede Volkswirtschaft bedarf einer Grundentscheidung über die wirtschaftspolitische Gesamtkonzeption. Zwischen den beiden denkmöglichen extremen Polen der Laissez-faire-Wirtschaft und der Zentralverwaltungswirtschaft entschieden sich die Väter der Verfassung der Bundesrepublik Deutschland für die Wirtschaftsordnung der Sozialen Marktwirtschaft, der es darauf ankommt, »das Prinzip der Freiheit auf dem Markte mit dem des sozialen Ausgleichs zu verbinden«.[44] Diese Synthese war für die Wirtschaftsordnung einer großen Volkswirtschaft neu; für die Genossenschaften moderner Prägung ging es schon seit ihrer Gründung darum, eine Synthese zwischen Freiheit und Bindung zu finden, indem die Vorteile genossenschaftlicher Zusammenarbeit und die auf diese Weise bewirkte Sicherung und Stärkung der individualwirtschaftlichen Autonomie mit den Verpflichtungen verbunden wurden, die aus der Trägerschaft eines gemeinsamen Unternehmens erwachsen.[45] *Die Genossenschaften hatten sich so von allem Anfang an mit ihrem Wirtschaftsprinzip der Kooperation für ein klares Koordinierungsprinzip »Jenseits von Individualismus und Kollektivismus«*[46] *entschieden.*

Auch hinsichtlich der Sozialbindung besteht zwischen den Ordnungsvorstellungen der Sozialen Marktwirtschaft und den Grundsätzen der genossenschaftlichen Wirtschaftsführung eine ausgeprägte Gemeinsamkeit: Die

---

43 Die weitere Entwicklung in den einzelnen Genossenschaftssparten bis zur Gegenwart stellen wir im Folgekapitel dar, in dem wir die Struktur und das wirtschaftliche Potential der Genossenschaften in der Bundesrepublik Deutschland im einzelnen behandeln werden. An dieser Stelle ging es uns nur darum aufzuzeigen, daß die breite Entfaltung, die das deutsche Genossenschaftswesen vor dem Zweiten Weltkrieg erlangt hatte, nach dessen Ende in Westdeutschland rasch wieder erreicht wurde.
44 Artikel Soziale Marktwirtschaft, in: HDSW, a. a. O., S. 390.
45 Vgl. Georg Draheim, Zur Ökonomisierung der Genossenschaften, Göttingen 1967, S. 255 ff.
46 So der Titel eines Buches des bedeutenden Erlanger Genossenschaftssoziologen Georg Weippert, Düsseldorf 1964.

Mitgliederförderung – das gesetzlich festgelegte, primäre Ziel der Geschäftstätigkeit jeder Genossenschaft – führt zu einer Sicherung der materiellen Verhältnisse ihrer Mitglieder; daraus resultiert eine positive Wirkung auf die soziale Lage und den Sozialstatus der Genossenschaftsmitglieder. Auch insoweit bewegen sich die Genossenschaften auf ihren jeweiligen Märkten in voller Übereinstimmung mit den Grundsätzen der Sozialen Marktwirtschaft. »Einer für alle, alle für einen«, der ursprüngliche und zeitlose Wahlspruch genossenschaftlicher Kooperation, zeigt dies noch einmal deutlich auf.[47]

Stets haben die Genossenschaften die wirtschaftspolitischen Entscheidungen unterstützt, die zur Sicherung des Wettbewerbs gefällt wurden, ganz gleich, ob es sich um das Grundanliegen des Gesetzes gegen Wettbewerbsbeschränkungen (1957) handelte, um die Bildung einer regionalen Zollunion (Vertrag über die Gründung der Europäischen Wirtschaftsgemeinschaft von 1957) oder um die Liberalisierung des Auslandszahlungsverkehrs durch Herstellung der vollen Konvertibilität der Deutschen Mark (1958). Ihr wirtschaftliches Potential haben die Genossenschaften auch bei sich ständig verschärfendem Wettbewerb nicht nur halten, sondern nachhaltig ausbauen können.

E. Die Entwicklung in der sowjetischen Besatzungszone und in der Deutschen Demokratischen Republik

Der Wiederaufbau der Genossenschaften in der sowjetischen Besatzungszone verlief nur anfangs in ähnlicher Weise wie in den drei westlichen Besatzungszonen: Bereits 1945 wurde durch die sowjetische Militäradministration die Tätigkeit der Raiffeisen-Genossenschaften wieder zugelassen.[48] »Sie wurden Rechtsnachfolger ihrer jeweiligen Vorgänger und übernahmen deren noch vorhandene Vermögen, Agrarkredite wurden ausschließlich über sie abgewickelt, gegenüber dem privaten Landhandel erhielten sie eine bevorzugte Stellung und übernahmen nach und nach dessen Funktion.«[49] Bis auf eine Sonderbestimmung, die den Ausschluß

---

47 Vgl. Artikel Genossenschaften, Stellung in der Gesamtwirtschaft, in: HdG, Sp. 690 ff.
48 Vgl. Artikel Genossenschaften in der DDR, in: HdG, Sp. 628 ff. Wir orientieren uns auch im weiteren an dem dort verwandten Gliederungsschema und den zugehörigen Ausführungen.
49 Artikel Genossenschaften in der DDR, in: HdG, Sp. 628.

der im Jahre 1945 bei der sozialistischen Bodenreform enteigneten Mitglieder vorsah, arbeiteten die Raiffeisen-Genossenschaften im wesentlichen nach ihren traditionellen Prinzipien, sie nahmen sogar einen schnellen Aufschwung: Zum Jahresbeginn 1949 bestanden wieder 6140 ländliche Genossenschaften mit fast einer Million Mitgliedern, darunter 3171 Kreditgenossenschaften mit über 440000 Mitgliedern; die Genossenschaften waren in fünf Landesverbänden zusammengeschlossen.

Bald jedoch büßten die Genossenschaften diese relativ weitgehende Autonomie ein: »Mit dem Aufbau des zentralen Lenkungsapparates für die Wirtschaft der sowjetisch besetzten Zone übertrug die staatliche Verwaltung den Genossenschaften in zunehmendem Maße Aufgaben, die mit den Zielen und Grundsätzen der vom Mitgliederwillen bestimmten Fördergenossenschaften nur schwer vereinbar waren. Hierzu zählte vor allem die Benutzung der Genossenschaften als Kontroll- und Erfassungsorgan für die von den Bauern zu erbringende Pflichtproduktion.«[50] Im Jahre 1949 wurden die meisten Genossenschaften auf Gemeindeebene zu Universalgenossenschaften zusammengeschlossen; ihr Name wurde von Raiffeisen-Genossenschaft in Landwirtschaftliche Dorfgenossenschaft geändert. Ein Jahr später schließlich verloren die einzelnen Dorfgenossenschaften und ihre Verbände ihre Selbständigkeit; unter erneut geänderter Bezeichnung wurden sie als Bäuerliche Handelsgenossenschaften (BHG) in die Vereinigung der gegenseitigen Bauernhilfe (VdgB) eingegliedert.[51]

Diese Vereinigung umfaßte die 1946 auf lokaler Basis zur Durchführung der Bodenreform entstandenen örtlichen Ausschüsse der gegenseitigen Bauernhilfe, die in erster Linie Maschinenausleihstellen für die Bodenreformbetriebe gründen sollten, aber zugleich die Aufgabe hatten, als »Klassenorganisation der werktätigen Bauern die revolutionäre Umgestaltung des Dorfes voranzutreiben«.[52]

Nach der Eingliederung der Raiffeisen-Genossenschaften in die VdgB änderte diese ihren Namen in Vereinigung der gegenseitigen Bauernhilfe (Bäuerliche Handelsgenossenschaft) – VdgB (BHG). Nachdem zusätzlich staatliche Kontore für die Erfassung der Agrarproduktion gegründet worden waren, verblieb den BHG innerhalb dieser neuen Gesamtorganisation

---

50 Artikel Genossenschaften in der DDR, in: HdG, Sp. 628.
51 Vgl. Artikel Bäuerliche Handelsgenossenschaft – BHG, in: Genossenschafts-Lexikon, a. a. O., S. 50.
52 Artikel Genossenschaften in der DDR, in: HdG, Sp. 630.

der ländlichen Genossenschaften auf dem Warensektor lediglich die Aufgabe der Versorgung der Landwirtschaft mit landwirtschaftlichen Bedarfsartikeln. An kreditgenossenschaftlichen Funktionen verblieben bei den BHG nur noch die Verwaltung von Spareinlagen und die Abwicklung des Zahlungsverkehrs. Die ursprünglich wichtige Funktion der Kreditgewährung ging mit der nahezu restlosen Abschaffung der privaten bäuerlichen Betriebe auf die staatliche Bank für Landwirtschaft und Nahrungsgüterwirtschaft der Deutschen Demokratischen Republik (BLN) über, die Nachfolgerin der Bauernbank, die ihrerseits aus dem erzwungenen Zusammenschluß der regionalen genossenschaftlichen Zentralbanken entstanden war. Die BHG mit ihrem dichten Zahlstellennetz waren hinsichtlich der Kreditvergabe faktisch zu Filialen der BLN geworden.

Zu der wichtigsten Betriebsform in der Landwirtschaft der Deutschen Demokratischen Republik (DDR) entwickelten sich dort zwischen 1952 und 1960 die Landwirtschaftlichen Produktionsgenossenschaften (LPG), die mit Genossenschaften herkömmlichen Verständnisses nichts mehr gemein hatten, waren sie doch durch den zwangsweisen Zusammenschluß bäuerlicher Betriebe entstanden. Den sowjetischen Kolchosen nachgebildet, waren sie dem Typ nach Produktivgenossenschaften,[53] wobei jedes Mitglied einen eigenen landwirtschaftlichen Nebenerwerbsbetrieb bis zu einer Größe von 0,5 ha selbständig bewirtschaften konnte. Die Mitglieder blieben zwar formal-juristisch Eigentümer ihres in die LPG eingebrachten Bodens, verloren aber jegliches Nutzungsrecht daran. Leitungsorgane in einem formal genossenschaftlichen Aufbau waren die Mitgliederversammlung (später »Vollversammlung« – mit Stimmrecht auch derjenigen Beschäftigten, die nicht Mitglied waren), der Vorstand und der Vor-

---

53 Ganz im Gegensatz zu ihrer faktischen Erfolglosigkeit galten und gelten Produktivgenossenschaften in den Überlegungen vieler Theoretiker des Genossenschaftswesens, aber auch lange Zeit in der Konzeption von Schulze-Delitzsch, als die Krönung genossenschaftlicher Kooperation. In ihnen werden der Idee nach nicht nur bestimmte betriebliche oder haushaltswirtschaftliche Teilfunktionen, wie etwa Bezug oder Absatz oder Kreditbeschaffung, zusammengefaßt, sondern der ganze Mensch mit seinem Vermögen und mit seiner Arbeit. »Der gemeinschaftlich organisierte Betrieb arbeitet als von den Mitgliedern betriebene Unternehmung. Das Identitätsprinzip wird widergespiegelt in der Identität von Mitunternehmer und Mitarbeiter im gemeinschaftlich betriebenen Unternehmen. Jeder Beschäftigte ist Teilhaber, und jeder Teilhaber ist Beschäftigter...« (Artikel Produktivgenossenschaften, in: Genossenschafts-Lexikon, a. a. O., S. 513). Demgegenüber sind Produktionsgenossenschaften Genossenschaften, die sich mit der Bearbeitung und/oder Verarbeitung von Waren befassen (vgl. Artikel Produktionsgenossenschaften, in: HdG, Sp. 1346). Produktionsgenossenschaften gibt es also sowohl bei den Produktivgenossenschaften als auch bei den Fördergenossenschaften mit Hilfs- und Ergänzungsfunktionen, wie sie klassischerweise von Raiffeisen und Schulze-Delitzsch zuerst gegründet worden sind.

sitzende der LPG; die Revision erfolgte durch eine betriebsinterne Kommission. Die Stellung des Mitgliedes als entscheidungsberechtigter Miteigentümer wurde immer weiter ausgehöhlt und die Gleichsetzung mit Lohnarbeitskräften auch in arbeits- und sozialrechtlicher Hinsicht nahezu vollständig vollzogen. In produktionstechnischer Hinsicht wurde in den Landwirtschaftlichen Produktionsgenossenschaften eine starke Spezialisierung betrieben, die zur Herausbildung reiner Tierhaltungsbetriebe einerseits, spezialisierter LPG für Pflanzenproduktion andererseits führte. Obwohl die LPG von ihrer Gründung an Großbetriebe waren, arbeiteten sie bald überbetrieblich zusammen, indem sie ab 1962 »Zwischengenossenschaftliche Einrichtungen« für das Bauwesen, die Melioration, die tierische Produktion sowie für die Waldwirtschaft gründeten. Später wurde die überbetriebliche Zusammenarbeit auf sämtliche Zweige der Agrarproduktion ausgedehnt; zu diesem Zweck wurden produktspezifisch orientierte Kooperationsgemeinschaften gegründet, die ihrerseits in vertikalen Kooperationsverbänden zusammengeschlossen wurden. Für alle Formen der Zusammenarbeit zwischen sozialistischen Betrieben wurden später weitere Kooperative Einrichtungen geschaffen.[54]

Wie die übrigen Genossenschaftssparten, auf die wir noch eingehen werden,[55] wurden auch die ländlichen Genossenschaften zunehmend zu einer Organisationsform zur Abschaffung des Privateigentums umgestaltet. Als solche spielten sie in der sozialistischen Theorie seit jeher eine große Rolle.[56] Hinsichtlich der Formen sozialistischen Eigentums galten sie als eine gegenüber dem Staatseigentum weniger entwickelte Form, wobei jedoch weder das Staats- noch das Genossenschaftseigentum als Endstufe des sozialistischen Eigentums betrachtet wurde, sondern dieses durch die Verschmelzung beider Formen zum »gesamtgesellschaftlichen Eigentum« gebildet werden sollte.[57]

Wenn an dieser Stelle der Versuch gemacht wird, die grundlegenden Unterschiede zwischen marktwirtschaftlichen und sozialistischen Genossenschaften systematisch zu erfassen, so deswegen, weil eine unkommentierte Anwendung des Begriffes der »Genossenschaft« auch auf die nur noch so genannten Organisationen in der DDR zu Mißverständnissen füh-

---

54 Vgl. Artikel Genossenschaften in der DDR, in: HdG, Sp. 633 f.
55 Siehe S. 45 ff.
56 Vgl. Artikel Genossenschaften in sozialistischen Ländern, in: HdG, Sp. 638.
57 Vgl. ebenda.

ren könnte: *Hinsichtlich der Entstehungsbedingungen ist die freiwillige Gründung durch autonome Mitglieder von den staatlichen Zwangsgründungen der DDR zu unterscheiden.* Der Zweck marktwirtschaftlicher Genossenschaften ist die Mitgliederförderung, der Zweck sozialistischer Genossenschaften besteht in der Erfüllung staatlicher Ziele; an die Stelle der genossenschaftstypischen Selbstverwaltung treten staatliche Planvorgaben. Das individuelle Nutzungsrecht klassischer Genossenschaften fußt auf dem Privateigentum; die staatlich-gesellschaftlichen Nutzungsrechte bei sozialistischen Genossenschaften basieren auf dem sozialistischen Eigentumsbegriff.[58] Bei den nunmehr zu behandelnden gewerblichen, Wohnungs- und Konsumgenossenschaften lassen sich die Merkmale sozialistischer Genossenschaften in ähnlicher Form wie im ländlichen Bereich nachweisen.

Im Handwerk der DDR können drei verschiedene genossenschaftliche Organisationsformen unterschieden werden: Produktionsgenossenschaften des Handwerks (PGH), Einkaufs- und Liefergenossenschaften des Handwerks (ELG) sowie Genossenschaftskassen für Handwerk und Gewerbe (GHG).[59]

Die Produktionsgenossenschaften des Handwerks wurden – parallel zu den Landwirtschaftlichen Produktionsgenossenschaften – von 1952 an geschaffen, wobei auch sie ihrem Charakter nach Produktivgenossenschaften waren. PGH existierten in zwei Formen, nämlich zum einen unter Beibehaltung des individuellen Eigentums an den eingebrachten Werkstätten und Einrichtungen und zum anderen unter Übertragung dieses Eigentums durch die Mitglieder. Die PGH waren fest in das System der zentralen Wirtschaftslenkung integriert; sie arbeiteten nach Produktions- und Materialversorgungsplänen sowie vorgeschriebenen Preisen.[60]

Dennoch stellte das Handwerk in der DDR jenen Wirtschaftssektor dar, in dem privatwirtschaftlichem Eigentum und privatwirtschaftlicher Leistung im Vergleich zu anderen Wirtschaftssektoren der relativ größte Freiraum eingeräumt wurde, weil man auf dessen Leistungen besonders stark angewiesen war; doch galten auch für die privaten Handwerksbetriebe vielerlei

---

58 Vgl. DG BANK Deutsche Genossenschaftsbank, Die Genossenschaften in der DDR, (Frankfurt am Main 1990), S. 11 f. Vgl. auch Artikel Genossenschaften in sozialistischen Ländern, in: Genossenschafts-Lexikon, a. a. O., S. 254.
59 Vgl. DG BANK Deutsche Genossenschaftsbank, Die Genossenschaften in der DDR, a. a. O., S. 24 f.
60 Vgl. Artikel Genossenschaften in der DDR, in: HdG, Sp. 635.

staatliche Planauflagen. Während die Mitglieder der PGH keiner eigenständigen erwerbswirtschaftlichen Tätigkeit nachgingen, waren in den Einkaufs- und Liefergenossenschaften des Handwerks die noch privatwirtschaftlich arbeitenden Handwerker zusammengeschlossen. Die ELG hatten insoweit einen stärker förderungswirtschaftlichen Charakter; de facto bestand jedoch auch bei ihnen eine obligatorische Mitgliedschaft, da es alternative Möglichkeiten des Bezuges handwerklicher Produktionsmittel nicht gab.

Als Rechtsnachfolger der Volksbanken wurden ab 1945 Genossenschaftskassen für Handwerk und Gewerbe (GHG) (bis 1973 Genossenschaftsbanken für Handwerk und Gewerbe)[61] gegründet. Ihr Tätigkeitsbereich umfaßte (anders als bei den BHG) nicht nur das Einlagengeschäft und die Abwicklung des Zahlungsverkehrs (in diesem Falle für die PGH, die ELG sowie private Handwerker und Gewerbetreibende), sondern auch die Führung von Geschäftskonten und die Finanzierung von Existenzgründungen;[62] die GHG behielten demnach in stärkerem Maße als die BHG Funktionen einer Geschäftsbank. Aber auch sie waren, wie die BHG, nachgeordnete Träger der zentralen Wirtschaftslenkung und unterstanden den Weisungen der staatlichen Exekutive; von der genossenschaftstypischen Selbstverwaltung kann also auch bei ihnen nicht gesprochen werden.

Neben den ländlichen und den gewerblichen Zwangskollektiven gab es in der DDR noch Genossenschaften in zwei weiteren Bereichen, nämlich im Einzelhandel und in der Wohnungswirtschaft.

Die ersten Konsumgenossenschaften wurden bereits 1945 wiederbegründet und entwickelten sich (neben der staatlichen Handelsorganisation) rasch zu bedeutenden Versorgungs- und Distributionseinrichtungen des Einzelhandels der DDR. Sie betrieben nicht nur Handelseinrichtungen in Form von Verkaufsstellen, sondern auch Gaststätten sowie Betriebe und Kombinate zur Herstellung von Back- und Fleischwaren. Sie waren stark in die zentrale Planungswirtschaft eingebunden; die Preise des Groß- und Zwischenhandels sowie die Handelsspannen waren staatlich fixiert. Ihre Mitglieder, deren Zahl in die Millionen ging, konnten – in Verkaufsstellen-

---

61 Vgl. Jürgen Blüher und Erwin Kuhn, Zur Genossenschaftsentwicklung in der ehemaligen DDR, Marburg 1990, S. 10.
62 Vgl. Artikel Genossenschaften in der DDR, in: HdG, Sp. 636 f., und DG BANK Deutsche Genossenschaftsbank, Die Genossenschaften in der DDR, a. a. O., S. 26.

ausschüssen und Beiräten – in rudimentärer Form an der Selbstverwaltung teilnehmen.[63]

Arbeiterwohnungsbaugenossenschaften (AWG) wurden ab 1953 insbesondere für die Belegschaftsmitglieder von Volkseigenen Betrieben (VEB), Behörden, Universitäten und Mitgliedern von PGH gegründet. AWG waren Instrumente der staatlichen Wohnungspolitik, weil die Finanzierung von Bauvorhaben der AWG ausschließlich über die Staatsbank möglich war. Im Jahre 1957 wurden auch die formell aus der Zeit vor dem Kriege noch bestehenden gemeinnützigen und sonstigen Wohnungsgenossenschaften wieder ins Leben gerufen und nach dem Muster der AWG zu Gemeinnützigen sozialistischen Wohnungsbaugenossenschaften (GWG) umgebildet. Sie unterschieden sich von den AWG jedoch insofern, als bei ihnen die Mitgliedschaft nicht an bestimmte Arbeitgeber gebunden war. In AWG und GWG waren die Mitglieder einerseits mit Geschäftsanteilen an ihrer Genossenschaft beteiligt, sie mußten aber andererseits praktische Arbeitsleistungen beim Bau von Genossenschaftswohnungen erbringen.[64]

---

63 Vgl. DG BANK Deutsche Genossenschaftsbank, Die Genossenschaften in der DDR, a. a. O., S. 28, und Artikel Genossenschaften in der DDR, in: HdG, Sp. 634 f.
64 Vgl. DG BANK Deutsche Genossenschaftsbank, Die Genossenschaften in der DDR, a. a. O., S. 28 f., und Artikel Genossenschaften in der DDR, in: HdG, Sp. 637. Wir wollen, ähnlich wie für Westdeutschland, die weitere Entwicklung dieser und der anderen Genossenschaftssparten in Ostdeutschland im einzelnen nicht an dieser Stelle, sondern im nächsten Kapitel behandeln, in dem wir auf die Struktur und das wirtschaftliche Potential der Genossenschaften in der Bundesrepublik Deutschland im einzelnen eingehen werden. In diesem Zusammenhang ging es uns nur darum nachzuweisen, daß sozialistische Genossenschaften grundlegende, systembedingte Unterschiede zu marktwirtschaftlichen Genossenschaften aufweisen und daß deren ideologisch begründete Umgestaltung in zunehmendem Maße den ursprünglichen Genossenschaftsgedanken pervertiert hat.

III. Struktur und wirtschaftliches Potential der Genossenschaften in der Bundesrepublik Deutschland

Die Bundesrepublik Deutschland ist – wie dargelegt – ein Land mit einem traditionsreichen und hoch entwickelten Genossenschaftswesen: Die ersten Kreditgenossenschaften der Welt wurden in Deutschland gegründet, und auch Kreditgenossenschaften mit angeschlossenem landwirtschaftlichen Warengeschäft, spezielle landwirtschaftliche Bezugs- und Absatzgenossenschaften sowie gewerbliche Einkaufsgenossenschaften entstanden hier früher als in anderen Ländern.

Bis zum heutigen Tage dominieren in Deutschland die Genossenschaftsbanken sowie die ländlichen und gewerblichen Waren- und Dienstleistungsgenossenschaften als *mittelständische* Organisationsformen; daneben sind in Landwirtschaft und Gewerbe der neuen Bundesländer auch produktivgenossenschaftliche Organisationsformen verbreitet. Einschließlich der Wohnungs- und der Konsumgenossenschaften bestanden am 31. Dezember 1993, wie die Übersicht 1 zeigt, rund 11 000 genossenschaftliche Unternehmen. Die Zahl der Mitgliedschaften belief sich zum gleichen Zeitpunkt auf 20 Millionen.[1]

Der genossenschaftliche Durchdringungsgrad – verstanden als Anteil der Genossenschaftsmitgliedschaften an der Gesamtbevölkerung – ist mit nahezu 27 Prozent im internationalen Vergleich sehr hoch. Auch unter Berücksichtigung von Mehrfachmitgliedschaften kann man davon ausgehen, daß mindestens jeder fünfte Einwohner der Bundesrepublik Mitglied mindestens einer Genossenschaft ist. Die Entwicklung ist durch ständig steigende Ziffern gekennzeichnet; in den alten Bundesländern hat sich die Zahl der Mitglieder aller Genossenschaften seit 1950 mehr als verdoppelt.

Als Arbeitgeber und Investoren spielen die Genossenschaften innerhalb der deutschen Volkswirtschaft eine bedeutende Rolle. Das Eigenkapital al-

---

[1] Vgl. DG BANK Deutsche Genossenschaftsbank, Die Genossenschaften in der Bundesrepublik Deutschland 1993, Statistik, (Frankfurt am Main 1993), S. 10, und die Fortschreibung der darin enthaltenen Statistiken. Auch die folgenden Zahlenangaben basieren auf der Aktualisierung der jeweils genannten Quellen.

lein der Kreditgenossenschaften beläuft sich auf 28 Milliarden DM, wovon etwa 30 Prozent als eingezahlte Geschäftsguthaben aufgebracht wurden.[2] Genossenschaftliche Geschäftsguthaben von insgesamt gut acht Milliarden DM, die sich auf gut zwölf Millionen Anteilseigner aufteilen, stellen im Vergleich mit dem gesamten übrigen Produktivkapitalvermögen der privaten Haushalte von 74,2 Milliarden DM[3](beides per Ende 1992) eine beachtliche Größenordnung dar. Allein in der genossenschaftlichen Bankengruppe sind 170000 Menschen beschäftigt.

Die wirtschaftliche Organisation der Genossenschaften ist – wie dargelegt – dadurch gekennzeichnet, daß zur Stärkung der Wettbewerbsfähigkeit der (in der Regel auf örtlicher Ebene wirkenden) Primärgenossenschaften auf regionaler Ebene und auf nationaler Ebene Zentralgenossenschaften bestehen. Dabei vollzieht sich der Grundaufbau von unten nach oben, und die demokratische Kontrolle erfolgt, ähnlich der Gestaltung im staatlichen Gemeinwesen, in indirekter Form. Die einzelnen Ebenen innerhalb der Gesamtorganisation der deutschen Genossenschaften verdeutlicht die Übersicht 2.

Die Genossenschaftsorganisation in der Bundesrepublik Deutschland umfaßt ferner, wie bereits bei der historischen Entwicklung im einzelnen dargestellt, regionale und nationale Verbände. Ihre Funktionen liegen auf den Gebieten der Prüfung, der Beratung, der Betreuung, der Schulung und der Einlagensicherung der angeschlossenen Genossenschaften sowie in der Wahrung der wirtschaftspolitischen Interessen des Genossenschaftswesens. Wir werden auf diese Funktionen im einzelnen noch an anderer Stelle näher eingehen.[4]

Dachverband ist seit dem 1. Januar 1972, nachdem der Deutsche Genossenschaftsverband und der Deutsche Raiffeisenverband beschlossen hatten, das gewerbliche und das ländliche Genossenschaftswesen neu zu organisieren,[5] der Deutsche Genossenschafts- und Raiffeisenverband e.V. (DGRV). Er umfaßt drei Bundesverbände, nämlich den Bundesverband der

---

2 Vgl. DG BANK Deutsche Genossenschaftsbank, Die Genossenschaften..., a. a. O., S. 11.
3 Gemessen an der nominalen Aktienanlage der privaten Haushalte. Vgl. Deutsche Bundesbank, Monatsbericht Mai 1994, S. 42.
4 Siehe S. 163–170 sowie S. 60 f. und S. 80 f.
5 Vgl. Horst Baumann, Die Neuordnung der gewerblichen und ländlichen Genossenschaftsorganisationen in Deutschland, in: Die gewerbliche Genossenschaft, Heft 1/2 und Heft 3/1973.

Übersicht 1: *Die Genossenschaften in der Bundesrepublik Deutschland*

Genossenschaftliche Unternehmen insgesamt		10 784
Genossenschaftsbanken		2 802
Kreditgenossenschaften	2 773	
Volksbanken, Raiffeisenbanken	2 731	
(Darunter: mit Warengeschäft	990)	
Beamtenbanken	4	
Sparda-Banken	17	
Post-Spar- und Darlehnsvereine	21	
Zentralbanken		4
Regionale Zentralbanken	3	
DG BANK Deutsche Genossenschaftsbank	1	
Verbundunternehmen		25
Ländliche Genossenschaften[1]		4 568
Waren- und Dienstleistungsgenossenschaften		3 546
Bezugs- und Absatzgenossenschaften	771	
Molkereigenossenschaften	680	
Winzergenossenschaften	288	
Vieh- und Fleischgenossenschaften	177	
Obst- und Gemüsegenossenschaften	106	
Pfropfreben- und Rebenaufbaugenossenschaften	45	
Fischerei- und Fischverwertungsgenossenschaften	48	
Blumengenossenschaften	56	
Maschinen- und Dreschgenossenschaften	57	
Kalthausgenossenschaften	72	
Wasserleitungsgenossenschaften	185	
Elektrizitätsgenossenschaften	76	
Zuchtgenossenschaften	32	
Weidegenossenschaften	80	
Brennereigenossenschaften, Kartoffeltrocknungsgenossenschaften und Stärkefabriken	151	
Grünfuttertrocknungsgenossenschaften	53	
Sonstige Waren- und Dienstleistungsgenossenschaften	669	
Agrargenossenschaften		977

Zentralunternehmen		45
Hauptgenossenschaften	9	
Molkereizentralen	9	
Vieh- und Fleischzentralen	5	
Zentralkellereien	6	
Sonstige Zentralen	12	
Bundeszentralen	4	

Gewerbliche Genossenschaften   1 404

Waren- und Dienstleistungsgenossenschaften		811
Genossenschaften des Nahrungs- und Genußmitteleinzelhandels	35	
Genossenschaften des Nicht-Nahrungsmitteleinzelhandels	88	
Genossenschaften des Nahrungsmittelhandwerks	214	
Genossenschaften des Nicht-Nahrungsmittelhandwerks	342	
Genossenschaften der Freien Berufe	6	
Verkehrsgenossenschaften	126	
Sonstige Genossenschaften		578
Zentralunternehmen		15
im Handel	4	
im Handwerk[2]	9	
in der Verkehrswirtschaft	2	

Konsumgenossenschaften   72

Primärgenossenschaften		67
Zentralunternehmen		5

Wohnungsgenossenschaften   1 938

Quellen: Bundesverband der Deutschen Volksbanken und Raiffeisenbanken e.V. (BVR), Bonn, Deutscher Raiffeisenverband e.V. (DRV), Bonn, Bundesverband deutscher Konsumgenossenschaften e.V. (BVK), Hamburg, Verband der Konsumgenossenschaften eG (VdK), Berlin, Gesamtverband der Wohnungswirtschaft e.V. (GdW), Köln, genossenschaftliche Regional- und Fachprüfungsverbände. – Alle Angaben für Ende 1993.
1 Ohne die 990 Kreditgenossenschaften mit Warengeschäft, die sowohl Mitglieder im BVR als auch im DRV sind, zur Vermeidung der Doppelzählung hier jedoch nur unter den Kreditgenossenschaften aufgeführt werden. – 2 Einschließlich regionaler Zentralen.

Übersicht 2: *Die wirtschaftliche Organisation der Genossenschaften in der Bundesrepublik Deutschland*

	Kreditgenossenschaften	Ländliche Genossenschaften	Gewerbliche Genossenschaften	Konsumgenossenschaften	Wohnungsgenossenschaften
BUNDES-EBENE	DG BANK, Frankfurt am Main 25 Verbundunternehmen	Vier Bundeszentralen	Elf Bundeszentralen[3]	Fünf Zentralunternehmen	–
REGIONAL-EBENE	Drei regionale Zentralbanken	41 Regionalzentralen	–[4]	–	–
ORTS-EBENE	2 773 Kreditgenossenschaften[1]	4 523 Ländliche Genossenschaften[2]	1 389 Gewerbliche Genossenschaften[5]	67 Konsumgenossenschaften[6]	1 938 Wohnungsgenossenschaften

Quellen: Siehe die Übersicht 1. – Alle Angaben für Ende 1993.

1 Darunter 990 Kreditgenossenschaften mit Warengeschäft. – 2 Ohne die 990 Kreditgenossenschaften mit Warengeschäft, die Mitglieder sowohl im BVR als auch im DRV sind, zur Vermeidung der Doppelzählung hier jedoch nur unter den Kreditgenossenschaften aufgeführt werden. – 3 Einschließlich der Bundeszentralen der Verkehrsgenossenschaften. – 4 Ausnahme: Vier Landeszentralen der BÄKO-Genossenschaften. – 5 Zum Teil auch regional, national und international tätig. – 6 Zum Teil auch regional tätig.

Deutschen Volksbanken und Raiffeisenbanken e.V. (BVR), den Deutschen Raiffeisenverband e.V. (DRV) und den Zentralverband Gewerblicher Verbundgruppen e.V. (ZGV).[6]

Die Bundesverbände der Konsumgenossenschaften und der Wohnungsgenossenschaften bilden zusammen mit dem DGRV den »Freien Ausschuß der deutschen Genossenschaftsverbände« als nicht institutionalisierte gemeinsame Interessenvertretung (siehe die Übersicht 3).

Der DGRV und die unter seinem Dach vereinigten Bundesverbände haben ihren Sitz in Bonn. Der BVR umfaßt sämtliche Genossenschaftsbanken; für die ländlichen Genossenschaften ist der DRV, für die gewerblichen Genossenschaften der ZGV zuständig.

BVR, DRV und ZGV üben keinerlei Prüfungsfunktionen aus. Alleiniger Prüfungsverband auf Bundesebene ist vielmehr der DGRV. Dieser hat weiterhin unter anderem die Aufgaben, die gemeinsamen wirtschaftspolitischen, rechtspolitischen und steuerpolitischen Belange aller Genossenschaftssparten wahrzunehmen, in genossenschaftsrechtlichen Fragen sowie in Prüfungsfragen beratend und fördernd tätig zu werden und die Beziehungen zu anderen Organisationen und Institutionen des In- und Auslandes zu pflegen.[7] Die fachspezifische Beratung und Betreuung sowie die Wahrung der fachspezifischen Interessen seiner Mitglieder obliegt dem jeweiligen Bundesverband. Die Prüfung der angeschlossenen Primärgenossenschaften wird von den regionalen Prüfungsverbänden ausgeübt. Eine Ausnahme bilden die Mitglieder der auf Bundesebene tätigen Fachprüfungsverbände, die von diesen und nicht von den Regionalverbänden geprüft werden.

Nach der Wiedervereinigung Deutschlands im Jahre 1990 haben diejenigen regionalen Prüfungsverbände, die an die ehemalige DDR angrenzten, ihr Verbandsgebiet auf die neuen Bundesländer ausgedehnt. Lediglich in Sachsen ist nach dem Vorbild der bestehenden westdeutschen Regionalverbände ein eigener regionaler Prüfungsverband entstanden.

---

6 Der ZGV ist zum 1. Januar 1992 aus dem Zusammenschluß des Zentralverbandes der genossenschaftlichen Großhandels- und Dienstleistungsunternehmen e.V. (ZENTGENO) mit der Bundesvereinigung Deutscher Einkaufs- und Verbundgruppen des Handels e.V. (BEV) entstanden.

7 Vgl. § 3 der Satzung des DGRV.

Übersicht 3: *Die Verbandsstruktur der Genossenschaften in der Bundesrepublik Deutschland*

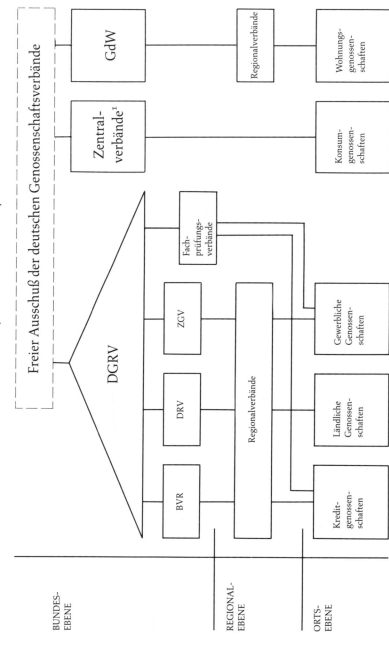

DGRV = Deutscher Genossenschafts- und Raiffeisenverband. – BVR = Bundesverband der Deutschen Volksbanken und Raiffeisenbanken. – DRV = Deutscher Raiffeisenverband. – ZGV = Zentralverband Gewerblicher Verbundgruppen. – GdW = Gesamtverband der Wohnungswirtschaft. – 1 Revisionsverband deutscher Konsumgenossenschaften, Bundesverband deutscher Konsumgenossenschaften, Konsum-Prüfverband, Verband der Konsumgenossenschaften.

A. Genossenschaftsbanken

1. Struktur der genossenschaftlichen Bankengruppe

Die genossenschaftliche Bankengruppe ist teils zweistufig, teils dreistufig aufgebaut. Ihre Basis bilden die örtlichen Kreditgenossenschaften, zu denen neben den Volksbanken und Raiffeisenbanken einige berufsständische Banken in genossenschaftlicher Rechtsform gehören.
Ursprünglich insbesondere als »Liquiditätszentralen«, heute jedoch mit weit darüber hinausgehenden Aufgaben, haben sich die Kreditgenossenschaften regionale Zentralbanken geschaffen, die die zweite Stufe des genossenschaftlichen Bankenverbundes bilden. Als nationales Spitzenkreditinstitut und dritte Stufe fungiert die DG BANK Deutsche Genossenschaftsbank, an deren Kapital die regionalen genossenschaftlichen Zentralbanken und die regionalen genossenschaftlichen Holdinggesellschaften der Primärbanken beteiligt sind.
Seit mehrere regionale genossenschaftliche Zentralbanken zwischen 1985 und 1989 ihr Bankgeschäft auf die DG BANK übertragen haben, ist die genossenschaftliche Bankengruppe in diesen jeweiligen Regionen zweistufig aufgebaut. Die DG BANK nimmt hier neben ihren bundesweiten und internationalen Aufgaben zusätzlich die Aufgaben der früheren regionalen Zentralbanken wahr. Dies gilt auch für die neuen Bundesländer. Die Kreditgenossenschaften des »Zweistufigkeitsgebietes« sind über Holdinggesellschaften am Kapital der DG BANK beteiligt.
Zur genossenschaftlichen Bankengruppe gehört ferner eine Reihe großer Unternehmen, die spezielle Finanzdienstleistungen anbieten. Diese »Verbundunternehmen« sind in der Regel Tochterunternehmen der regionalen genossenschaftlichen Zentralbanken, der regionalen genossenschaftlichen Holdinggesellschaften und der DG BANK.
Alle Unternehmen der genossenschaftlichen Bankengruppe gehören der genossenschaftlichen Verbandsorganisation an, die die Regionalverbände, die Fachprüfungsverbände und den Bundesverband der Deutschen Volksbanken und Raiffeisenbanken e.V., Bonn, als nationalen Spitzenverband umfaßt. Die genossenschaftliche Bankenorganisation ist darüber hinaus Mitglied des Deutschen Genossenschafts- und Raiffeisenverbandes e.V., des Dachverbandes der Genossenschaftsbanken sowie der ländlichen und der gewerblichen Genossenschaften (siehe die Übersicht 4).

Übersicht 4: *Die Struktur der genossenschaftlichen Bankengruppe*

BUNDESEBENE	
DG BANK Deutsche Genossenschaftsbank, Frankfurt am Main	Bundesverband der Deutschen Volksbanken und Raiffeisenbanken e.V. (BVR), Bonn[1]
Verbundunternehmen	Fachprüfungsverbände

REGIONALEBENE	
Regionale Zentralbanken	Regionale Prüfungsverbände

ORTSEBENE
Kreditgenossenschaften (Volksbanken und Raiffeisenbanken, Sparda-Banken, Post-Spar- und Darlehnsvereine, berufsständische Banken)

[1] Die genossenschaftliche Bankenorganisation ist außerdem Mitglied im Deutschen Genossenschafts- und Raiffeisenverband e.V., Bonn, dem gemeinsamen Dachverband der Genossenschaftsbanken, der ländlichen und der gewerblichen Genossenschaften.

a) Kreditgenossenschaften

Die Kreditgenossenschaften führen ihre Anfänge auf den von HERMANN SCHULZE-DELITZSCH 1850 gegründeten »Vorschußverein« in Delitzsch zurück. Er war, wie alle weiteren Vorschußvereine, auf die speziellen Bedürfnisse des gewerblichen Mittelstandes, also der Handwerker und Einzelhändler, zugeschnitten und ist der Vorläufer der heutigen Volksbanken.[8] Für die Landbevölkerung wurden die ersten Kreditgenossenschaften 1862 in Anhausen und 1864 in Heddesdorf durch FRIEDRICH WILHELM RAIFFEISEN geschaffen; sie sind die Vorläufer der heutigen Raiffeisenbanken.[9] Seit 1972 bilden Volksbanken und Raiffeisenbanken nicht länger zwei getrennte Gruppierungen, sondern, anders als beispielsweise in Österreich, Italien und Frankreich,[10] eine einheitliche genossenschaftliche Bankengruppe.

Ihr gehören seit der Wiedervereinigung im Jahre 1990 auch die Volksbanken und Raiffeisenbanken in den neuen Bundesländern an – die früheren »Genossenschaftskassen für Handwerk und Gewerbe« und »Bäuerlichen Handelsgenossenschaften« der DDR, die ihrerseits sozialistische Umformungen der ursprünglichen Volksbanken und Raiffeisenbanken waren. Die »Genossenschaftskassen für Handwerk und Gewerbe« betrieben das Einlagengeschäft, führten Geschäftskonten und wickelten den Zahlungsverkehr für die Produktionsgenossenschaften und die Einkaufs- und Liefergenossenschaften des Handwerks sowie die verbliebenen privaten Handwerks- und Handelsbetriebe ab. Ihre Geschäftsführung unterlag den Weisungen des Finanzministeriums und der Staatsbank der DDR. »Bäuerliche Handelsgenossenschaften« nahmen Spareinlagen entgegen und waren für den Zahlungsverkehr der ländlichen Bevölkerung, vor allem der zwangsweise zusammengeschlossenen Genossenschaftsbauern, Genossenschaftsgärtner und Winzer, zuständig. Sie unterstanden der Bank für Landwirtschaft und Nahrungsgüterwirtschaft der DDR, dem Nachfolgeinstitut der 1950 durch Dekret zusammengeschlossenen und verstaatlichten regionalen genossenschaftlichen Zentralbanken.

---

8 Vgl. Artikel Volksbanken, in: Genossenschafts-Lexikon, a. a. O., S. 702 f.
9 Vgl. Artikel Raiffeisenbanken, in: Genossenschafts-Lexikon, a. a. O., S. 532 f.
10 Vgl. Gunther Aschhoff und Eckart Henningsen, Die Funktion genossenschaftlicher Spitzeninstitute in ausgewählten Ländern, in: ZfgG, Bd. 42 (1992), S. 29 ff.

Die Kreditgenossenschaften sind Banken im Sinne des Kreditwesengesetzes und üben Bankgeschäfte aller Art aus.[11] Sie haben den gesetzlichen Auftrag, ihre Mitglieder mit Mitteln des Bankbetriebes wirtschaftlich zu fördern, und entsprechen diesem Auftrag – unterstützt durch ihre regionalen Zentralbanken, durch die DG BANK als ihr Spitzenkreditinstitut sowie durch die Verbundunternehmen für spezielle Finanzdienstleistungen – als Universalbanken. Ihre Kunden, von denen mehr als zwölf Millionen auch Mitglieder und damit Teilhaber der Kreditgenossenschaften sind, kommen aus dem Mittelstand: Unternehmer, Landwirte, Freiberufler und Privatpersonen.

Das Kreditgeschäft der Volksbanken und Raiffeisenbanken umfaßt sämtliche Kreditarten einer modernen Universalbank.[12] Traditionell stark engagiert sind die Kreditgenossenschaften in der Bereitstellung von Krediten an kleine und mittlere Unternehmen aus Handel und Gewerbe sowie im Agrarkredit. Mit der zunehmenden Auslandsorientierung der deutschen Wirtschaft nach dem Zweiten Weltkrieg hat auch die Außenhandelsfinanzierung erheblich an Bedeutung gewonnen.

Während anfänglich in der Unternehmensfinanzierung das kurz- und mittelfristige Kreditgeschäft dominierte, haben heute die langfristigen Ausleihungen das größere Gewicht. Neben dem Betriebsmittelkredit bilden Investitions- und Baufinanzierungen den Schwerpunkt des Aktivgeschäftes. Die Volksbanken und Raiffeisenbanken leiten zinsverbilligte Kredite aus Programmen der öffentlichen Hand an ihre Mitglieder weiter und fördern sie durch eigene Kreditprogramme, zum Beispiel für Existenzgründungen.

Im Einlagengeschäft betreiben die Kreditgenossenschaften alle Formen des Sicht-, Termin- und Spareinlagengeschäftes. Ein hoher Anteil entfällt dabei nach wie vor auf die Spareinlagen. Zur Förderung der Spartätigkeit schufen die Kreditgenossenschaften neue Sparformen, die neben das Sparbuch mit gesetzlicher oder vereinbarter Kündigungsfrist traten. So führten sie 1950 als erste unter den Bankengruppen das Gewinnsparen und 1964 den Sparbrief ein.[13] Außerdem gehört eine Vielzahl weiterer Anlage-

---

11 Vgl. Artikel Kreditgenossenschaften, in: Genossenschafts-Lexikon, a. a. O., S. 389 f.
12 Vgl. Wolfgang Grüger, Der Weg zur Universalbank, in: ZfgK, Heft 19/1967, S. 901 ff.
13 Vgl. Bernhard Schramm, Die Volksbanken und Raiffeisenbanken, Frankfurt am Main 1982, S. 84 f.

formen[14] zur Angebotspalette der Genossenschaftsbanken, zum Beispiel die Sparobligation.

Neben dem Kredit- und dem Einlagengeschäft gewinnt das Dienstleistungsgeschäft für die Kreditgenossenschaften zunehmende Bedeutung. So wickeln die Volksbanken und Raiffeisenbanken alle Formen des bargeldlosen Zahlungsverkehrs einschließlich der Nutzung von Scheck- und Kreditkarten ab, sowohl im Inland als auch im Ausland. Die Volksbanken gaben bereits 1968 als erste deutsche Bankengruppe Scheckkarten mit internationaler Gültigkeit heraus – ein Jahr vor der Einführung des Euroschecks.[15] Der Deutsche Genossenschaftsring, das Gironetz der Genossenschaftsbanken unter Führung der DG BANK, ist dem Auslandszahlungsverkehrs-System SWIFT (Society for Worldwide Interbank Financial Telecommunication) angeschlossen. Mit TIPANET (Transferts Interbancaires de Paiements Automatisés) haben die Volksbanken und Raiffeisenbanken 1993 als erste Bankengruppe in Deutschland ihren Kunden ein automatisiertes System für die schnelle und kostengünstige Abwicklung von Auslandszahlungen angeboten.

Im Wertpapiergeschäft stehen die Kreditgenossenschaften ihren Kunden für den Handel in in- und ausländischen Aktien, festverzinslichen Wertpapieren und Investmentanteilen sowie im Depotgeschäft zur Verfügung.

Neben dem Einlagen- und dem Kreditgeschäft sowie der Abwicklung des Zahlungsverkehrs und des Wertpapiergeschäftes bieten die Kreditgenossenschaften eine Fülle weiterer Dienstleistungen an, beispielsweise Vermittlungen von Hypothekendarlehen, Bausparverträgen und Versicherungen sowie spezielle Formen der Kapitalanlage. Die Kundenberatung auf allen Gebieten des Bankgeschäftes erfolgt mit moderner EDV-Unterstützung. Zur Selbstbedienung im Zahlungsverkehr standen den Kunden der Volksbanken und Raiffeisenbanken 1994 ferner 7500 Geldausgabeautomaten zur Verfügung.

Ein zwar abnehmender, aber nach wie vor beträchtlicher Teil der Kreditgenossenschaften betreibt neben dem Geldgeschäft auch das ländliche

---

14 Vgl. Schramm, a. a. O., S. 42.
15 Vgl. Arnd Holger Kluge, Geschichte der deutschen Bankgenossenschaften. Zur Entwicklung mitgliederorientierter Unternehmen, Frankfurt am Main 1991, S. 216.

Warengeschäft. Es ist heute überwiegend auf die Nebenerwerbslandwirte ausgerichtet und umfaßt vor allem den Einkauf von Dünge- und Futtermitteln, Brennstoffen und Baumaterial sowie Haus- und Gartenartikeln. In den Hauptstellen der gemischtwirtschaftlichen Kreditgenossenschaften und in den größeren Zweigstellen werden Geld- und Warengeschäft in der Regel räumlich getrennt abgewickelt, in den kleineren Raiffeisenbanken in kombinierten Bank- und Lagergebäuden.

Im Hinblick auf ihren Förderungsauftrag arbeiten die Kreditgenossenschaften in erster Linie mitgliederorientiert, nicht gewinnorientiert; dennoch benötigen auch sie Ertragsüberschüsse, um Dividenden auf die von ihren Mitgliedern eingezahlten Geschäftsanteile ausschütten und ihre Rücklagen verstärken zu können.[16]

In den Jahren seit dem Zweiten Weltkrieg haben die Rücklagen aus einbehaltenen Gewinnen für die Geschäftsentwicklung der Volksbanken und Raiffeisenbanken stark an Bedeutung gewonnen. Sie betragen heute mehr als das Doppelte der Geschäftsguthaben. Da die Geschäftsguthaben nicht im gleichen Maße wuchsen wie die Geschäftsvolumen, mußte die Eigenkapitalbasis mehr und mehr über Dotierungen der Rücklagen aus den Jahresüberschüssen verbreitert werden. Andernfalls wäre der Ausbau der Förderungsleistungen der Volksbanken und Raiffeisenbanken nicht möglich gewesen.

Als haftendes Eigenkapital der Kreditgenossenschaften berücksichtigt das Kreditwesengesetz auch die Nachschußverpflichtungen der Mitglieder, die mit der Zeichnung von Geschäftsanteilen verbunden sind. Dieser »Haftsummenzuschlag« beträgt 75 Prozent des Gesamtbetrages der Haftsummen, ab 1995 jedoch höchstens 25 Prozent des ohne den Zuschlag vorhandenen Eigenkapitals.[17]

Zum Schutz der den Kreditgenossenschaften anvertrauten Einlagen haben die Genossenschaftsbanken schon in den dreißiger Jahren als erste unter den Universalbankgruppen eine Sicherungseinrichtung geschaffen.[18] Ursprünglich getrennte Sicherungsfonds der Volksbanken und der Raiffeisenbanken sind inzwischen auf eine gemeinsame Sicherungseinrichtung

---

16 Vgl. Viehoff, Zur mittelstandsbezogenen Bankpolitik des Verbundes der Genossenschaftsbanken, Teil II, a. a. O., S. 87 f.
17 Vgl. Artikel Haftsummenzuschlag bei Kreditgenossenschaften, in: HdG, Sp. 929.
18 Siehe S. 80 f.

übergegangen.[19] Sie besteht aus einem Garantiefonds und einem Garantieverbund und gewährleistet neben dem Einlegerschutz grundsätzlich auch den Bestand jeder genossenschaftlichen Bank. Die Sicherungseinrichtungen haben ihre Funktionen seit ihrer Gründung uneingeschränkt erfolgreich wahrgenommen.

Dank der ständigen Zunahme ihrer Mitgliederzahlen nach dem Zweiten Weltkrieg[20] konnten die Kreditgenossenschaften ihre Position als Banken, die im Mittelstand verankert sind, verstärken. Ihre neuen Anteilseigner kamen vor allem aus dem Kreise der unselbständig Beschäftigten (Angestellte, Arbeiter, Beamte) und deren Angehörigen, die nunmehr zusammen 86 Prozent des gesamten Mitgliederbestandes ausmachen. Auf die ursprünglichen Mitgliederschichten – die Selbständigen aus Handel, Handwerk, Gewerbe und Dienstleistungsbereich einschließlich der Freien Berufe sowie aus der Landwirtschaft – entfallen noch 14 Prozent.[21] Insgesamt hatten die Kreditgenossenschaften Ende 1993 gut zwölf Millionen Mitglieder.

Wenngleich die Kreditgenossenschaften, von ihrer Mitgliederstruktur her gesehen, heute im Zeichen des »neuen Mittelstandes« stehen, sind sie doch nach wie vor durch den traditionellen Mittelstand geprägt: Ihre Kredite gehen zu 50 Prozent an mittelständische Betriebe in Land- und Forstwirtschaft, Verarbeitendem Gewerbe, Baugewerbe, Handel, Handwerk und sonstigen Dienstleistungsbereichen.[22]

Auch in der Zusammensetzung ihrer Aufsichtsräte nach Berufsgruppen spiegelt sich, daß die Volksbanken und Raiffeisenbanken ihre Wurzeln im gewerblichen Mittelstand und in der Landwirtschaft haben; Landwirte sowie mittelständische Unternehmer und Angehörige der Freien Berufe sind in den Aufsichtsräten überdurchschnittlich stark vertreten.[23]

Nach genossenschaftlichen Grundsätzen geführt werden neben den Volksbanken und den Raiffeisenbanken auch die Sparda-Banken, die Post-

---

19 Vgl. Artikel Sicherungseinrichtungen für Kreditgenossenschaften, in: Genossenschafts-Lexikon, a. a. O., S. 580 f.
20 Vgl. DG BANK Deutsche Genossenschaftsbank, Genossenschaften 1950–1990. Grafiken und Tabellen zum Genossenschaftswesen in der Bundesrepublik Deutschland, (Frankfurt am Main 1991), S. 7 ff.
21 Vgl. Bundesverband der Deutschen Volksbanken und Raiffeisenbanken e.V., Bericht/Zahlen '92, Bonn (1993), S. 127.
22 Vgl. ebenda, S. 121.
23 Vgl. Strukturfragen der deutschen Genossenschaften, Teil II: Hans-H. Münkner und Forschergruppe, Genossenschaftliche Identität und Identifikation der Mitglieder mit ihrer Genossenschaft, Frankfurt am Main 1990, S. 97.

Spar- und Darlehnsvereine sowie die Beamtenbanken. Hinsichtlich ihrer Entwicklung und ihrer Struktur weisen diese Institute jedoch einige Besonderheiten auf:

Die Sparda-Banken (früher: Eisenbahn-Spar- und Darlehnskassen) sind Bankinstitute in der Rechtsform der eingetragenen Genossenschaft; die ersten von ihnen wurden 1896 als Selbsthilfeeinrichtungen der Eisenbahner gegründet.[24] Ihr Kreditgeschäft umfaßt vor allem Kleinkredite und Anschaffungsdarlehen zur Finanzierung von Gegenständen des gehobenen Bedarfs sowie Finanzierungen von Eigenheimen und Eigentumswohnungen. Ende 1993 gab es 17 Sparda-Banken mit 191 Zweigstellen und mehr als einer Million Mitgliedern, unter ihnen die Sparda-Bank Berlin, die mit der Wiedervereinigung Deutschlands im Jahre 1990 hinzukam. Seit dem Beginn der siebziger Jahre nehmen die Sparda-Banken auch Angehörige aus anderen Bereichen des öffentlichen Dienstes als Mitglieder auf. Eigener überregionaler Fachprüfungsverband ist der 1906 gegründete Verband der Sparda-Banken e.V., Frankfurt am Main.

Die Post-Spar- und Darlehnsvereine sind Kreditinstitute in der Rechtsform wirtschaftlicher Vereine, die nach genossenschaftlichen Grundsätzen geführt werden. Sie entstanden seit 1872 als Selbsthilfeeinrichtungen der Postbediensteten.[25] Ihr Aktivgeschäft setzt sich vor allem aus Ratenkrediten, Baudarlehen und Bau-Zwischenfinanzierungen zusammen. Ende 1993 bestanden 21 Post-Spar- und Darlehnsvereine (in jedem Oberpostdirektionsbezirk einer) mit 686000 Mitgliedern. Alle Post-Spar- und Darlehnsvereine gehören einem eigenen Fachprüfungsverband an, dem 1938 gegründeten Verband der Post-Spar- und Darlehnsvereine e.V., Bonn.

Die Beamtenbanken sind Selbsthilfeeinrichtungen der Beamten in der Rechtsform der eingetragenen Genossenschaft, deren Ziel es ist, ihren Mitgliedern eine günstige Einlagenverzinsung und Kreditversorgung sowie eine kostengünstige Zahlungsverkehrsabwicklung zu bieten.[26] Die ersten Beamtenbanken wurden kurz nach der Wende zum 20. Jahrhundert gegründet. Heute bestehen vier Beamtenbanken mit 80 Zweigstellen in allen Teilen der Bundesrepublik. Die Zahl ihrer Mitglieder, zu denen mittler-

---

24 Vgl. Artikel Sparda-Banken, in: Genossenschafts-Lexikon, a. a. O., S. 601, und Karin Dorner, Die Eisenbahn-Spar- und Darlehnskassen als Banktyp, Nürnberg 1979.
25 Vgl. Artikel Post-Spar- und Darlehnsvereine, in: Genossenschafts-Lexikon, a. a. O., S. 505 f.
26 Vgl. Artikel Beamtenbank, genossenschaftliche, in: Genossenschafts-Lexikon, a. a. O., S. 56.

weile neben Beamten auch Angestellte des öffentlichen Dienstes und der Wirtschaft (grundsätzlich jedoch keine Selbständigen) gehören, beträgt 264 000. Ihr Kundenkreditgeschäft dient vor allem der Finanzierung von Wohnungen und Eigenheimen, Kraftfahrzeugkäufen und anderen Anschaffungen sowie Krankheits- und Ausbildungskosten.

b) Regionale genossenschaftliche Zentralbanken

Während SCHULZE-DELITZSCH der Gedanke an regionale Zentralbanken fern lag und er für seine Vorschußvereine lediglich ein überregionales Zentralinstitut in Gestalt der »Soergel-Bank« schuf,[27] hielt RAIFFEISEN die Einrichtung regionaler Zentralbanken schon frühzeitig für notwendig. Folgerichtig gründete er – jeweils in genossenschaftlicher Rechtsform – 1872 als erste regionale Zentralkasse die Rheinische Landwirtschaftliche Genossenschaftsbank, Neuwied, der zwei Jahre später die Landwirtschaftliche Zentralkasse für das Großherzogtum Hessen, Worms (später Darmstadt), und die Westfälische Landwirtschaftliche Bank, Iserlohn, folgten.[28]

In der Organisation von HAAS entstanden die ersten Zentralbanken 1883 mit der Landwirtschaftlichen Genossenschaftsbank AG, Darmstadt, und 1884 mit der Ländlichen Centralkasse AG, Münster.[29] Als erste regionale Zentralbank der Volksbanken wurde 1893 die Zentralgenossenschaftskasse für Niedersachsen eGmbH, Hannover, gegründet.[30]

Während es bis 1895 zur Errichtung von 16 »Zentralkassen«, wie die regionalen genossenschaftlichen Zentralbanken damals noch genannt wurden, gekommen war, stieg ihre Zahl bis 1907 auf 58. Von entscheidender Bedeutung für diese Entwicklung erwies sich, daß im Jahre 1895 die Preußische Central-Genossenschafts-Kasse gegründet worden war, die den Kreditgenossenschaften am Markt und bei der Reichsbank günstige Refi-

---

27 Siehe S. 21 und S. 35.
28 Vgl. Faust, a. a. O., S. 345 f. Diese frühen Gründungen mußten allerdings – ohne daß sie ihr Geschäft aufgenommen hatten – 1877 liquidiert werden, weil sie der Entwicklung des Genossenschaftsrechts vorausgeeilt waren. Vgl. Faust, a. a. O., S. 351.
29 Vgl. Faust, a. a. O., S. 396, und Agnes Meier, Von der Ländlichen Centralkasse zur Westdeutschen Genossenschafts-Zentralbank, in: ZfgK, Heft 17/1984, Beilage: Beiträge zur Bankengeschichte.
30 Vgl. Faust, a. a. O., S. 278.

nanzierungsmittel beschaffen konnte, diese jedoch nur über die regionalen Zentralkassen zur Verfügung stellte.

Nach dem Zweiten Weltkrieg verlief die Entwicklung der Zentralkassen infolge der Teilung Deutschlands unterschiedlich: Während die Zentralkassen auf dem Gebiet der DDR nicht in das Gefüge der sozialistischen Planwirtschaft paßten und deshalb zwangsweise geschlossen wurden, begleiteten die Zentralkassen in der Bundesrepublik die »Wirtschaftswunderjahre« der Sozialen Marktwirtschaft. Gegen Ende der sechziger Jahre geboten die Wettbewerbsverhältnisse am Bankenmarkt auch bei den regionalen Zentralbanken die Fusion zu größeren Unternehmenseinheiten. Überdies kam es nach der Bildung gemeinsamer Spitzenverbände der beiden Genossenschaftsorganisationen zu Beginn der siebziger Jahre[31] zu Zusammenschlüssen regionaler Zentralbanken von Volksbanken und Raiffeisenbanken.

Heute bestehen noch drei regionale genossenschaftliche Zentralbanken: die WGZ-Bank Westdeutsche Genossenschafts-Zentralbank eG, Düsseldorf, die SGZ-Bank Südwestdeutsche Genossenschafts-Zentralbank AG, Frankfurt am Main/Karlsruhe, und die GZB-Bank Genossenschaftliche Zentralbank AG Stuttgart, Stuttgart. Sie betreuen die Kreditgenossenschaften im Westen und Südwesten Deutschlands.

Für die Kreditgenossenschaften im gesamten übrigen Deutschland nimmt die DG BANK, das nationale Spitzenkreditinstitut, auch die unmittelbare Betreuung wahr. Die früher in Süd- und Norddeutschland tätigen regionalen genossenschaftlichen Zentralbanken haben ihr Bankgeschäft zwischen 1985 und 1989 auf die DG BANK übertragen.[32] In den neuen Bundesländern ist die Betreuung der neu errichteten Volksbanken und Raiffeisenbanken mit der Währungsunion zwischen der »alten« Bundesrepublik und der DDR Mitte 1990 auf die DG BANK übergegangen.

---

31 Siehe S. 49.
32 Aus diesen regionalen Zentralbanken wurden nach Übertragung ihres Bankbetriebes auf die DG BANK und Rückgabe ihrer Banklizenz Holdinggesellschaften, nämlich die Bayerische Raiffeisen-Beteiligungs-Aktiengesellschaft, München, die Beteiligungs-Aktiengesellschaft der bayerischen Volksbanken, München, die Genossenschaftliche Beteiligungsgesellschaft Kurhessen Aktiengesellschaft, Kassel, und die Norddeutsche Genossenschaftliche Beteiligungs-Aktiengesellschaft, Hannover. Die regionalen Holdinggesellschaften werden entsprechend der früheren Beteiligung der Kreditgenossenschaften an ihren regionalen Zentralbanken im wesentlichen von den Kreditgenossenschaften der jeweiligen Region getragen. Sie sind reine Vermögensverwaltungsgesellschaften ohne eigenen Geschäftsbetrieb. Ihre Aufgabe besteht darin, stellvertretend für ihre Aktionäre die Anteile der jeweiligen Region am Grund- und Genußscheinkapital der DG BANK zu bündeln und die regionalen Interessen der Ortsbanken in der DG BANK zur Geltung zu bringen. Vgl. Walter Syndikus, Willensbildung im kreditgenossenschaftlichen Verbund, Köln 1993, S. 31 ff.

Je nach der Größe des Geschäftsgebietes sowie nach der Struktur der angeschlossenen Kreditgenossenschaften unterhalten die Zentralbanken in ihrer Region Niederlassungen.[33]

Die Zentralbanken wurden gegründet, um den Kreditgenossenschaften als regionale »Liquiditätszentralen« zu dienen, das heißt, ihnen einerseits für Liquiditätsüberschüsse Anlagemöglichkeiten und andererseits bei Bedarf Refinanzierungsmöglichkeiten zu bieten.[34] Liquiditätsüberschüsse der Kreditgenossenschaften nehmen sie heute in Form von Festgeldern und Tagesgeldern entgegen, die sie teils bei der DG BANK, teils unmittelbar am Geldmarkt anlegen. Refinanzierungsmittel fließen den Kreditgenossenschaften von ihren Zentralbanken, die sich diese Mittel wiederum von der DG BANK beschaffen können, als Kredite zu.

Bei der Abwicklung des bargeldlosen Zahlungsverkehrs in dem seit 1927 bestehenden »Deutschen Genossenschaftsring« fungieren die regionalen Zentralbanken als »Ringhauptstellen«, denen die örtlichen Kreditgenossenschaften als »Ringstellen« ihr Zahlungsverkehrsmaterial zur Verrechnung zuleiten; sie arbeiten eng mit den genossenschaftlichen Rechenzentralen zusammen.

Das Kreditgeschäft mit der örtlichen Kundschaft ist innerhalb der genossenschaftlichen Bankengruppe grundsätzlich den Volksbanken und Raiffeisenbanken vorbehalten. Soweit jedoch Kreditwünsche von Firmenkunden die durch Kreditwesengesetz und Genossenschaftsgesetz gezogenen Grenzen einer örtlichen Genossenschaftsbank übersteigen, kann sie ihre Zentralbank im Wege des Konsortialkredites hinzuziehen. Die Kreditgenossenschaften sind so in der Lage, nicht nur die Grenzen ihrer Kreditvergabemöglichkeiten auszuweiten, sondern auch ihr Kreditportefeuille hinsichtlich einer ausgewogenen Risikostreuung zu steuern.

Soweit Kunden der Kreditgenossenschaften die Zuteilung zinsgünstiger Mittel aus Kreditprogrammen der öffentlichen Hand beantragen, übernehmen die Zentralbanken die Beschaffung und Durchleitung dieser Mittel.

Auch im Wertpapiergeschäft können sich die Volksbanken und Raiffeisenbanken auf ihre Zentralbanken stützen, die an allen deutschen Börsen ver-

---

33 Vgl. Artikel Zentralbanken, Genossenschaftliche, in: HdG, Sp. 1834.
34 Vgl. Artikel Zentralbanken..., a. a. O., Sp. 1842 ff., und Eugen Bester, Die regionalen genossenschaftlichen Zentralbanken im Verbund, in: Jürgen Zerche (Hrsg.), Aspekte genossenschaftlicher Forschung und Praxis, Düsseldorf 1981, S. 95 ff.

treten sind. Die Zentralbanken unterstützen die Kreditgenossenschaften bei der Abwicklung der Kundenaufträge und bieten gemeinsam mit der DG BANK eine ständige Anlageberatung sowohl für das Kundengeschäft als auch für das Eigengeschäft der Volksbanken und Raiffeisenbanken an. Um die Kreditgenossenschaften von der Verwahrung und Verwaltung ihrer eigenen Wertpapierbestände und der Portefeuilles ihrer Kunden zu entlasten, betreiben die Zentralbanken auch das mit hohem technischen Aufwand verbundene Depotgeschäft.[35]

Die Abwicklung des kommerziellen Auslandsgeschäftes für die Kreditgenossenschaften durch die Zentralbanken hat mit den gestiegenen Anforderungen im Gefolge der stark wachsenden Auslandsorientierung der mittelständischen Wirtschaft und des Massentourismus erheblich an Bedeutung gewonnen. Zu den regelmäßigen Dienstleistungen der Zentralbanken gehören deshalb die Beschaffung von Reisezahlungsmitteln, die Abwicklung des Auslandszahlungsverkehrs, Inkassi, Akkreditive sowie Import- und Exportfinanzierungen. Außerdem beraten sie die Kreditgenossenschaften und, soweit erforderlich, auch deren Kunden in allen Fragen des kommerziellen Auslandsgeschäftes. Zur Unterstützung ihres Auslandsgeschäftes haben die Zentralbanken eine Reihe von Kooperationsverträgen mit den genossenschaftlichen Bankengruppen der europäischen Nachbarländer abgeschlossen.

Ferner halten die regionalen Zentralbanken Beteiligungen an den Verbundinstituten, um den von ihnen betreuten Kreditgenossenschaften und deren Kunden den Zugang insbesondere zu Hypothekendarlehen, Bauspardarlehen, Leasing, Factoring, Investment-Zertifikaten und anderen Kapitalanlageformen sowie zu Versicherungsleistungen zu verschaffen.

Darüber hinaus fungieren die regionalen Zentralbanken als Hausbanken für die Waren- und Dienstleistungsgenossenschaften, insbesondere deren Regionalzentralen. Aus der gemeinsamen Entwicklung heraus bestehen hier enge Geschäftsbeziehungen, die sich vor allem auf die Versorgung mit Betriebsmittel- und Investitionskrediten sowie die Abwicklung des Zahlungsverkehrs und des Auslandsgeschäftes erstrecken.

---

35 Vgl. Armin Herrmann, Das Geschäft der Genossenschaftlichen Zentralbanken, in: Bankkaufmann, Heft 10/1980, S. 11.

Schließlich betreiben die Zentralbanken Eigengeschäfte mit Großunternehmen, soweit diese Unternehmen nicht als Kunden der örtlichen Volksbanken und Raiffeisenbanken in Frage kommen, und mit vermögenden Privatkunden.

Ohne den Einsatz moderner Datenverarbeitung wären die Produkt- und Dienstleistungsangebote der Zentralbanken heute nicht mehr denkbar. Deshalb arbeiten alle Geschäftssparten, vor allem im Zahlungsverkehrsgeschäft, Kreditgeschäft, Wertpapiergeschäft und Auslandsgeschäft, mit EDV-Unterstützung, wodurch die Leistungsfähigkeit sowohl in der Verwaltung als auch in der Beratung verbessert wird.[36]

c) DG BANK als Spitzeninstitut

Die DG BANK Deutsche Genossenschaftsbank ist aus der Preußischen Central-Genossenschafts-Kasse, Berlin, hervorgegangen, die vom preußischen Staat mit Gesetz vom 31. Juli 1895 als Anstalt des öffentlichen Rechts gegründet wurde und am 1. Oktober desselben Jahres ihre Tätigkeit aufnahm.[37] Die Entstehung der »Preußenkasse« entsprang dem Willen der preußischen Regierung, die Entwicklung des »genossenschaftlichen Personalkredits« zu fördern.

Das Grundkapital des Instituts wurde vom preußischen Staat zur Verfügung gestellt. Von Anfang an war jedoch im Errichtungsgesetz der Preußenkasse auch die Möglichkeit von Kapitalbeteiligungen der Genossenschaften vorgesehen. 1993 lag das Kapital des Instituts zu mehr als 90 Prozent bei der Genossenschaftsorganisation selbst.

Die Preußenkasse eröffnete den Kreditgenossenschaften verbesserte Anlage- und Refinanzierungsmöglichkeiten, da sie die Verbindung zum Geldmarkt und zum Notenbankkredit herstellte. Sie trat allerdings nicht mit den örtlichen Volksbanken und Raiffeisenbanken, sondern nur mit deren regionalen Zentralkassen in Verkehr. Das führte zur Zunahme von Gründungen regionaler genossenschaftlicher Zentralbanken.[38]

---

36 Vgl. Dieter Wößner, EDV-unterstütztes Produktangebot der DG BANK und der Zentralbanken, in: BI/GF, Heft 2/1994, S. 11 ff.
37 Vgl. Faust, a. a. O., S. 543 ff.
38 Siehe S. 63 f.

Schon bald nach Beginn des 20. Jahrhunderts beteiligten sich die ersten regionalen Zentralkassen am Kapital der Preußenkasse, deren Geschäftsbereich noch vor dem Ersten Weltkrieg über die Grenzen Preußens hinauszuwachsen begann. Im Jahre 1930 übernahm auch das Deutsche Reich eine Beteiligung am Grundkapital der Preußenkasse, die 1932 der Aufsicht des Reiches unterstellt und in Deutsche Zentralgenossenschaftskasse umbenannt wurde.

Hiermit war der Weg zum Spitzeninstitut sämtlicher Kreditgenossenschaften in Deutschland vorgezeichnet, jedoch noch nicht völlig vollzogen. Die »Deutschlandkasse« hatte diese Funktion zwar bereits für die ländlichen Kreditgenossenschaften inne, denn deren ehemals von RAIFFEISEN und HAAS gegründeten Zentralinstitute waren im Laufe der Jahre wieder aufgelöst worden; für zahlreiche Volksbanken wurden die Aufgaben eines nationalen Zentralinstituts aber noch von der Dresdner Bank wahrgenommen, die im Jahre 1904 die von SCHULZE-DELITZSCH gegründete »Soergel-Bank« übernommen hatte und seither in Berlin und Frankfurt am Main Genossenschaftsabteilungen unterhielt. Im Jahre 1939 übertrug die Dresdner Bank diese Funktionen auf die Deutschlandkasse und die mit ihr arbeitenden Zentralkassen.[39] Seit diesem Zeitpunkt gibt es in Deutschland ein einziges nationales Spitzenkreditinstitut für sämtliche Genossenschaftsbanken.

Am Ende des Zweiten Weltkrieges verlor die Deutschlandkasse ihre im Osten Berlins liegenden Geschäftsgebäude; in den ersten Jahren nach 1945 war sie von Marburg und Hamburg aus tätig, ehe 1949 unter dem Namen »Deutsche Genossenschaftskasse« mit Sitz in Frankfurt am Main ein Funktionsnachfolger für das damalige Gebiet der Bundesrepublik gegründet wurde.

Wie ihre Vorgänger-Institute war die »DGK« eine Anstalt des öffentlichen Rechts (mit Kapitalbeteiligungen von Bund und Ländern – im einen Falle durch Gesetz, im anderen durch Vertrag). Als Aufgabe der Bank nannte dieses Gesetz die »Förderung des gesamten Genossenschaftswesens, insbesondere des genossenschaftlichen Personalkredits«. Welche Geschäfte die Bank zur Erfüllung ihrer Förderungsaufgabe ausüben durfte, war noch weitgehend detailliert festgelegt.

---

39 Siehe S. 35.

Das »Gesetz über die Deutsche Genossenschaftsbank« von 1975 eröffnete dem genossenschaftlichen Spitzenkreditinstitut dann die Möglichkeit, »Bankgeschäfte aller Art« zu betreiben, die unmittelbar oder mittelbar seiner Zweckerfüllung dienen, nämlich als Zentralbank das gesamte Genossenschaftswesen zu fördern und bei der Förderung der (damals noch: gemeinnützigen) Wohnungswirtschaft mitzuwirken. Das der Bank bereits 1957 verliehene Emissionsrecht wurde durch das Gesetz von 1975 erweitert und die Höchstgrenze für die Beteiligung der öffentlichen Hand am Kapital der DG BANK – nunmehr einer Körperschaft des öffentlichen Rechts – auf 25 Prozent herabgesetzt.

Seit der Wiedervereinigung Deutschlands obliegt der DG BANK auch die Förderung des Genossenschaftswesens in den neuen Bundesländern.[40] Sie übernahm in diesem Zusammenhang die Geschäfte der Genossenschaftsbank Berlin (GBB), die bis zum 31. März 1990 »Bank für Landwirtschaft und Nahrungsgüterwirtschaft der Deutschen Demokratischen Republik (BLN)« geheißen hatte und in der die fünf nach dem Kriege zwangsweise geschlossenen regionalen Zentralkassen der alten Raiffeisen-Organisation aufgegangen waren.[41] Im einzelnen übernahm die DG BANK das Zentralbankgeschäft mit 14 Bezirks-Niederlassungen und 800 Mitarbeitern der GBB, während deren übriges Geschäft und ihre 176 örtlichen Filialen von den Kreditgenossenschaften weitergeführt wurden.

Hauptkundengruppe der DG BANK sind die Kreditgenossenschaften und die regionalen genossenschaftlichen Zentralbanken.[42] Für sie sowie für Firmenkunden, institutionelle Kunden und Immobilienkunden im In- und Ausland als weitere Kundengruppen erbringt die DG BANK alle Finanzdienstleistungen einer modernen Universalbank.

Die DG BANK fungiert, wie bereits die »Preußenkasse«, als Liquiditätsausgleichszentrale für die regionalen Zentralbanken und die Kreditgenossenschaften. Sie legt Liquiditätsüberschüsse, die ihr in Form von Tages- und Termingeldern aus dem genossenschaftlichen Finanzverbund zufließen, an den Geld- und Kapitalmärkten des In- und Auslandes an und verzinst sie marktgerecht. Umgekehrt dient sie dem Verbund als Refinanzie-

---

40 Vgl. Christopher Pleister und Eckart Henningsen, Das Spitzeninstitut der deutschen Genossenschaften und seine Tätigkeit in den neuen Bundesländern, in: ZfgG, Bd. 41 (1991), S. 101 ff.
41 Vgl. Bernd Thiemann, Zur Identität der ostdeutschen Volksbanken und Raiffeisenbanken, Münster 1993, S. 9.
42 Vgl. Bernd Thiemann, Die Strategie der DG BANK für das Jahr 2000, in: Bernd Lüthje (Hrsg.), Bankstrategie 2000. Geschäftsphilosophien, organisatorische Vorbereitungen, Planungsansätze, Bonn 1993, S. 106.

rungsstelle; langfristige Mittel beschafft sie über die Emission eigener Schuldverschreibungen.

Bei der Abwicklung des Zahlungsverkehrs der genossenschaftlichen Bankengruppe hat die DG BANK die Federführung im Deutschen Genossenschaftsring mit seinen mehr als 20000 Bankstellen. Dieses Gironetz verbindet die regionalen genossenschaftlichen Zentralbanken sowie die Niederlassungen der DG BANK als »Ringhauptstellen« und sämtliche Kreditgenossenschaften als »Ringstellen« miteinander. Dabei ist die DG BANK für den Spitzenausgleich aus dem überregionalen Zahlungsverkehr zuständig. Darüber hinaus unterhält sie regionale Clearingzentralen für die Abwicklung des Zahlungsverkehrs der ihr unmittelbar angeschlossenen Kreditgenossenschaften.

Das Kreditgeschäft der Kreditgenossenschaften mit ihren mittelständischen Firmenkunden unterstützt die DG BANK durch Meta- und Gemeinschaftskredite. Diesen Kundengruppen erschließt sie auch den Zugang zu Krediten aus Förderprogrammen der öffentlichen Hand. Den nationalen Zentralen der Waren- und Dienstleistungsgenossenschaften steht die DG BANK als Hausbank zur Verfügung.

Ihren Firmenkunden stellt die DG BANK vom Tagesgeld bis zum langfristigen Festsatzkredit Fremdmittel in sämtlichen konventionellen und »innovativen« Formen zur Verfügung. Auslandskredite stehen vornehmlich im Zusammenhang mit der Finanzierung deutscher Exporte, Währungskredite geben die ausländischen Filialen und Tochterbanken der DG BANK.

Auf dem Gebiet des Wertpapiergeschäftes nimmt die DG BANK für die genossenschaftliche Bankengruppe vielfältige Funktionen wahr. Sie ist Mitglied des Bundesanleihekonsortiums und wirkt an in- und ausländischen Aktien- und Rentenkonsortien mit. Als Daueremittent bietet sie ständig eigene festverzinsliche Titel an. Die DG BANK unterstützt das Wertpapier-Eigengeschäft und das Wertpapier-Kundengeschäft der Volksbanken und Raiffeisenbanken. Über sie sind diese Institute durch ein elektronisches Orderleitsystem (Wertpapier-Verbund-System) mit der Börse verbunden.

Den Wertpapierberatern der Volksbanken und Raiffeisenbanken stellt das Spitzeninstitut gemeinsam mit den regionalen Zentralbanken aktuelle Anlageempfehlungen für ihre Kundschaft, umfangreiche Übersichten über die Entwicklung an den Börsen der Bundesrepublik und des Auslandes sowie eine Reihe von Kunden-Publikationen zur Verfügung. Überdies werden beim Spitzeninstitut Länderanalysen ausländischer Volkswirtschaften sowie volkswirtschaftliche Analysen in bezug auf das Inland erstellt; die Statistik über alle Sparten des deutschen Genossenschaftswesens wird jährlich in einem speziellen Bericht publiziert. Die Bibliothek und Dokumentation der DG BANK umfaßt die größte Genossenschaftsbibliothek in der Bundesrepublik Deutschland. Die Kundenberatung bei den Volksbanken und Raiffeisenbanken wird durch die Genossenschaftlicher Informations Service GmbH (GIS), Frankfurt am Main, unterstützt. Neben verbundinternen Informationen und dem Vermögensberatungsdienst der DG BANK bietet GIS aktuelle Börsen- und Marktdaten aus aller Welt, Wirtschaftsnachrichten sowie eine umfassende Wertpapierdatenbank.

Im Auslandsgeschäft nimmt die DG BANK für die genossenschaftliche Bankengruppe vor allem diejenigen Funktionen wahr, die unmittelbare Präsenz im Ausland und hochgradige Spezialisierung erfordern.[43] Sie fördert das Auslandsgeschäft der Kreditgenossenschaften und ihrer Kunden durch die Bereitstellung von Finanzierungs-, Anlage- und Absicherungsmöglichkeiten. Zur Abwicklung des kommerziellen Auslandsgeschäftes (Auslandszahlungsverkehr, Dokumentengeschäft und Garantiegeschäft) hat sie ein elektronisches Auslands-Verbund-System installiert.

Im europäischen Ausland, wo der Schwerpunkt ihrer internationalen Aktivitäten liegt, verfügt die DG BANK über eine Filiale in London, Tochterinstitute in Luxemburg und Zürich sowie Repräsentanzen in Amsterdam, Paris, Mailand und Moskau. In Madrid ist die DG BANK am Banco Cooperativo Español beteiligt. Beteiligungen an der Prager Handelsbank, der Deutsch-Ungarischen Bank, der Frankfurt Bukarest Bank und der Deutsch-Türkischen Bank verbinden die DG BANK mit weiteren Finanzmärkten.

Außerhalb Europas nimmt die DG BANK die Interessen des genossenschaftlichen Finanzverbundes und seiner Kundschaft durch Filialen in New York, Atlanta, Cayman Islands, Tokio und Hongkong sowie Repräsentanzen in Rio de Janeiro, Bombay und Shanghai wahr.

---

43 Siehe S. 193 ff.

Mit genossenschaftlichen Instituten in Finnland, Schweden, den Niederlanden, Belgien, Frankreich, Österreich und Italien arbeitet die DG BANK in der UNICO-Bankengruppe zusammen. Daneben hat die DG BANK eine Reihe bilateraler Kooperationsabkommen mit ausländischen genossenschaftlichen Spitzeninstituten abgeschlossen, um mittelständische Firmenkunden bei grenzüberschreitenden Geschäften effizient begleiten zu können. Gemeinsam mit UNICO-Partnern und den regionalen genossenschaftlichen Zentralbanken der Bundesrepublik hält die DG BANK ferner das Kapital der DG European Securities Corporation, New York.

Abgerundet wird die Auslandsgeschäftspalette der DG BANK durch ihre Beteiligungen an der AKA Ausfuhrkredit-GmbH, Frankfurt am Main, für mittel- und langfristige Exportfinanzierungen und an der DG Diskontbank GmbH, Frankfurt am Main, für das Export-Factoring.

Die Stellung der DG BANK als Spitzeninstitut ergibt sich mithin zum einen aus ihren besonderen geschäftlichen Aufgaben, wie beispielsweise im Liquiditätsausgleich, im Zahlungsverkehr sowie im Wertpapier- und im Auslandsgeschäft. Sie findet zum anderen ihre Begründung in der geschichtlichen Entwicklung: 1895 zur Förderung des genossenschaftlichen Personalkredits in Preußen errichtet, dient die DG BANK heute der Förderung des gesamten Genossenschaftswesens in Deutschland.

Ihre besondere Stellung wird ferner dadurch deutlich, daß sie die Spitze im kapitalmäßigen Aufbau der genossenschaftlichen Bankengruppe von unten nach oben darstellt: Die Primärgenossenschaften halten das Kapital der regionalen Zentralbanken beziehungsweise der regionalen Holdinggesellschaften und diese das Kapital der DG BANK.

Die Funktion als Spitzeninstitut geht schließlich daraus hervor, daß die DG BANK im Interesse der Gruppe Beteiligungen hält, sowohl an genossenschaftlichen Verbundunternehmen als auch an anderen Einrichtungen der deutschen und internationalen Finanzmärkte. Als Ergebnis dieser Funktionen ist die DG BANK zusammen mit den genossenschaftlichen Spitzenverbänden Gesprächspartner der Bundesregierung und der Deutschen Bundesbank sowie, bei internationalen Angelegenheiten, der ausländischen Genossenschaftsorganisationen.

d) Verbundunternehmen

Hypothekendarlehen, Bauspardarlehen, Leasing, Factoring, Eigenkapitalfinanzierung, Unterstützung bei »Mergers and Acquisitions«, Wertpapieranlagen, Immobilienanlagen, Vermögensverwaltung, Versicherungen und Consulting werden der Kundschaft der genossenschaftlichen Bankengruppe über eine Reihe von »Verbundunternehmen« angeboten, deren Kapital teils von der DG BANK allein, teils von dieser gemeinsam mit den regionalen Zentralbanken und Holdinggesellschaften gehalten wird.

Diese Verbundunternehmen bilden zusammen mit den Kreditgenossenschaften, den regionalen Zentralbanken und der DG BANK den genossenschaftlichen Finanzverbund als eine planmäßige, auf Dauer angelegte und freiwillige Kooperation von rechtlich selbständigen Finanzunternehmen, die finanziell und personell miteinander verflochten sind und ihre Produkte direkt oder über einen Verbundpartner am Markt anbieten.[44]

Verbundunternehmen für den Hypothekarkredit sind die Deutsche Genossenschafts-Hypothekenbank AG, Hamburg/Berlin, und die Münchener Hypothekenbank eG, München.[45] Beide Unternehmen sehen ihre Aufgabe im Verbund darin, für den langfristigen Boden- und Kommunalkredit zur Verfügung zu stehen, soweit die Volksbanken und Raiffeisenbanken solche Kredite nicht selbst geben.

Die Deutsche Genossenschafts-Hypothekenbank AG wurde 1921 von der Preußenkasse gegründet und ist nach wie vor eine hundertprozentige Tochter der DG BANK. Sie gibt einerseits Hypothekendarlehen für den Bau beziehungsweise Kauf von Wohnungen und Eigenheimen sowie langfristige Kredite an Landwirtschaft, Handel und Gewerbe, andererseits Kommunaldarlehen an Gebietskörperschaften und kommunale Einrichtungen. Die Mittel dafür nimmt sie über die Emission von Pfandbriefen und Kommunalschuldverschreibungen auf. Die Münchener Hypothekenbank eG, die 1896 als »Bayerische Landwirtschaftsbank eG« gegründet wurde und seit 1971 unter ihrem derzeitigen Namen firmiert, ist die einzige deutsche Hypothekenbank in der Rechtsform der eingetragenen Genossenschaft und hat rund 70 000 Mitglieder; ihr Geschäftsgebiet erstreckt sich inzwischen über Bayern hinaus auf die gesamte Bundesrepublik.

---

44 Vgl. Artikel FinanzVerbund, in: Genossenschafts-Lexikon, a. a. O., S. 196.
45 Vgl. Artikel Hypothekenbanken, Genossenschaftliche, in: HdG, Sp. 971 ff.

Beide genossenschaftlichen Hypothekenbanken haben nach der Wiedervereinigung Deutschlands ihre Tätigkeit auf die neuen Bundesländer ausgedehnt und auch dort Geschäftsstellen errichtet. Seit der Vollendung des Europäischen Binnenmarktes zum Jahresbeginn 1993 stehen sie in Kooperation mit den Genossenschaftsbanken der europäischen Nachbarländer auch für Immobilienfinanzierungen im Ausland zur Verfügung.

Verbundunternehmen für Bauspardarlehen ist die Bausparkasse Schwäbisch Hall AG, Bausparkasse der Volksbanken und Raiffeisenbanken, Schwäbisch Hall. Sie wurde 1931 in Köln von Handwerkern als »Deutscher Bausparer AG, Bau-, Spar- und Entschuldungskasse« gegründet,[46] verlegte 1934 ihren Sitz nach Berlin und firmierte von 1941 an aufgrund eines Vertrages mit dem Deutschen Genossenschaftsverband, den gewerblichen Zentralkassen, der Deutschen Zentralgenossenschaftskasse und den Spitzenorganisationen des Handwerks als »Bausparkasse der deutschen Volksbanken AG«. Seit 1944 hat sie ihren Sitz in Schwäbisch Hall. Im Jahre 1956 beteiligte sich auch die Raiffeisen-Organisation an der Bausparkasse, die seither ihren jetzigen, erweiterten Namen führt.[47]

Seit 1990 ist die Bausparkasse Schwäbisch Hall in den neuen Bundesländern ebenso wie in den alten Bundesländern über zwei Vertriebswege aktiv, die genossenschaftlichen Banken und einen eigenen Außendienst. Für die Finanzierung von Objekten in den Ländern West- und Osteuropas hat die Bausparkasse Schwäbisch Hall eine Niederlassung in Luxemburg sowie Beteiligungsunternehmen in Bratislava und Prag errichtet und eine Reihe von Kooperationsabkommen geschlossen.

Verbundunternehmen für Leasing ist die DEUTSCHE GENOSSEN-SCHAFTS-LEASING GMBH (DeGeno-Leasing), Frankfurt am Main. Sie steuert als Holdinggesellschaft die operativen Leasinggesellschaften VR-Leasing Gesellschaft der Volksbanken und Raiffeisenbanken mbH, Unterföhring, DG LEASING GmbH, Frankfurt am Main, DG IMMOBILIEN-LEASING GmbH, Eschborn, DG BAUREGIE GmbH, Eschborn, und BFL Büro Fachhandel Leasing GmbH, Frankfurt am Main. Das Angebot dieser Unternehmen umfaßt alle Arten des Mobilien-Leasings (vor allem Auto-, Maschinen-, Computer- und Büromaschinen-Leasing) sowie des

---

46 Vgl. Faust, a. a. O., S. 303 f.
47 Vgl. Schwäbisch Hall: 25 Jahre Bausparkasse der Volksbanken und Raiffeisenbanken, in: Bankinformation, Heft 8/1981, S. 10.

Immobilien-Leasings. Seit 1990 ist die Gruppe auch in den neuen Bundesländern mit Niederlassungen und Vertriebsstellen vertreten.[48]
Verbundunternehmen für Factoring, also den Ankauf von Forderungen aus Warenlieferungen und Dienstleistungen unter Übernahme des Ausfallrisikos, ist die DG Diskontbank GmbH, Frankfurt am Main. Sie wurde 1963 als »International Factors Deutschland AG & Co« in Mainz gegründet. Mit der Übernahme durch die DG BANK erfolgte 1978 die Umbenennung in DG Diskontbank und 1986 die Sitzverlegung an den Bankenplatz Frankfurt am Main. Außer im nationalen und internationalen Factoring arbeitet die Bank auf dem Gebiet der Zentralregulierung, der Durchführung des Abrechnungsverkehrs zwischen Lieferanten und Mitgliedern von Einkaufsverbänden unter Übernahme von Ausfallrisiken. Die Produkte der DG Diskontbank ergänzen die Angebotspalette der Volksbanken und Raiffeisenbanken im Geschäft vor allem mit mittelständischen Firmen aus Handel und Industrie.
Verbundunternehmen für Eigenkapitalfinanzierung ist neben mehreren regional operierenden Unternehmens- und Wagnisfinanzierungsgesellschaften mit genossenschaftlicher Beteiligung die Beteiligungsgesellschaft für mittelständische Unternehmen mbH, Frankfurt am Main. Ihre Aufgabe besteht darin, die Eigenkapitalbasis mittelständischer Unternehmen zu stärken. Die dem Verbund nahestehende AGAB Aktiengesellschaft für Anlagen und Beteiligungen, Frankfurt am Main, erschließt mittelständischen Unternehmen Finanzierungsmöglichkeiten über die Aktienbörse.
Verbundunternehmen für die Unterstützung von Firmenkunden bei »Mergers and Acquisitions« ist die DG Corporate Finance GmbH, Frankfurt am Main. Ihre Dienstleistungen umfassen die Sparten Unternehmenszusammenführung, Fusionen sowie Unternehmens- und Beteiligungserwerb, auch im Zusammenhang mit den Privatisierungsaktivitäten in den neuen Bundesländern.
Verbundunternehmen für Anlagen in Wertpapierfonds sind die Union-Investment-Gesellschaft mbH, Frankfurt am Main, die 1956 von genossen-

---

48 Ab Jahresbeginn 1995 wird die DeGeno-Leasing-Gruppe nicht mehr mit den verschiedenen selbständigen Vertriebsmarken, sondern einheitlich als »VR-Leasing GmbH« am Markt auftreten. Alle Aktivitäten der genossenschaftlichen Bankengruppe auf den Gebieten des Mobilien- und Immobilien-Leasings werden in einer einzigen organisatorischen Einheit zusammengefaßt. Firmensitz ist zukünftig Eschborn bei Frankfurt am Main. Die Gesellschaft wird über Hauptstützpunkte in Berlin und Unterföhring bei München sowie 20 Außendienstbüros verfügen.

schaftlichen Zentralbanken sowie in- und ausländischen Privatbanken als eine der ersten deutschen Kapitalanlagegesellschaften gegründet wurde, und die 1970 von der DG BANK errichtete DEVIF Deutsche Gesellschaft für Investment-Fonds GmbH, Frankfurt am Main. Die Union-Investment-Gesellschaft verwaltet Publikumsfonds und Spezialfonds für private und institutionelle Anleger. Ihre Angebotspalette umfaßt Renten- und Aktienfonds sowie geldmarktnahe und Geldmarktfonds. Die DEVIF verwaltet Spezialfonds für institutionelle Anleger. Zu ihren Kunden zählen Versicherungsgesellschaften, Genossenschaftsbanken, Pensionskassen und Versorgungseinrichtungen.

Verbundunternehmen für Immobilienanlagen sind die DIFA Deutsche Immobilienfonds AG, Hamburg, und die DEFO Deutsche Fonds für Immobilienvermögen GmbH, Frankfurt am Main, sowie die DG ANLAGE Gesellschaft mbH und die DG IMMOBILIEN Management Gesellschaft mbH, beide Frankfurt am Main. Die DIFA wurde 1965 als co op Immobilienfonds AG, Hamburg, gegründet und trägt seit 1980 ihren heutigen Namen. Sie verwaltet offene Immobilienfonds als Publikumsfonds für Privatanleger und Spezialfonds für institutionelle Anleger. Die DEFO führt offene Immobilienfonds für institutionelle Anleger. Die DG ANLAGE Gesellschaft wurde 1981 von der DG BANK gegründet und bietet geschlossene Immobilienfonds für vermögende Privatkunden an. Projektentwicklung und Projektmanagement sowie Vermietung und Verwaltung werden hierbei von der DG IMMOBILIEN Management Gesellschaft wahrgenommen.

Verbundunternehmen für Vermögensverwaltung ist die 1987 gegründete DG CAPITAL MANAGEMENT GmbH, Frankfurt am Main. Die Gesellschaft pflegt die individuelle Verwaltung größerer Wertpapiervermögen für Privatkunden und institutionelle Anleger. Sie bietet ferner Spezialdepots an; so wurde das Depot »DG Capital Öko 2000« im Jahre 1989 als erstes deutsches Spezialdepot mit Aktien börsennotierter Unternehmen aus dem Bereich Umweltschutz entwickelt.

Verbundunternehmen für die Beratung mittelständischer Firmenkunden in Fragen des Europäischen Binnenmarktes ist die 1989 gegründete GEBI Genossenschaftliche EG-Beratungs- und Informationsgesellschaft mbH, Bonn. GEBI hilft vor allem bei der Suche nach Geschäfts- und Kooperationspartnern in anderen Regionen der Europäischen Union, eine Aufgabe, deren Bedeutung in Zukunft wachsen wird.

Verbundunternehmen für Versicherungen ist die R+V Versicherungsgruppe,[49] die unterhalb einer Holdinggesellschaft sieben Erstversicherer und einen Rückversicherer umfaßt. Ihre Anfänge gehen auf das Jahr 1922 zurück, als der Generalverband der Deutschen Raiffeisen-Genossenschaften e.V.[50] in Berlin die Raiffeisen Allgemeine Versicherungsgesellschaft a. G. und die Raiffeisen Lebensversicherungsbank a. G. gründete.[51] Inzwischen gehören neben der Sachversicherung und der Lebensversicherung (zwei Gesellschaften) auch die Pensionsversicherung, die Tierversicherung, die Krankenversicherung und die Rechtsschutzversicherung zu den von ihr angebotenen Leistungen.

Nachdem die ursprünglich allein von den ländlichen Genossenschaften getragene Versicherungsgruppe nach dem Zweiten Weltkrieg die Zusammenarbeit auch mit den gewerblichen Genossenschaften aufgenommen hatte, firmierte die Gruppe von 1958 an »Raiffeisen- und Volksbanken-Versicherung«; heute heißt sie »R+V Versicherung im FinanzVerbund der Volksbanken Raiffeisenbanken«. Ihr Kapital liegt zur Mehrheit bei den regionalen genossenschaftlichen Zentralbanken und der DG BANK. Der Sitz der Gruppe wurde nach 1945 von Berlin nach Wiesbaden verlegt. In den neuen Bundesländern setzte die R+V beim Aufbau ihrer Vertriebswege auf die Struktur, die sich in den alten Bundesländern bewährt hat – die Geschäftsvermittlung durch die Volksbanken und Raiffeisenbanken und ein eigenes Netz von Filialdirektionen und Geschäftsstellen.

Für ihr Versicherungsgeschäft im Europäischen Binnenmarkt hat die R+V Kooperationsabkommen mit Versicherungsgesellschaften mehrerer genossenschaftlicher Bankengruppen des europäischen Auslandes abgeschlossen. Das Ziel dieser Kooperationen besteht in der wechselseitigen Unterstützung bei der Bereitstellung eines grenzüberschreitenden Services für die jeweiligen Kunden.

Verbundunternehmen für die Beratung von Firmenkunden aus dem Bereich der Landwirtschaft und der Ernährungsindustrie sind die 1985 gegründete DG AGROPARTNERS Absatzberatungs- und Projekt GmbH, Frankfurt am Main, und die (1966 als Agroprogress Kienbaum International GmbH gegründete) DG AGROPROGRESS INTERNATIONAL GmbH, Bonn. Beide Unternehmen beraten bei Projekten landwirtschaft-

---

49 Vgl. Artikel Versicherungsunternehmen, Genossenschaftliche, in: HdG, Sp. 1589 ff.
50 Vormals (bis 1917) Generalverband ländlicher Genossenschaften für Deutschland.
51 Siehe S. 35.

licher Produktion, Verarbeitung und Vermarktung. Beratungsdienstleistungen für Firmenkunden wird zukünftig auch die DG Consult Unternehmensberatungsgesellschaft mbH, Frankfurt am Main, erbringen.

Während die Produkte und Dienstleistungen der bisher vorgestellten Verbundunternehmen für die Kunden der Genossenschaftsbanken bestimmt sind, dient eine Reihe weiterer Verbundunternehmen den Instituten des genossenschaftlichen Finanzverbundes selber auf Gebieten wie der bankbetrieblichen Organisation, der elektronischen Datenverarbeitung und Informationsvermittlung, dem Formularwesen und der Werbung.

Verbundunternehmen für die gemeinschaftliche Entwicklung und Realisierung von EDV-Anwendungen ist die Betriebswirtschaftliches Institut der Deutschen Kreditgenossenschaften BIK GmbH, Frankfurt am Main. Das BIK wurde 1968 gegründet, zunächst als Gesellschaft bürgerlichen Rechts; seinerzeit gab es bereits seit zehn Jahren Einrichtungen der genossenschaftlichen Gemeinschaftsdatenverarbeitung in Form von Buchungsgemeinschaften, aus denen in den sechziger Jahren die regionalen genossenschaftlichen Rechenzentralen hervorgingen. Das BIK hatte daher von Anfang an die Aufgabe, die Automatisierung der Datenverarbeitung im genossenschaftlichen Bankenverbund zu vereinheitlichen, insbesondere zur Gewährleistung einer wettbewerbsfähigen Abwicklung des stark zunehmenden Zahlungsverkehrs. Diese Zielsetzung erhielt mit der Umwandlung in die Rechtsform der GmbH im Jahre 1972 eine breitere wirtschaftliche Grundlage.

Heute entwickelt und realisiert das BIK als zentrales genossenschaftliches »Software-Haus« EDV-Programme, die der automatischen Abwicklung vor allem des Zahlungsverkehrs und des Wertpapiergeschäftes sowie der betrieblichen Information und Steuerung in den Genossenschaftsbanken dienen. Dabei arbeitet es eng mit den regionalen genossenschaftlichen Rechenzentralen zusammen. Ferner bietet das BIK Rechenzentrumsleistungen für die elektronische Informationsverarbeitung an.

Verbundunternehmen für Informationsvermittlung ist die 1985 gegründete Genossenschaftlicher Informations Service GIS GmbH, Frankfurt am Main. Sie übermittelt auf elektronischem Wege Börsen- und Marktdaten, Wirtschaftsnachrichten sowie Produkt- und Unternehmensinformationen des genossenschaftlichen Finanzverbundes. Damit unterstützt das GIS die kompetente Beratungstätigkeit der Volksbanken und Raiffeisenbanken, vor allem im Wertpapiergeschäft.

Verbundunternehmen für Formulare und andere Druckerzeugnisse sind die Deutscher Genossenschafts-Verlag eG, Wiebaden, und die Raiffeisendruckerei GmbH, Neuwied. Der DG Verlag wurde 1920 in Berlin gegründet und hat seit 1949 seinen Sitz in Wiesbaden. Zur Versorgung der Kreditgenossenschaften in Süddeutschland kooperiert er mit der Bayerischer Raiffeisen- und Volksbanken-Verlag GmbH, München. Seit 1990 sind zu den Vertriebsstellen in den alten Bundesländern solche in den neuen Bundesländern hinzugekommen. Das Verlagsprogramm umfaßt die Bereiche Vordrucke, Literatur, Schulung, Büroorganisation, Marketing und Öffentlichkeitsarbeit. Der Druck der Verlagserzeugnisse erfolgt durch die Raiffeisendruckerei, deren Gründung im Jahre 1881 noch auf FRIEDRICH WILHELM RAIFFEISEN selbst zurückgeht.

Verbundunternehmen für Werbung ist die Center-Werbung GmbH, Bonn. Sie wurde 1964 gegründet, ihr Tätigkeitsschwerpunkt liegt in der Umsetzung gemeinsam entwickelter genossenschaftlicher Werbekonzeptionen. Die Center-Werbung ermöglicht es den Volksbanken und Raiffeisenbanken, ihre Werbekosten zu optimieren und Vorteile beim Media-Einsatz zu erzielen.

e) Verbandswesen

Spitzenverband der genossenschaftlichen Bankengruppe ist der Bundesverband der Deutschen Volksbanken und Raiffeisenbanken e.V. (BVR), Bonn. Seine Gründung im Jahre 1972 war das Ergebnis einer Neuordnung des gesamten genossenschaftlichen Verbandswesens.[52] In ihm wurde die Vertretung der fachlichen und der spezifischen wirtschaftspolitischen Interessen der Volksbanken und Raiffeisenbanken und ihrer Zentralinstitute neu zusammengefaßt, die zuvor vom Deutschen Raiffeisenverband und vom Deutschen Genossenschaftsverband vertreten worden waren.

Der Deutsche Genossenschafts- und Raiffeisenverband e.V. (DGRV), Bonn, vertritt als Dachverband die Interessen der genossenschaftlichen Bankenorganisation bei Belangen, die die Genossenschaftsorganisation in ihrer Gesamtheit berühren.

---

52 Vgl. Artikel Genossenschaftsverbände in der Bundesrepublik Deutschland, in: HdG, Sp. 841 ff.

Der BVR, zu dessen Mitgliedern die örtlichen Kreditgenossenschaften, die regionalen genossenschaftlichen Zentralbanken, die DG BANK, die weiteren Institute und Unternehmen des Finanzverbundes, die regionalen Prüfungsverbände und die Fachprüfungsverbände gehören, hat die Aufgabe, die wirtschaftspolitischen, wirtschaftlichen, rechtspolitischen und steuerpolitischen Interessen seiner Mitglieder gegenüber Parlament, Regierung, Ministerien, Behörden und Öffentlichkeit wahrzunehmen.

Er berät seine Mitglieder in steuerlichen, rechtlichen, betriebswirtschaftlichen und volkswirtschaftlichen Fragen, unterhält einen zentralen Informationsdienst, gibt die Fachzeitschrift »Bankinformation und Genossenschaftsforum« heraus und veranstaltet bankwirtschaftliche Fach- und Informationstagungen. Zu seinen Aufgaben zählt ferner die Gründung, Unterhaltung und Unterstützung von Schulungseinrichtungen. Sein besonderes Augenmerk gilt dabei der bankwirtschaftlichen Sektion der Akademie Deutscher Genossenschaften auf Schloß Montabaur, der zentralen Schulungs- und Weiterbildungsstätte für genossenschaftliche Führungskräfte.

Der BVR hat die Federführung in der Errichtung und Verwaltung der Sicherungseinrichtung der genossenschaftlichen Bankengruppe. Die Volksbanken und Raiffeisenbanken waren die ersten Kreditinstitute in Deutschland, die den Gedanken einer gemeinsamen Sicherungseinrichtung verwirklichten.[53]

Schon im Jahre 1930 schufen die Volksbanken einzelner Regionalverbände Einlagensicherungseinrichtungen, die im Jahre 1937 zu einer überregionalen Garantiegemeinschaft zusammengefaßt wurden.[54] Träger dieser ersten Einlagenschutzeinrichtung war der damalige Spitzenverband der gewerblichen Genossenschaften in Deutschland, der Deutsche Genossenschaftsverband. Nach der Zwecksetzung der Satzung des Kreditgenossenschaftlichen Garantiefonds des Deutschen Genossenschaftsverbandes sollten durch »ebenso raschen wie stillen Einsatz gelegentlich auftretende Schwierigkeiten bei gewerblichen Kreditgenossenschaften behoben werden . . ., dadurch Vertrauensstörungen bei den Mitgliedern, die mit Ge-

---

53 Vgl. Klaus Weiser, Die Sicherungseinrichtung der Genossenschaftsbanken, in: Informationsblatt des Württembergischen Genossenschaftsverbandes, Heft 2/1983, S. 8.
54 Vgl. Horst-Dieter Schultze-Kimmle, Sicherungseinrichtungen gegen Einlegerverluste bei deutschen Kreditgenossenschaften, Würzburg 1974, S. 10 ff., Artikel Sicherungseinrichtungen für Kreditgenossenschaften, in: Genossenschafts-Lexikon, a. a. O., S. 580 f., und Kluge, a. a. O., S. 257 f.

schäftsanteilen beteiligt und mit Haftsummen verpflichtet sind, verhindert werden und als Folge davon die Sicherheit der Spareinlagen, Depositengelder und Kontokorrentguthaben der Kundschaft weiter erhöht«[55] werden. Auch der damalige Spitzenverband der ländlichen Genossenschaften in Deutschland, der Reichsverband der deutschen landwirtschaftlichen Genossenschaften – Raiffeisen –, schuf sich bereits 1941 einen genossenschaftlichen Hilfsfonds mit einer ähnlichen Aufgabenstellung.[56]

Heute haben Volksbanken und Raiffeisenbanken mit dem Sicherungsfonds des BVR eine gemeinsame Sicherungseinrichtung. Sie umfaßt einen Garantiefonds und einen Garantieverbund. Der Garantie*fonds* gibt Mitgliedsinstituten erforderlichenfalls Bürgschaften, Garantien, Darlehen oder Barzuschüsse; er wird durch Beiträge der Verbandsmitglieder gespeist, die nach dem jeweiligen Kreditvolumen bemessen sind. Der Garantie*verbund* gibt Bürgschaften und Garantien; die Genossenschaftsbanken haben sich dem BVR gegenüber verpflichtet, zur Deckung solcher Bürgschaften oder Garantien erforderlichenfalls bis zur Höhe eines bestimmten Prozentsatzes ihrer Sammelwertberichtigungen zu haften.

Die Sicherungseinrichtung des BVR schützt über die Einlagen von Mitgliedern und Kunden hinaus den Bestand jeder ihm angehörenden Genossenschaftsbank, sofern diese ihre Sorgfaltspflichten nicht verletzt hat.[57]

Auf regionaler Ebene sind die Kreditgenossenschaften Mitglieder der genossenschaftlichen Regionalverbände,[58] zu deren Mitgliedern auch die ländlichen und die gewerblichen Genossenschaften gehören. Es sind dies
– der Badische Genossenschaftsverband – Raiffeisen/Schulze-Delitzsch – e.V., Karlsruhe
– der Genossenschaftsverband Bayern (Raiffeisen/Schulze-Delitzsch) e.V., München
– der Genossenschaftsverband Berlin-Hannover e.V., Hannover
– der Genossenschaftsverband Hessen/Rheinland-Pfalz/Thüringen e.V., Frankfurt am Main
– der Genossenschaftsverband Rheinland e.V., Köln

---

55 Heinrich Fuchs, Kreditgenossenschaftlicher Garantiefonds, in: Die Bank, 30. Jg. (1937), S. 1533 (zitiert nach Schultze-Kimmle, a. a. O., S. 100).
56 Vgl. Schultze-Kimmle, a. a. O., S. 404 f.
57 Vgl. Neues Statut der Sicherungseinrichtung des BVR, in: Genossenschaftliche Mitteilungen, Heft 6/1985, S. 215.
58 Vgl. Artikel Genossenschaftsverbände . . ., in: HdG, Sp. 849 ff.

- der Genossenschaftsverband Sachsen (Raiffeisen/Schulze-Delitzsch) e.V., Dresden
- der Genossenschaftsverband Weser-Ems e.V., Oldenburg
- der Norddeutsche Genossenschaftsverband (Raiffeisen/Schulze-Delitzsch) e.V., Kiel
- der Saarländische Genossenschaftsverband e.V., Saarbrücken
- der Westfälische Genossenschaftsverband e.V., Münster
- der Württembergische Genossenschaftsverband (Raiffeisen/Schulze-Delitzsch) e.V., Stuttgart.

Die Kreditgenossenschaften in den neuen Bundesländern haben sich überwiegend den Regionalverbänden der angrenzenden alten Bundesländer angeschlossen. Neu gebildet wurde nach der deutschen Wiedervereinigung – abgesehen von einigen kleineren Verbänden, die ihre selbständige Existenz bald wieder aufgaben – der Genossenschaftsverband Sachsen. Die Regionalverbände führen die pflichtmäßigen Unternehmensprüfungen bei den Kreditgenossenschaften durch und sind auf den Gebieten der Beratung, Betreuung und Schulung tätig.

Eigenständige Entwicklungen haben zur Entstehung von zwei Fachprüfungsverbänden geführt: Der 1906 gegründete Verband der Sparda-Banken e.V., Frankfurt am Main, und der 1938 gegründete Verband der Post-Spar- und Darlehnsvereine e.V., Bonn,[59] arbeiten bundesweit, haben aber grundsätzlich die gleichen Aufgaben wie die Regionalverbände.

2. Das wirtschaftliche Potential des genossenschaftlichen Bankenverbundes

Der genossenschaftliche Bankenverbund umfaßte Ende 1993 rund 2800 örtliche Kreditgenossenschaften, drei regionale genossenschaftliche Zentralbanken und die DG BANK Deutsche Genossenschaftsbank sowie 25 Verbundunternehmen.

Mehr als zwei Drittel aller Kreditinstitute in der Bundesrepublik Deutschland sind Kreditgenossenschaften.[60] Sie unterhielten Ende 1993 in den

---

59 Vgl. Artikel Genossenschaftsverbände..., in: HdG, Sp. 851.
60 Vgl. Deutsche Bundesbank, Monatsbericht August 1994, S. 55*.

alten und neuen Bundesländern rund 17600 Zweigstellen, so daß sie mit insgesamt rund 20400 Bankstellen nach wie vor über das dichteste Bankstellennetz Europas verfügten.[61]

Zentraler Orientierungspunkt genossenschaftlicher Bankpolitik ist die Förderung der Mitglieder der Genossenschaftsbanken. Ende 1993 zählten die Institute der Primärstufe 12,6 Millionen Anteilseigner (siehe die Übersicht 5); damit ist jeder siebte Einwohner der Bundesrepublik Mitglied einer Genossenschaftsbank, jeder dritte Erwachsene arbeitet als Kunde mit Kreditgenossenschaften zusammen. Im Durchschnitt haben diese 4600 Mitglieder, wobei die Spanne von Instituten mit mehr als 70000 Mitgliedern bis zu solchen mit weniger als 500 Mitgliedern reicht.

Ihre besondere Verankerung hat die genossenschaftliche Bankengruppe im Mittelstand, der heute in der Bundesrepublik Deutschland neben den Selbständigen auch die unselbständig Beschäftigten mit gehobener beruflicher Tätigkeit und gehobenem Zuschnitt der Lebensführung umfaßt.[62] Rund 57 Prozent der Mitglieder der Genossenschaftsbanken sind Arbeitnehmer, sechs Prozent Gewerbetreibende aus Handel, Handwerk und Industrie, fünf Prozent Landwirte, drei Prozent Selbständige aus dem Dienstleistungsbereich und den Freien Berufen sowie 29 Prozent sonstige Privatpersonen.[63]

Die enge Verbindung der Genossenschaftsbanken zum Mittelstand wird auch dadurch unterstrichen, daß 60 Prozent aller Handwerker, 75 Prozent aller Kaufleute und 80 Prozent aller Landwirte Mitglieder einer Volksbank oder Raiffeisenbank sind.

Die addierte Bilanzsumme aller örtlichen Genossenschaftsbanken erreichte Ende 1993 rund 760 Milliarden DM. Das waren durchschnittlich 270 Millionen DM je Kreditgenossenschaft. Allerdings reichte die Bilanzsummen-Spanne von unter zehn Millionen DM bis zu mehr als zehn Milliarden DM.[64] Größte Kreditgenossenschaft mit einer Bilanzsumme von 17,6 Milliarden DM und 78000 Mitgliedern (1993) ist die Deutsche Apotheker- und Ärztebank eG, Düsseldorf, die bundesweit mit nahezu der

---

61 Vgl. Deutsche Bundesbank, Monatsbericht August 1994, S. 55*, und Bundesverband der Deutschen Volksbanken und Raiffeisenbanken e.V., Bericht/Zahlen '93, Bonn (1994), S. 37.
62 Vgl. Viehoff, Zur mittelstandsbezogenen Bankpolitik des Verbundes der Genossenschaftsbanken, Teil I, a. a. O., S. 75.
63 Vgl. Bundesverband der Deutschen Volksbanken..., Bericht/Zahlen '92, a. a. O., S. 127.
64 Vgl. Deutsche Bundesbank, Monatsbericht Mai 1994, S. 54*.

Übersicht 5:
Anzahl, Mitglieder und Bilanzsumme der Kreditgenossenschaften[1]

	Anzahl	Mitglieder in Tsd.	Bilanzsumme in Mrd. DM
Volksbanken und Raiffeisenbanken	2 731	10 543	703,1
(Darunter: mit Warengeschäft)	(990)	(2 725)	(165,7)
Sparda-Banken	17	1 149	31,7
Post-Spar- und Darlehnsvereine	21	686	17,2
Beamtenbanken	4	264	7,9
	2 773	12 642	759,9

Quelle: Bundesverband der Deutschen Volksbanken und Raiffeisenbanken e.V., Bonn, Deutscher Raiffeisenverband e.V., Bonn. – Alle Angaben für (Ende) 1993.
1 Alte und neue Bundesländer.

Hälfte aller Angehörigen der Heilberufe in Geschäftsverbindung steht. Größte örtliche Kreditgenossenschaft ist die Berliner Volksbank eG, die 1993 eine Bilanzsumme von 13,6 Milliarden DM aufwies und 72 000 Mitglieder hatte.

Die drei regionalen genossenschaftlichen Zentralbanken vereinigten Ende 1993 eine Bilanzsumme von 97 Milliarden DM auf sich. Größte regionale Zentralbank ist die WGZ-Bank Westdeutsche Genossenschafts-Zentralbank eG, Düsseldorf, mit einer Bilanzsumme von 36,6 Milliarden DM.

Das Spitzenkreditinstitut der deutschen Genossenschaften, die DG BANK Deutsche Genossenschaftsbank, nahm Ende 1993 mit einer Bilanzsumme von 130 Milliarden DM und einer Konzernbilanzsumme von 221 Milliarden DM unter den Banken in der Bundesrepublik den neunten Rang ein; sie beschäftigte Ende 1993 im In- und Ausland 5 026 Mitarbeiter (siehe die Übersicht 6).

Eine Reihe von Verbundunternehmen gehört in ihrer jeweiligen Geschäftssparte zu den deutschen Marktführern. So ist die Deutsche Genossenschafts-Hypothekenbank eine der größten deutschen Hypothekenbanken, die Bausparkasse Schwäbisch Hall die kundenstärkste Bausparkasse, die DG Diskontbank die älteste und größte Factoring-Bank der Bundesrepublik. Die Union-Investment-Gesellschaft und die DIFA Deut-

Übersicht 6: *DG BANK und regionale Zentralbanken mit ihren angeschlossenen Kreditgenossenschaften*

	Bilanzsumme in Mrd. DM	Angeschlossene Kreditgenossenschaften[1] Anzahl	Bilanzsumme in Mrd. DM
DG BANK Deutsche Genossenschaftsbank, Frankfurt am Main	130,2	1 433	326,9
WGZ-Bank Westdeutsche Genossenschafts-Zentralbank eG, Düsseldorf	36,6	455	142,1
SGZ-Bank Südwestdeutsche Genossenschafts-Zentralbank AG, Frankfurt am Main/Karlsruhe	35,2	443	156,9
GZB-Bank Genossenschaftliche Zentralbank AG Stuttgart, Stuttgart	25,2	425	101,5

Quellen: Geschäftsberichte. – Alle Angaben für (Ende) 1993.
[1] Die 17 Sparda-Banken waren 1993 keiner genossenschaftlichen Zentralbank, sondern der Deutschen Verkehrs-Bank AG, Frankfurt am Main/Berlin, angeschlossen. (1994 hat die DG BANK die Mehrheit des Aktienkapitals der Deutschen Verkehrs-Bank erworben.)

sche Immobilienfonds AG nehmen unter den Kapitalanlagegesellschaften vordere Ränge ein, ebenso die Unternehmen der R+V Versicherungsgruppe in der deutschen Assekuranz. Die DeGeno-Leasing beziffert ihren Marktanteil auf sieben Prozent.

Das Streben nach umfassender Mitgliederförderung veranlaßte die Genossenschaftsbanken bereits lange vor anderen Bankengruppen zur Bildung eines Allfinanz-Verbundes.[65] In Anbetracht seiner umfassenden Produktpalette und seiner kostengünstigen Vertriebswege ist dem genossenschaftlichen Verbund von neutraler Seite das erfolgreichste Allfinanzkonzept in Deutschland mit auch weiterhin hervorragenden Wachstumsaussichten bescheinigt worden.[66]

Zusammen mit den sogenannten Kreditbanken und der Sparkassenorganisation bilden die Genossenschaftsbanken den Bereich der Universalbanken, der im deutschen Bankenwesen vorherrscht. Bezogen auf die drei Universalbank-Gruppen, hatten die Genossenschaftsbanken, gemessen an der Bilanzsumme, Ende 1993 einen Marktanteil von 19,3 Prozent; Ende 1950 betrug dieser Anteil 14,6 Prozent.[67] Gleichzeitig stieg der Marktanteil der Genossenschaftsbanken im Kreditgeschäft von 12,4 Prozent auf 18,1 Prozent. Überdurchschnittliche Marktpositionen haben die Genossenschaftsbanken im Kreditgeschäft mit der Land- und Forstwirtschaft (48 Prozent), mit dem Baugewerbe und dem Ernährungsgewerbe (jeweils 32 Prozent) sowie mit dem Handwerk (28 Prozent) inne. Jeder dritte Kredit aus den Mittelstandsförderungsprogrammen der öffentlichen Hand wird über die Genossenschaftsbanken abgewickelt.

Im Einlagengeschäft mit Nichtbanken ist die Marktposition der Genossenschaftsbanken noch stärker als im Kundenkreditgeschäft, wie ihr Marktanteil von hier 25,2 Prozent erkennen läßt; Ende 1950 hatte er erst 13,1 Prozent betragen (siehe die Übersicht 7). Betrachtet man allein die Spareinlagen und die Sparbriefe, so erhöht sich der Marktanteil sogar auf 27,5 Prozent.

Im Wertpapiergeschäft wird jedes fünfte Wertpapierdepot bei einer Genossenschaftsbank geführt; 1962 war es erst jedes neunte. Auch im Wert-

---

65 Vgl. Kluge, a. a. O., S. 286.
66 Vgl. Die Genossen distanzieren die deutschen Großbanken, in: manager magazin, Heft 6/1993, S. 131.
67 Vgl. Gunther Aschhoff, Die Veränderung der Marktanteile der Genossenschaftsbanken in der Nachkriegszeit, in: Jürgen Zerche (Hrsg.), Aspekte genossenschaftlicher Forschung und Praxis, a. a. O., S. 82.

Übersicht 7: Marktanteile der genossenschaftlichen Bankengruppe (in Prozent)[1]

	1950	1960	1970	1980	1990	1993
			Bilanzsumme			
Kreditbanken	43,6	34,1	31,8	29,6	34,4	31,6
Sparkassenorganisation	41,8	51,1	50,4	49,2	45,7	49,1
Genossenschaftliche Bankengruppe	14,6	14,8	17,8	21,2	19,9	19,3
Universalbanken insgesamt	100,0	100,0	100,0	100,0	100,0	100,0
			Kredite an Nichtbanken			
Kreditbanken	53,9	37,4	32,5	28,8	38,4	33,6
Sparkassenorganisation	33,7	49,5	52,0	52,0	43,4	48,3
Genossenschaftliche Bankengruppe	12,4	13,1	15,5	19,2	18,2	18,1
Universalbanken insgesamt	100,0	100,0	100,0	100,0	100,0	100,0
			Einlagen von Nichtbanken			
Kreditbanken	41,7	33,4	31,0	26,9	27,8	27,4
Sparkassenorganisation	45,2	51,3	49,7	48,6	47,4	47,4
Genossenschaftliche Bankengruppe	13,1	15,3	19,3	24,5	24,8	25,2
Universalbanken insgesamt	100,0	100,0	100,0	100,0	100,0	100,0

Quelle: Eigene Berechnungen.
Kreditbanken = Großbanken, Regionalbanken, Privatbankiers, Zweigstellen ausländischer Banken. Sparkassenorganisation = Sparkassen, Girozentralen, Deutsche Girozentrale – Deutsche Kommunalbank. Genossenschaftliche Bankengruppe = Kreditgenossenschaften, regionale Zentralbanken, DG BANK Deutsche Genossenschaftsbank.
1 Ab 1990 einschließlich neue Bundesländer.

papiergeschäft mit vermögenden Privatkunden haben die Kreditgenossenschaften eine starke Marktposition.[68]

Die Marktstellung der Genossenschaftsbanken ist nach dem Zweiten Weltkrieg bis in die Mitte der achtziger Jahre hinein ununterbrochen stärker geworden und hat sich seither auf dem damit erreichten Niveau stabilisiert. Insbesondere nach der Aufhebung der Bedarfsprüfung bei Eröffnungen neuer Bankzweigstellen im Jahre 1958 und des Soll- und Habenzinsabkommens im Jahre 1967[69] konnten die Kreditgenossenschaften erhebliche Reserven ihres bankwirtschaftlichen Potentials mobilisieren, vor allem dank ihrer flächendeckenden Präsenz, durch frühe Anwendung der elektronischen Datenverarbeitung, durch Fusionen zu größeren Einheiten, gemeinschaftliches Marketing, die Erweiterung des Leistungsangebotes im zinsunabhängigen Geschäft und den Ausbau ihrer Schulungseinrichtungen.

Die Kreditgenossenschaften in den neuen Bundesländern haben die Umstellung auf die grundlegend veränderten Rahmenbedingungen seit 1990 erfolgreich bewältigt.[70]

Als entscheidend für die Festigung der Marktstellung der Volksbanken und Raiffeisenbanken haben sich die Überschaubarkeit ihres jeweiligen Geschäftgebietes, die Ortsbezogenheit und die eigenverantwortliche Leitung der örtlichen Kreditgenossenschaften erwiesen.[71] Diese Faktoren ermöglichen es ihnen, schnell und unbürokratisch zu entscheiden, persönliche Kontakte zur Kundschaft zu halten und Kunden an sich zu binden. Auf dieser Grundlage ist es den Genossenschaftsbanken gelungen, den Wünschen ihrer Mitglieder und den Erfordernissen des Marktes nachhaltig gerecht zu werden.

---

68 Vgl. Robert Markloff, Kreditgenossenschaften: Im Wertpapiergeschäft auf gutem Weg, in: BI/GF, Heft 5/1994, S. 49.
69 Vgl. Hans E. Büschgen, Zeitgeschichtliche Problemfelder des Bankwesens der Bundesrepublik Deutschland, in: Deutsche Bankengeschichte, Bd. 3, Frankfurt am Main 1983, S. 398 ff.
70 Vgl. Deutsche Bundesbank, Monatsbericht April 1994, S. 44.
71 Vgl. Joachim Süchting, Zuwachsraten im verteilten Markt, in: Westdeutsche Genossenschafts-Zentralbank, Perspektiven, (Düsseldorf) 1978, S. 12 ff.

B. Ländliche Genossenschaften

1. Struktur der Raiffeisen-Organisation

Die Raiffeisen-Organisation ist der mehrstufig aufgebaute Verbund des ländlichen Genossenschaftswesens in der Bundesrepublik Deutschland. Die erste Stufe bilden die örtlichen Waren- und Dienstleistungsgenossenschaften, vor allem die Kreditgenossenschaften mit Warengeschäft, die Bezugs- und Absatzgenossenschaften, die Molkereigenossenschaften, die Vieh- und Fleischgenossenschaften, die Obst- und Gemüsegenossenschaften und die Winzergenossenschaften; ferner – in den neuen Bundesländern – die Agrargenossenschaften. Von diesen örtlichen Genossenschaften werden die regionalen Zentralgenossenschaften getragen, die die zweite Stufe des Verbundes bilden. Die auf nationaler Ebene für die verschiedenen Genossenschaftsarten tätigen Unternehmen, deren Kapital die Regionalzentralen (teilweise zusammen mit der DG BANK) halten, bilden die dritte Stufe des Verbundes.
Dieser Unternehmensverbund wird unterstützt durch die regionalen Genossenschaftsverbände, den Deutschen Raiffeisenverband e.V., Bonn, als nationalen Spitzenverband und den Deutschen Genossenschafts- und Raiffeisenverband e.V., Bonn, als Dachverband (siehe die Übersicht 8).

a) Kreditgenossenschaften mit Warengeschäft

Die Kreditgenossenschaften mit Warengeschäft betreiben neben dem Bankgeschäft das Warengeschäft nach der Art einer Bezugs- und Absatzgenossenschaft. Sie werden wegen dieser besonderen Geschäftsstruktur auch als gemischtwirtschaftliche Kreditgenossenschaften oder Mehrzweckgenossenschaften bezeichnet.
Der Typ der Kreditgenossenschaft mit Warengeschäft geht auf FRIEDRICH WILHELM RAIFFEISEN zurück. Er erkannte, daß es zur durchgreifenden Besserung der Verhältnisse in der Landwirtschaft nicht ausreiche, die Genossenschaftsmitglieder allein auf dem Wege des Bankgeschäftes zu fördern, und empfahl seinen Darlehnskassenvereinen deshalb, zusätzlich auch Gegenstände des landwirtschaftlichen Bedarfs zu beschaffen.[72]

---

72 Siehe S. 22.

Übersicht 8: *Die Struktur der Raiffeisen-Organisation*

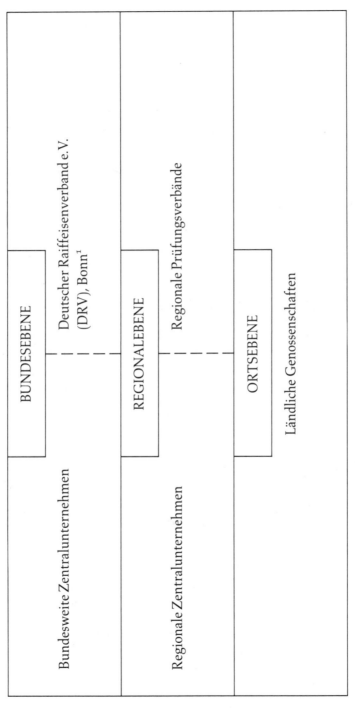

[1] Die Raiffeisen-Organisation ist außerdem Mitglied im Deutschen Genossenschafts- und Raiffeisenverband e.V., Bonn, dem gemeinsamen Dachverband der Genossenschaftsbanken sowie der ländlichen und der gewerblichen Genossenschaften.

Heute ist das Warengeschäft der Kreditgenossenschaften in erster Linie auf die Nebenerwerbslandwirte, Gartenbesitzer und Heimtierhalter ausgerichtet.[73] Es umfaßt vor allem Dünge- und Futtermittel, Brenn- und Treibstoffe, Baumaterial sowie Haus- und Gartenartikel.

In den Hauptstellen der gemischtwirtschaftlichen Raiffeisenbanken und in den größeren Zweigstellen sind Bank- und Warengeschäft meist räumlich getrennt, in den kleineren Raiffeisenbanken werden sie dagegen in kombinierten Bank- und Lagergebäuden abgewickelt.[74] Alle gemischtwirtschaftlichen Kreditgenossenschaften betreiben das Warengeschäft im Verbund mit den – oft als Hauptgenossenschaften bezeichneten – regionalen Warenzentralen des ländlichen Bezugs- und Absatzgeschäftes und der Deutschen Raiffeisen-Warenzentrale GmbH, Frankfurt am Main.

In den neuen Bundesländern finden sich Kreditgenossenschaften mit Warengeschäft kaum noch, da nach der Wiedervereinigung die ehemaligen Bäuerlichen Handelsgenossenschaften, die sowohl das Waren- als auch (in engen Grenzen) das Geldgeschäft betrieben hatten, bei ihrer Wiederherstellung als Raiffeisenbanken meist das Warengeschäft ausgliederten.

b) Bezugs- und Absatzgenossenschaften und ihre Zentralen

Neben den gemischtwirtschaftlichen Kreditgenossenschaften sind im ländlichen Warengeschäft insbesondere Bezugs- und Absatzgenossenschaften als Spezialgenossenschaften tätig. Der Typ der landwirtschaftlich orientierten Spezialgenossenschaft geht auf WILHELM HAAS zurück.[75] Rund 80 Prozent der Umsätze aller Bezugs- und Absatzgenossenschaften entfallen heute auf das Bezugsgeschäft, 20 Prozent auf das Absatzgeschäft.[76]

Das Bezugsgeschäft umfaßt den Einkauf sämtlicher Produkte und Güter, die für die agrarische Produktion benötigt werden. Die Bezugs- und Absatzgenossenschaften versorgen ihre Mitglieder vor allem mit Futtermitteln, Düngemitteln, Pflanzenschutzmitteln und Saatgut, Brenn- und Treibstoffen sowie Maschinen und Baustoffen.

---

73 Vgl. Artikel Gemischtwirtschaftliche Kreditgenossenschaften, in: Genossenschafts-Lexikon, a. a. O., S. 242.
74 Vgl. Artikel Gemischtwirtschaftliche Kreditgenossenschaften, in: HdG, Sp. 614.
75 Siehe S. 23 f. Vgl. auch Artikel Haas, Wilhelm, in: Genossenschafts-Lexikon, a. a. O., S. 330.
76 Vgl. Artikel Bezugs- und Absatzgenossenschaften, Geschäftsstruktur, in: Genossenschafts-Lexikon, a. a. O., S. 74.

Im Absatzgeschäft stehen Erfassung und Verkauf von Getreide, Raps und Kartoffeln im Vordergrund, das heißt solcher Agrarprodukte, für die spezielle genossenschaftliche Verwertungseinrichtungen nicht bestehen.

Ursprünglich war das ländliche Warengeschäft der Genossenschaften allein auf den gemeinschaftlichen Bezug von landwirtschaftlichen Betriebsmitteln, vor allem Düngemitteln und Futtermitteln, ausgerichtet. Erst um 1900 wurde auch der gemeinsame Absatz landwirtschaftlicher Erzeugnisse aufgenommen.

Heute ist das Tätigkeitsfeld bedeutend größer. In Anpassung an die Strukturveränderungen im ländlichen Raum wurde das Warensortiment der Genossenschaften im Hinblick auf den Wandel vom rein landwirtschaftlichen zum ländlichen Bedarf ausgeweitet, zum Beispiel auf den Verkauf von Haus- und Gartenartikeln sowie das Kraftfahrzeuggeschäft. Ergänzend zu ihren Warenhandelsgeschäften erbringen die Bezugs- und Absatzgenossenschaften heute für ihre Mitglieder zahlreiche Dienstleistungen. Hierzu gehören zum Beispiel die Anbau-, Düngungs- und Vermarktungsberatung, die Lohnarbeiten beim Pflanzenschutz und bei der Düngung, die treuhänderische Einlagerung von Düngemitteln und Getreide sowie Transporte bei der Getreideernte.

In einigen Warenbereichen sind die Bezugs- und Absatzgenossenschaften darüber hinaus produzierend tätig, beispielsweise in der Mischfutterherstellung, der Kartoffelzüchtung, der Saatgutvermehrung und der Mühlenwirtschaft.

Als Verbundpartner der Bezugs- und Absatzgenossenschaften auf regionaler Ebene fungieren die Hauptgenossenschaften. Ihre Anfänge gehen auf das 1881 von RAIFFEISEN gegründete Warenhandelsunternehmen Raiffeisen, Fassbender & Cons., Neuwied, zurück. Aber erst nach dem Inkrafttreten des Genossenschaftsgesetzes von 1889, das die Bildung von Zentralunternehmen in genossenschaftlicher Rechtsform zuließ, kam es verstärkt zu einem zentralen genossenschaftlichen Warengeschäft. In ihm sind heute tätig

– die BayWa AG, München
– die Raiffeisen Central-Genossenschaft Nordwest eG, Münster
– die Raiffeisen Hauptgenossenschaft Aktiengesellschaft, Hannover
– die Raiffeisen Hauptgenossenschaft Frankfurt eG, Frankfurt am Main
– die Raiffeisen Hauptgenossenschaft Nord AG, Kiel
– die Raiffeisen-Warenzentrale Kurhessen-Thüringen GmbH, Kassel

- die Raiffeisen-Waren-Zentrale Rheinland eG, Köln
- die Raiffeisen Zentralgenossenschaft eG, Karlsruhe
- die WLZ Raiffeisen AG, Stuttgart.

In den neuen Bundesländern bestehen keine eigenen Hauptgenossenschaften. Die dortigen Bezugs- und Absatzgenossenschaften werden von den Hauptgenossenschaften in den alten Bundesländern mitversorgt. Hierfür haben die Hauptgenossenschaften ein dichtes Betriebsstättennetz in den neuen Bundesländern aufgebaut.

Die Aufgabe der Hauptgenossenschaften besteht einerseits darin, die gemischtwirtschaftlichen Kreditgenossenschaften und die Bezugs- und Absatzgenossenschaften in ihrem Bezugsgeschäft durch Zusammenfassung der Nachfrage zu unterstützen; entsprechend der Sortimentsausweitung bei den örtlichen Genossenschaften auf Baustoffe, Brennstoffe sowie Haus- und Gartenartikel sind auch die Hauptgenossenschaften auf diesen Gebieten tätig.

Andererseits fördern die Hauptgenossenschaften die örtlichen Genossenschaften in ihrem Absatzgeschäft durch Zusammenfassung des Angebotes sowie die zentrale Übernahme absatzwirtschaftlicher Funktionen wie Verkaufsförderung, Werbung, Datenverarbeitung, Beratung, Produktgestaltung und Öffentlichkeitsarbeit. Die aufgenommenen Agrarerzeugnisse, vor allem Getreide, Raps und Kartoffeln, werden von den Hauptgenossenschaften an Mälzereien, Brauereien, Mühlen und die kartoffelverarbeitende Industrie verkauft.

Die Hauptgenossenschaften unterhalten Lagerhäuser, Kornhäuser, Silos, Werkstätten und Ersatzteillager, die die Ortsgenossenschaften in ihren Funktionen unterstützen. Im Produktionsbereich konzentrieren sich die Aktivitäten der Hauptgenossenschaften auf die Herstellung von Qualitätsfuttermitteln in eigenen Mischfutterwerken.

Einige Hauptgenossenschaften sind nicht allein als Großhandelsunternehmen für die Ortsgenossenschaften, sondern auch als Einzelhandelsunternehmen im Direktgeschäft mit der Landwirtschaft tätig, da zahlreiche gemischtwirtschaftliche Kreditgenossenschaften ihr Warengeschäft auf ihre jeweilige Hauptgenossenschaft übertragen haben.

Nationales Zentralunternehmen der Bezugs- und Absatzgenossenschaften ist die 1948 gegründete Deutsche Raiffeisen-Warenzentrale GmbH (DRWZ), Frankfurt am Main. Ihr Kapital wird von den regionalen Hauptgenossenschaften und der DG BANK gehalten. Sie dient »dem überregio-

nalen Marktausgleich sowie der Koordinierung des gemeinsamen Ein- und Verkaufs auf nationalen und internationalen Märkten«.[77]
Unternehmensgegenstand ist der Handel mit landwirtschaftlichen Bedarfsartikeln und Erzeugnissen jeder Art, insbesondere auch die Ein- und Ausfuhr solcher Produkte. Der Aufgabenschwerpunkt liegt heute beim Aushandeln von Verträgen mit Industrieunternehmen, der Abwicklung von Futter- und Düngemittelimporten sowie der Abwicklung von Getreideexporten.[78] Von Bedeutung ist ferner der zentrale Einkauf von Maschinen und Kraftfahrzeugen.

c) Molkereigenossenschaften und ihre Zentralen

Die ersten Molkereigenossenschaften entstanden in den siebziger Jahren des 19. Jahrhunderts.[79] Nach der Erfindung der Zentrifuge nahm die genossenschaftlich betriebene Milchverwertung in den Dörfern einen deutlichen Aufschwung.

Die Molkereigenossenschaften sammeln die Milch der landwirtschaftlichen Mitgliederbetriebe, verarbeiten sie zu Trinkmilch, Butter, Käse und anderen Molkereiprodukten und setzen ihre Erzeugnisse bei Einzelhandel und Großverbrauchern ab. Heute ist nur noch rund ein Drittel der Molkereigenossenschaften in der Milchverarbeitung tätig; zwei Drittel stellen reine Milcherfassungsgenossenschaften dar und geben die Rohmilchanlieferung ihrer Mitglieder zur Verarbeitung und Vermarktung an die Molkereizentralen weiter.

Die Anfänge der Molkereizentralen gehen auf die achtziger Jahre des 19. Jahrhunderts zurück. Sie umfassen heute
– die Bayerische Milchindustrie eG, Landshut
– die Butter-Absatz-Zentrale Niedersachsen eG, Hannover
– die Kurhessische Molkereizentrale AG, Kassel
– die Molkerei-Zentrale Bayern eG, Nürnberg
– die Molkerei-Zentrale Hessen eG, Frankfurt am Main

---

77 Artikel Deutsche Raiffeisen-Warenzentrale GmbH (DRWZ), in: Genossenschafts-Lexikon, a. a. O., S. 123.
78 Vgl. Artikel Bundeszentralen, Genossenschaftliche, in: HdG, Sp. 220. Von Beginn ihrer Tätigkeit an hat die DRWZ wichtige Schrittmacherfunktionen zur Neuorientierung des landwirtschaftlichen Bezugsgeschäftes der Hauptgenossenschaften übernommen.
79 Vgl. Artikel Molkereigenossenschaften, in: HdG, Sp. 1252.

- die Molkerei-Zentrale Südwest eG, Karlsruhe
- die Molkerei-Zentrale Westfalen-Lippe eG, Münster
- die MZO Molkereizentrale Oldenburg-Osnabrück-Ostfriesland eG, Oldenburg
- die Vereinigung Rheinischer Molkereien GmbH (VRM), Krefeld.

Den Molkereizentralen fällt die Aufgabe zu, die Rohmilch, die von den bäuerlichen Betrieben über die Molkereigenossenschaften zu ihnen gelangt, zu verarbeiten und zu vermarkten sowie die von den Molkereigenossenschaften in ihrem Milcheinzugsgebiet nicht unmittelbar abgesetzten Milchprodukte aufzunehmen und, auch durch den Aufbau von Markenartikel-Sortimenten, für den übergebietlichen Absatz zu sorgen. Sie besitzen aufgrund ihrer Größe bessere Möglichkeiten als die Molkereigenossenschaften, großhandelsfähige Produktpartien für den Absatz von Butter, Käse und sonstigen Milcherzeugnissen zusammenzustellen. Außerdem betreiben sie die Vorratshaltung für den Ausgleich saisonaler Schwankungen in der Milchanlieferung.

Schließlich dienen die Molkereizentralen den Molkereigenossenschaften auch als Beschaffungsstellen für Molkereibedarfsartikel und -maschinen, wobei sie durch die Zusammenfassung des Einkaufsvolumens der einzelnen Molkereigenossenschaften und den gebündelten Einkauf Kostenvorteile für ihre Mitgliedsgenossenschaften und deren Mitgliedsbetriebe erzielen.

In den neuen Bundesländern unterhalten Molkereizentralen der alten Bundesländer Beteiligungsunternehmen für die Milchverwertung der ostdeutschen Milchwirtschaft.

Nationale Zentrale der Molkereigenossenschaften ist die Deutsches Milch-Kontor GmbH (DMK), Hamburg, deren Funktionsvorgängerin 1947 als Milch-, Fett- und Eierkontor GmbH gegründet wurde. Ihre Gesellschafter sind die regionalen Molkereizentralen, große Milchindustriebetriebe und die DG BANK.[80]

Das Deutsche Milch-Kontor hat die Aufgabe, die Molkereizentralen in jeder Hinsicht zu unterstützen, vor allem als Absatz- und Beschaffungszentrale. Außerdem erfüllt es wichtige Aufgaben, die sich aus der EG-Agrarmarktordnung ergeben.

---

80 Vgl. Artikel Deutsches Milchkontor, in: Genossenschafts-Lexikon, a. a. O., S. 131.

Aufgabenschwerpunkt ist der Verkauf der von der deutschen Milchwirtschaft erzeugten Produkte ins Ausland (Europäische Union und Drittländer),[81] sowohl für den direkten Konsum als auch für die Nahrungs- und die Futtermittelindustrie. Weitere Geschäftsbereiche sind die Abwicklung der Interventionskäufe bei Milcherzeugnissen, die Entwicklung und Betreuung gemeinsamer Markenartikel sowie der Zentraleinkauf von Maschinen und Bedarfsartikeln für die Molkereiwirtschaft.

d) Vieh- und Fleischgenossenschaften und ihre Zentralen

Die ersten Vieh- und Fleischgenossenschaften entstanden in den neunziger Jahren des 19. Jahrhunderts. Aufgabe dieser Genossenschaften ist es, die Viehwirtschaften ihrer Mitglieder zu fördern, indem sie den Bezug und den Absatz von Vieh organisieren.
Der Schwerpunkt ihrer Tätigkeit liegt im Absatzgeschäft. Die Vieh- und Fleischgenossenschaften erfassen und sammeln das Schlachtvieh in den Dörfern und transportieren es zu den Schlachtviehmärkten oder den Schlachtbetrieben.[82] Im Bezugsgeschäft versorgen sie ihre Mitglieder mit Nutz- und Zuchtvieh.
Sowohl für das Absatz- als auch für das Bezugsgeschäft erwies sich die Schaffung von Zentralgenossenschaften, deren Anfänge im Jahre 1897 liegen, als vorteilhaft. Erst mit der Entstehung der Vieh- und Fleischzentralen sowie deren Tochterunternehmen erlangten die örtlichen Genossenschaften ihre volle Wirksamkeit. Als Vieh- und Fleischzentralen arbeiten heute
– die CG Nordfleisch AG, Hamburg
– die Oldenburgische Zentral-Genossenschaft für Viehverwertung eG, Oldenburg
– die Südfleisch GmbH, München
– die Viehzentrale Südwest GmbH, Stuttgart
– die Westfleisch Vieh- und Fleischzentrale Westfalen eG, Münster.

---

81 Vgl. Hans Gerd Hochbein, Genossenschaftliche Milchwirtschaft: Deutsches Milch-Kontor, in: BI/GF, Heft 3/1992, S. 66.
82 Vgl. Artikel Vieh- und Fleischwirtschaft, Genossenschaftliche, in: HdG, Sp. 1612.

Die Viehzentralen hatten anfangs die Aufgabe, das Vieh von den erfassenden Mitgliedsgenossenschaften zu übernehmen, zu größeren Partien zusammenzustellen und gemeinsam zu verkaufen. Diese Lebendviehvermarktung ist heute hinter die Geschlachtetvermarktung zurückgetreten. Während das Geschäft mit lebendem Schlachtvieh nur noch eine untergeordnete Rolle spielt, sind die genossenschaftlichen Schlachtungen seit Jahren Hauptumsatzträger der genossenschaftlichen Vieh- und Fleischwirtschaft.

Mittlerweile hat auch diese Aufgabenstellung eine Erweiterung erfahren. Die Viehzentralen beschränken sich nicht mehr darauf, Tiere zu schlachten und die Schlachtkörper zu verkaufen, sondern sie übernehmen auch die Zerlegung der Schlachtkörper in Grob- und Feinschnitt sowie die weitere Verarbeitung. Viehvermarktung, Fleischvermarktung und Weiterverarbeitung erfolgen aus einer Hand. Hierfür betreiben die Vieh- und Fleischzentralen eigene Schlachtanlagen, Zerlegebetriebe und Fleischwarenfabriken, auch in den neuen Bundesländern.

Daneben sind die Vieh- und Fleischzentralen im Bezugsgeschäft tätig, indem sie die Vieh- und Fleischgenossenschaften in ihrem Nutz- und Zuchtviehgeschäft unterstützen. Im Absatz- und im Bezugsgeschäft der Vieh- und Fleischzentralen spielt der Außenhandel eine große Rolle.

e) Obst- und Gemüsegenossenschaften und ihre Zusammenschlüsse

Die ersten Obst- und Gemüsegenossenschaften wurden um 1900 gegründet, um den Erzeugern, vor allem solchen aus marktfernen Anbaugebieten, einen besseren Absatz und höhere Erlöse zu sichern.

In Erfüllung ihres Förderungsauftrages übernehmen die Obst- und Gemüsegenossenschaften die Erfassung der für den Absatz bestimmten Erzeugnisse, das heißt das Sammeln an örtlichen Sammelstellen und die Weiterleitung. Sie fassen das Obst- und Gemüseangebot in eigenen Markteinrichtungen und zu verkaufsgerechten Partien zusammen. Soweit Sortierung und Verpackung nicht beim Erzeuger erfolgen, übernehmen die Genossenschaften diese Aufgaben in eigenen Anlagen.

Abgesetzt wird die Ware an den Groß- und Versandhandel sowie an Verarbeitungsbetriebe. Einige Obst- und Gemüsegenossenschaften stellen

Marmelade, Säfte und Konserven auch in eigenen Verarbeitungsunternehmen her.

Die meisten Obst- und Gemüsegenossenschaften sind als Erzeugerorganisationen im Sinne der EWG-Verordnung Nr. 159 vom Jahre 1966, die Regelungen über die gemeinsame Marktordnung enthält, anerkannt. Aus dieser Funktion heraus ergreifen sie marktstabilisierende Maßnahmen. Unter bestimmten Voraussetzungen nehmen sie in Zeiten des Überangebotes Spitzenmengen aus dem Markt, um sie besonderen Verwendungszwecken zuzuführen und einen zu starken Preisverfall zu verhindern.

Auf regionaler Ebene haben sich die Erzeugerorganisationen zu Marktvereinigungen in der Rechtsform des eingetragenen Vereins zusammengeschlossen,[83] die ihrerseits 1969 die Bundesvereinigung der Erzeugerorganisationen Obst und Gemüse e.V. mit Sitz in Bonn gründeten. Diese Vereinigungen sind keine geschäftlichen Zentralunternehmen, sondern nehmen Aufgaben der Qualitätskontrolle, des Marketing, der Marktstabilisierung, der Einführung einheitlicher und umweltfreundlicher Verpackungen und der allgemeinen Interessenvertretung wahr. Die Bundesvereinigung koordiniert die Aktivitäten der regionalen Marktvereinigungen und verwaltet Fondsmittel, aus denen Darlehen an die Erzeugerorganisationen gewährt werden.

f) Winzergenossenschaften und ihre Zentralen

Winzergenossenschaften dienen dem Zweck, die Traubenernte ihrer Mitglieder zu Wein zu verarbeiten und den Wein zu verkaufen. Die erste Winzergenossenschaft wurde 1868 in Mayschoß an der Ahr gegründet, genossenschaftsähnliche Vorläufer traten bereits gut 30 Jahre zuvor auf.[84]

Am Beginn von Verarbeitung und Absatz stehen Sammlung und Zusammenfassung der von den Mitgliedern angelieferten Trauben. Der aus den Trauben gewonnene Wein wird von den Winzergenossenschaften vor allem an den Lebensmittelgroß- und -einzelhandel, den Weingroßhandel,

---

83 Vgl. Artikel Obst- und Gemüsegenossenschaften, in: HdG, Sp. 1299.
84 Vgl. Artikel Winzergenossenschaften, in: HdG, Sp. 1721 f., und Deutscher Raiffeisenverband e. V., Die deutschen Winzergenossenschaften 1994, (Bonn 1994), S. 15 ff.

an Direktverbraucher und Gaststätten verkauft,[85] überwiegend als Flaschenwein.

Um Marktungleichgewichte zwischen Weinangebot und Weinnachfrage auffangen zu können und den Winzern eine möglichst stabile Erlösentwicklung zu sichern, haben die Winzergenossenschaften erhebliche Lagerkapazitäten geschaffen. Nicht alle Winzergenossenschaften allerdings betreiben eine eigene Kellerwirtschaft; zum Teil werden die Trauben der Mitglieder lediglich erfaßt und zur Weiterverarbeitung an Winzergenossenschaften mit eigener Kellerwirtschaft abgeliefert.[86]

Neben ihren Absatzfunktionen nehmen die Winzergenossenschaften Beschaffungs- und Dienstleistungsfunktionen wahr, so die Empfehlung und Beschaffung guter Rebsorten, die Bekämpfung von Rebschädlingen und die Anschaffung von Gemeinschaftsmaschinen.

Zu ihrer Unterstützung haben sich die örtlichen Winzergenossenschaften seit 1930 Zentralkellereien geschaffen. Dies sind
- die Badischer Winzerkeller eG, Breisach
- die Gebietswinzergenossenschaft Franken eG, Kitzingen
- die Moselland eG Winzergenossenschaft, Bernkastel-Kues
- die Nahe-Winzer eG, Bretzenheim
- die Rheinhessen Winzer eG, Gau-Bickelheim
- die Württembergische Weingärtner-Zentralgenossenschaft eG, Möglingen.

Die Zentralkellereien dienen ihren örtlichen Mitgliedsgenossenschaften zur überregionalen Weinerfassung und zur Vermarktung des Weines über die Weinbaugebiete hinaus, auch im Ausland. Große Bedeutung kommt den Zentralkellereien beim Ausgleich der jährlichen Ernteschwankungen und bei der Marktstabilisierung zu.

Nationales Spitzenunternehmen der Winzergenossenschaften ist die Deutsche Genossenschafts-Wein eG (vormals Weinabsatzzentrale Deutscher Winzergenossenschaften eG) mit Sitz in Bonn. Sie wurde 1932 als »Vermittlungsstelle deutscher Winzergenossenschaftsvereine« mit Sitz in Berlin gegründet.

---

85 Vgl. Karl Ludwig Bieser, Deutsche Winzergenossenschaften: Traditionelle Erzeuger und moderne Marktpartner, in: BI/GF, Heft 8/1991, S. 71.
86 Vgl. Artikel Winzergenossenschaften, in: Genossenschafts-Lexikon, a. a. O., S. 729.

Ursprünglich hatte dieses Zentralunternehmen die Aufgabe, ein zusammengefaßtes Weinangebot der deutschen Winzergenossenschaften an den Lebensmittelgroßhandel und den Weingroßhandel heranzubringen, die Verbreitung der Weine durch die Vermittlung von Vertragsabschlüssen zu fördern und das Exportgeschäft zu entwickeln. Nachdem die Zentralkellereien die Vermarktungsfunktionen selbst übernommen haben, liegt der Schwerpunkt der Tätigkeit heute in der Koordinierung gemeinsamer Maßnahmen auf dem Weinmarkt und der Kontaktpflege zugunsten der Winzergenossenschaftsorganisation.

g) Sonstige Warengenossenschaften

Zum Spektrum der Raiffeisen-Organisation gehört eine Reihe weiterer Warengenossenschaften, deren Verbreitung begrenzt blieb. Als die bedeutendsten unter ihnen sind die Gartenbaugenossenschaften,[87] teilweise auch als Blumengenossenschaften bezeichnet, und die Fischereigenossenschaften[88] zu nennen.

h) Dienstleistungsgenossenschaften

Neben den Warengenossenschaften hat die ländliche Bevölkerung zahlreiche Dienstleistungsgenossenschaften gegründet. Beispiele von Dienstleistungsgenossenschaften im ländlichen Bereich sind die Elektrizitätsgenossenschaften,[89] die Zuchtgenossenschaften, die Weidegenossenschaften,[90] die Wasserleitungsgenossenschaften,[91] die Grünfuttertrocknungsgenossenschaften[92] und die Brennereigenossenschaften.[93]

---

87 Vgl. Artikel Gartenbaugenossenschaften, in: Genossenschafts-Lexikon, a. a. O., S. 230.
88 Vgl. Artikel Fischergenossenschaften, in: Genossenschafts-Lexikon, a. a. O., S. 198 f.
89 Vgl. Artikel Elektrizitätsgenossenschaften, in: Genossenschafts-Lexikon, a. a. O., S. 171.
90 Vgl. Artikel Weidegenossenschaften, in: Genossenschafts-Lexikon, a. a. O., S. 719 f.
91 Vgl. Artikel Wasserwerke, genossenschaftliche, in: Genossenschafts-Lexikon, a. a. O., S. 719.
92 Vgl. Artikel Trocknungsgenossenschaften, in: Genossenschafts-Lexikon, a. a. O., S. 643.
93 Vgl. Artikel Brennereigenossenschaften, in: Genossenschafts-Lexikon, a. a. O., S. 89.

i) Agrargenossenschaften

Als Agrargenossenschaften werden die Produktivgenossenschaften im Agrarbereich bezeichnet. Ihre Mitglieder sind zugleich Kapitaleigner und Mitarbeiter der Genossenschaft. Agrargenossenschaften finden sich ausschließlich in den neuen Bundesländern.

Agrargenossenschaften sind seit 1990 aus den Landwirtschaftlichen Produktionsgenossenschaften der ehemaligen DDR[94] hervorgegangen. Diese waren großbetriebliche Zwangskollektive, in denen der Staat die Bauern zur gemeinsamen Erzeugung landwirtschaftlicher Produkte zusammengefaßt hatte. Leitung und Planung der Landwirtschaftlichen Produktionsgenossenschaften erfolgten durch staatliche Stellen.[95]

Nach der Wiedervereinigung Deutschlands waren die private Verfügung über Grund und Boden und die auf ihr beruhende Bewirtschaftung in der Land- und Forstwirtschaft in vollem Umfange wiederherzustellen.[96] Dazu mußten die Landwirtschaftlichen Produktionsgenossenschaften entflochten und umgewandelt werden. Dabei konnte die Umwandlung in eine eingetragene Genossenschaft (eG), eine Personengesellschaft (GbR, OHG, KG) oder eine Kapitalgesellschaft (GmbH, AG) erfolgen.[97]

In den meisten Fällen entschieden sich die Mitglieder für eingetragene Genossenschaften als Nachfolgeunternehmen der einstigen Landwirtschaftlichen Produktionsgenossenschaften. Diese Nachfolgeunternehmen werden heute als Agrargenossenschaften bezeichnet.

Zweck dieser Agrargenossenschaften ist die gemeinschaftliche Produktion landwirtschaftlicher Erzeugnisse sowie ihre Veredelung und ihr Absatz. Die Genossenschaftsmitglieder der Agrargenossenschaften produzieren gemeinsam und nicht in eigenen Betrieben.[98] Daß die Flächenausstattung der Agrargenossenschaften aufgrund der vorangegangenen Entwicklung

---

94 Vgl. Johannes Kuhn, Produktivgenossenschaften, in: Marburg Consult für Selbsthilfeförderung eG, Genossenschaftliche Selbsthilfe und struktureller Wandel, Marburg 1992, S. 280–282.
95 Vgl. Artikel Landwirtschaftliche Produktionsgenossenschaften (LPG) in der DDR, in: Genossenschafts-Lexikon, a. a. O., S. 406.
96 Vgl. Landwirtschaftsanpassungsgesetz vom 20. Juni 1990, § 1.
97 Vgl. Rolf Steding, Produktivgenossenschaften in der ostdeutschen Landwirtschaft – Ursprung und Anspruch, Berlin 1993, S. 24.
98 Vgl. Burchard Carlsen, Agrarproduktivgenossenschaften – Bewährung in der Marktwirtschaft, in: Werner Grosskopf (Hrsg.), Aktive Genossenschaften im gesellschaftlichen und wirtschaftlichen Wandel. Festschrift für Verbandspräsident Manfred Martersteig, Stuttgart-Hohenheim 1993, S. 89.

trotz der Veränderungen seit der Wiedervereinigung überdurchschnittlich hoch ist, begünstigt den effektiven Einsatz von Maschinen und Material. Den Agrargenossenschaften wird eine bedeutende Rolle für die weitere Entwicklung der Landwirtschaft in den neuen Bundesländern beigemessen.[99] Eine völlige Umstrukturierung der ostdeutschen Landwirtschaft in bäuerliche Einzelbetriebe nach westdeutschem Muster zeichnet sich nicht ab,[100] so daß die Agrargenossenschaften in den neuen Bundesländern die vorherrschende betriebliche Grundstruktur bleiben dürften.

j) Verbandswesen

Spitzenverband aller ländlichen Waren- und Dienstleistungsgenossenschaften einschließlich der ihm über die Regionalverbände angeschlossenen Agrargenossenschaften ist der Deutsche Raiffeisenverband e.V. (DRV), Bonn. Er wurde 1948 als Rechtsnachfolger des 1930 entstandenen und 1945 untergegangenen Reichsverbandes der deutschen landwirtschaftlichen Genossenschaften – Raiffeisen – e.V., Berlin, gegründet. Seit der Wiedervereinigung Deutschlands gehören ihm auch die Genossenschaften in den neuen Bundesländern an.
Seine Aufgaben bestehen vor allem in der Wahrnehmung der wirtschaftlichen, wirtschafts-, rechts- und steuerpolitischen Belange seiner Mitglieder, ihrer Beratung und Vertretung in rechtlichen, steuerlichen und betriebswirtschaftlichen Fragen, der Errichtung und Verwaltung von Fonds zur Sicherung und Förderung von genossenschaftlichen Einrichtungen, der Gründung, Unterhaltung und Stützung von Schulungseinrichtungen sowie der Pflege von Beziehungen zu anderen Organisationen des In- und Auslandes. Für die Pflege der Verbindungen zu den Institutionen der Europäischen Union unterhält der DRV ein Büro in Brüssel.[101]
Der Deutsche Genossenschafts- und Raiffeisenverband e.V. (DGRV), Bonn, vertritt als Dachverband die Interessen der Raiffeisen-Organisation nur insoweit, wie Interessen wahrzunehmen sind, die die Genossenschaftsorganisation als Ganzes berühren.

---

99 Vgl. Deutscher Raiffeisenverband e.V., Raiffeisen Jahrbuch 1992, Bonn 1993, S. 16.
100 Vgl. Deutscher Raiffeisenverband e.V., Empfehlungen und Überlegungen zur künftigen Strategie der Raiffeisen-Genossenschaften und des Deutschen Raiffeisenverbandes, Bonn 1993, S. 20.
101 Vgl. Artikel Deutscher Raiffeisenverband e.V., in: Genossenschafts-Lexikon, a. a. O., S. 130.

Alle ländlichen Genossenschaften sowie ihre regionalen Zentralen gehören einem genossenschaftlichen Regionalverband an. Die Regionalverbände führen die gesetzlichen Prüfungen durch und stehen ihren Mitgliedern für Beratungen auf betriebswirtschaftlichem, steuerlichem und rechtlichem Gebiet sowie mit Schulungs- und Weiterbildungsmaßnahmen zur Verfügung.
Mit den gesetzlichen Prüfungen bei den Zentralgenossenschaften haben die Regionalverbände den DGRV beauftragt, der dabei mit der Deutsche Genossenschafts-Revision Wirtschaftsprüfungsgesellschaft GmbH, Bonn, zusammenarbeitet.

2. *Das wirtschaftliche Potential der Raiffeisen-Organisation*

Zur Raiffeisen-Organisation gehörten Ende 1993 (einschließlich der Kreditgenossenschaften mit Warengeschäft) rund 5500 Primärgenossenschaften, von denen 4100 in den alten Bundesländern und 1400 in den neuen Bundesländern bestanden, sowie 41 Regionalzentralen und vier Bundeszentralen. Sie wurden von 3,9 Millionen Genossenschaftsmitgliedern getragen.
Die Umsätze der Unternehmen des Raiffeisen-Verbundes beliefen sich 1993 auf rund 83 Milliarden DM, wovon knapp 50 Milliarden DM auf die Ortsgenossenschaften und mehr als 33 Milliarden DM auf die Zentralunternehmen entfielen. Die deutschen Landwirte tätigen mehr als die Hälfte ihrer gesamten Ein- und Verkäufe mit ihren Raiffeisen-Genossenschaften.
Wie die Übersicht 9 zeigt, gibt es Genossenschaften in nahezu allen Bereichen der Landwirtschaft. Ohne die vielfältigen Selbsthilfeeinrichtungen der Bauern auf den Gebieten der Beschaffung, der Produktion, der Veredelung und der Vermarktung hätte die deutsche Landwirtschaft ihre hohe Leistungsfähigkeit nicht erreichen können.
Den Raiffeisen-Genossenschaften gehörten 1993 im Durchschnitt 717 Mitglieder an, wobei zwischen den einzelnen Genossenschaftsarten erhebliche Unterschiede bestanden. Auf eine höhere durchschnittliche Zahl (2752) kamen zum Beispiel die Kreditgenossenschaften mit Warenge-

Übersicht 9: *Anzahl, Mitglieder und Umsatz der ländlichen Genossenschaften*[1]

	Anzahl	Mitglieder	Umsatz in Mio. DM[2]
Waren- und Dienstleistungsgenossenschaften			
Kreditgenossenschaften mit Warengeschäft	990	2 725 000	4 684
Bezugs- und Absatzgenossenschaften	771	183 000	9 030
Molkereigenossenschaften	680	258 000	21 445
Vieh- und Fleischgenossenschaften	177	142 000	4 201
Obst-, Gemüse- und Blumengenossenschaften	162	67 000	2 554
Winzergenossenschaften	288	70 000	1 105
Elektrizitätsgenossenschaften	76	23 000	278
Brennerei-, Kartoffeltrocknungsgenossenschaften und Stärkefabriken	151	3 600	91
Wasserleitungsgenossenschaften	185	20 100	6
Zuchtgenossenschaften	32	210 000	303
Sonstige Waren- und Dienstleistungsgenossenschaften	1 024	161 300	1 082
Agrargenossenschaften	977	69 000	4 565
Insgesamt	5 513	3 932 000	49 344

Quelle: Deutscher Raiffeisenverband e.V., Bonn. – Alle Angaben für (Ende) 1993.
1 Alte und neue Bundesländer (ohne Zentralunternehmen). – 2 Ohne Mehrwertsteuer.

schäft dank ihrer vielen Mitglieder von außerhalb der Landwirtschaft.[102]
In den neuen Bundesländern ist die durchschnittliche Mitgliederbasis der Genossenschaften deutlich kleiner als in den alten Bundesländern.

Hinsichtlich des Umsatzes weisen die Durchschnittsgrößen der Raiffeisen-Genossenschaften ebenfalls eine breite Streuung auf. Während beispielsweise die Winzergenossenschaften durchschnittlich nur einen Umsatz von 3,8 Millionen DM haben, kommen die Molkereigenossenschaften auf durchschnittliche Umsatzgrößen von 31,5 Millionen DM. Die Kreditgenossenschaften mit Warengeschäft verzeichnen einen durchschnittlichen Warenumsatz von 4,7 Millionen DM.

Wie in den anderen Genossenschaftsbereichen der alten Bundesländer, so hat sich auch in der Raiffeisen-Organisation nach dem Zweiten Weltkrieg ein deutlicher Strukturwandel vollzogen, der vor allem durch Fusionen gekennzeichnet war. Besonders stark nahm die Zahl der Molkereigenossenschaften sowie der Bezugs- und Absatzgenossenschaften ab.[103] Durch diese Fusionsprozesse sind, den Markterfordernissen entsprechend, mitglieder- und umsatzstärkere Genossenschaften entstanden.

Wichtige Partner der Ortsgenossenschaften sind die Zentralunternehmen. Zu ihnen gehören auf der Regionalebene (neben den Treuhandstellen und Rechenzentralen) neun Hauptgenossenschaften, neun Molkereizentralen, fünf Vieh- und Fleischzentralen sowie sechs Zentralkellereien, die 1993 Umsätze von insgesamt 31,7 Milliarden DM erzielten. Auf nationaler Ebene arbeiten als Zentralunternehmen die Deutsche Raiffeisen-Warenzentrale GmbH, Frankfurt am Main, die Deutsches Milch-Kontor GmbH, Hamburg, und die Deutsche Genossenschafts-Wein eG, Bonn, deren Umsätze sich 1993 auf 1,7 Milliarden DM beliefen. Als Bundeszentrale ohne unternehmerische Tätigkeit[104] kommt die Bundesvereinigung der Erzeugerorganisationen Obst und Gemüse e.V., Bonn, hinzu.

Die Raiffeisen-Organisation ist einer der größten Arbeitgeber im ländlichen Raum. Allein die Ortsgenossenschaften beschäftigten Ende 1993 rund 88000 Mitarbeiter. Bei den Zentralen und Verbänden belief sich die Zahl der Beschäftigten auf rund 38000.[105]

---

102 Die durchschnittliche Zahl der Mitglieder *mit landwirtschaftlichem* Erwerb lag 1993 in den Kreditgenossenschaften mit Warengeschäft bei 182.
103 Vgl. DG BANK Deutsche Genossenschaftsbank, Genossenschaften 1950–1990 . . ., a. a. O., S. 19 ff.
104 Siehe S. 98.
105 Vgl. Deutscher Raiffeisenverband e.V., Raiffeisen Jahrbuch 1993, Bonn 1994, S. 24.

Eine traditionell starke Marktstellung nehmen die Raiffeisen-Genossenschaften in der Milchwirtschaft ein. Im Jahre 1993 betrug der Anteil der westdeutschen Molkereigenossenschaften an der Milchverarbeitung 80 Prozent.[106] Das Deutsche Milch-Kontor ist der größte Exporteur deutscher Milchprodukte.

Bedeutende Marktanteile verzeichnen die Raiffeisen-Genossenschaften desgleichen bei den Futter- und Düngemittellieferungen. Getreide wird zu mehr als der Hälfte über die Genossenschaften vermarktet.[107]

Auch am Obst-, Gemüse- und Blumenmarkt haben die Genossenschaften erhebliche Bedeutung erlangt. Bei Gemüse beträgt der genossenschaftliche Anteil am gesamten deutschen Inlandsverbrauch – mit jährlichen Schwankungen – 50 Prozent, bei Obst 30 Prozent und bei Blumen zehn Prozent. Die Centralmarkt Bonn-Roisdorf eG ist die größte deutsche Vermarktungseinrichtung für frisches Obst und Gemüse.[108]

Die Weinwirtschaft weist eine relativ hohe genossenschaftliche Durchdringung auf: Die genossenschaftlich organisierten Winzer bewirtschaften mehr als ein Drittel der Rebflächen der Bundesrepublik. In Baden beträgt die genossenschaftliche Erfassungsdichte sogar 85 Prozent, in Württemberg 80 Prozent und in Franken 51 Prozent; in den übrigen Anbaugebieten erreicht sie 20 bis 25 Prozent.[109] Von der deutschen Weinernte erfassen die Winzergenossenschaften rund ein Drittel.[110]

Auch in der Vieh- und Fleischwirtschaft haben die Genossenschaften eine ansehnliche Marktstellung errungen. Ihr Anteil an den gewerblichen Schlachtungen von Schweinen und Rindern beträgt rund 26 Prozent.[111] Die großen Vieh- und Fleischzentralen in München, Hamburg und Münster gehören zu den bedeutendsten deutschen Fleischanbietern.

An den Umsätzen der deutschen Fischerei sind die Fischereigenossenschaften mit 45 Prozent beteiligt.[112]

Die Agrargenossenschaften bewirtschaften mehr als 40 Prozent der gesamten landwirtschaftlichen Nutzfläche in den neuen Bundesländern und

---

106 Vgl. Deutscher Raiffeisenverband e.V., Raiffeisen. Aktueller Überblick 1994, Bonn (1994), S. 12.
107 Vgl. Artikel Landwirtschaftliche Bezugs- und Absatzgenossenschaften, in: Genossenschafts-Lexikon, a. a. O., S. 402.
108 Vgl. Obstkauf per Computer. Der Centralmarkt Bonn-Roisdorf eG: Deutschlands größter Vermarkter für Obst und Gemüse, in: Rheinisches Genossenschaftsblatt, Heft 3/1994, S. 104.
109 Vgl. Artikel Winzergenossenschaften, in: HdG, Sp. 1726.
110 Vgl. Artikel Winzergenossenschaften, in: Genossenschafts-Lexikon, a. a. O., S. 729.
111 Vgl. Deutscher Raiffeisenverband e.V., Raiffeisen. Aktueller Überblick 1994, a. a. O., S. 12.
112 Vgl. Deutscher Raiffeisenverband e.V., Raiffeisen Jahrbuch 1988, Bonn 1989, S. 65.

sind, da die Wiedereinrichtung bäuerlicher Einzelbetriebe hinter den Erwartungen zurückgeblieben ist, die dominierende Unternehmensform der ostdeutschen Landwirtschaft.[113]

Bedeutend ist die Marktstellung der Genossenschaften ferner im gesamten Agrarexport, der vor allem von den Zentralen, in zunehmendem Maße jedoch auch von den Primärgenossenschaften betrieben wird. Genossenschaftliche Unternehmen exportierten 1993 Waren im Werte von 4,8 Milliarden DM, was einem Anteil von 14,3 Prozent an den deutschen Agrarexporten entspricht.[114] Hauptausfuhrprodukte der Genossenschaften sind tierische Erzeugnisse, insbesondere Milch und Milcherzeugnisse, sowie Vieh und Fleisch.

C. Gewerbliche Genossenschaften

1. Struktur der gewerblichen Genossenschaftsorganisation

Basis der gewerblichen Genossenschaftsorganisation sind die Primärgenossenschaften, deren Mitglieder aus den gewerblichen Bereichen der Wirtschaft und aus den Freien Berufen kommen.

Bei den Genossenschaften des Einzelhandels lassen sich Genossenschaften des Nahrungsmitteleinzelhandels und Genossenschaften des übrigen Einzelhandels unterscheiden. Entsprechend werden bei den Genossenschaften des Handwerks solche des Nahrungsmittelhandwerks und des Nicht-Nahrungsmittelhandwerks unterschieden.

Neben Einzelhandel und Handwerk haben auch die Freien Berufe und andere Wirtschaftszweige, zum Beispiel die Verkehrswirtschaft, Genossenschaften mit Einkaufs- und Dienstleistungsfunktionen errichtet.

Anders als in den Bereichen der Genossenschaftsbanken und des ländlichen Genossenschaftswesens gibt es im gewerblichen Genossenschaftswesen grundsätzlich keine regionalen Zentralgenossenschaften. Eine Ausnahme bilden die Bäcker- und Konditorengenossenschaften, die über Landeszentralen verfügen. Zentralgenossenschaften bestehen demzufolge

---

113 Vgl. Steding, a. a. O., S. 24 f.
114 Vgl. Deutscher Raiffeisenverband e.V., Raiffeisen Jahrbuch 1993, a. a. O., S. 23.

grundsätzlich nur auf nationaler Ebene. Die gewerbliche Genossenschaftsorganisation ist mithin generell zweistufig aufgebaut.
Sie wird durch eine Verbandsorganisation unterstützt, die sich aus dem Zentralverband Gewerblicher Verbundgruppen e.V. (ZGV), Bonn, als Spitzenverband sowie den regionalen Prüfungsverbänden und einigen Fachprüfungsverbänden zusammensetzt (siehe die Übersicht 10). Die gewerbliche Genossenschaftsorganisation ist Mitglied beim Deutschen Genossenschafts- und Raiffeisenverband e.V., Bonn.

a) Genossenschaften des Nahrungs- und Genußmitteleinzelhandels und ihre Zentralen

Die erste Genossenschaft des Nahrungs- und Genußmitteleinzelhandels entstand 1888 als Reaktion selbständiger Lebensmittelhändler auf die Wettbewerbsverschärfungen, die von den neuen großbetrieblichen Verkaufsformen wie Warenhäusern und Filialgeschäften ausgingen.
Um die Vorteile des genossenschaftlichen Warenbezuges für ihre Mitglieder besser nutzen zu können, gründeten die Genossenschaften des Nahrungs- und Genußmitteleinzelhandels 1907 eine Zentraleinkaufsgenossenschaft – die heutige EDEKA Zentrale AG, Hamburg.[115] Im Jahre 1927 entstand mit der »REWE Vereinigung der Lebensmittel-Großhandels-Genossenschaften von Rheinland und Westfalen eGmbH« eine zweite Zentraleinrichtung – die heutige REWE-Zentral AG, Köln.[116]
Die Genossenschaften des Nahrungs- und Genußmitteleinzelhandels haben traditionell die Aufgabe, ihren Mitgliedern einen kostengünstigen Einkauf zu ermöglichen. Sie tun dies überwiegend in Form des Lagergeschäftes, kaufen also die Waren von der Industrie auf eigene Rechnung, übernehmen sie in eigene Lager und verkaufen sie an ihre Mitglieder weiter.
Den Absatz ihrer Mitglieder fördern die Genossenschaften des Nahrungs- und Genußmitteleinzelhandels insbesondere durch Marketingmaßnahmen, beispielsweise durch Gemeinschaftswerbung und durch Unterstützung der mitgliedereigenen Sonderangebotswerbung.

---

115 Vgl. Artikel Edeka-Gruppe, in: Genossenschafts-Lexikon, a.a.O., S. 146.
116 Vgl. Artikel REWE-Handelsgruppe, in: Genossenschafts-Lexikon, a. a. O., S. 549.

Übersicht 10: *Die Struktur der gewerblichen Genossenschaftsorganisation*

BUNDESEBENE

Zentralverband Gewerblicher Verbundgruppen e.V. (ZGV), Bonn[1]

Fachprüfungsverbände

Bundesweite Zentralunternehmen

REGIONALEBENE

Regionale Prüfungsverbände

[2]

ORTSEBENE

Gewerbliche Genossenschaften[3]

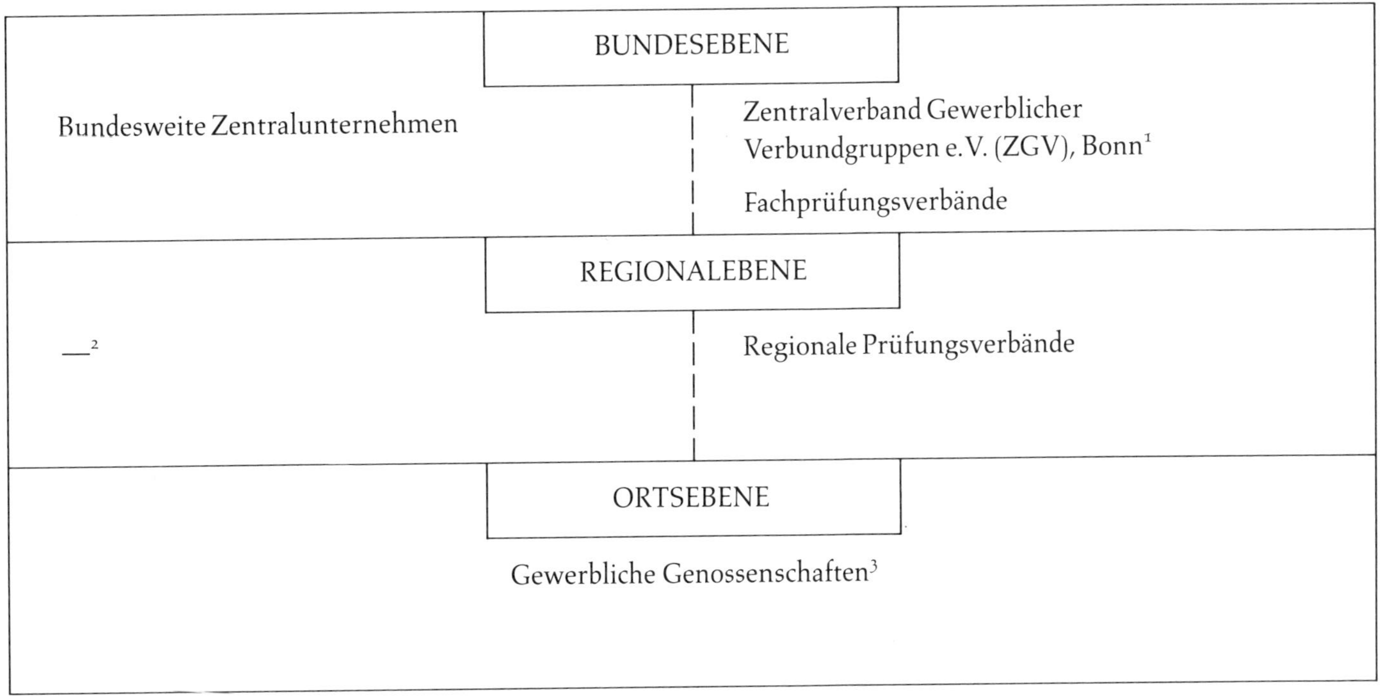

1 Die gewerbliche Genossenschaftsorganisation ist außerdem Mitglied im Deutschen Genossenschafts- und Raiffeisenverband e.V., Bonn, dem gemeinsamen Dachverband der Genossenschaftsbanken sowie der ländlichen und der gewerblichen Genossenschaften. – 2 Ausnahme: Landeszentralen der BÄKO-Genossenschaften. – 3 Zum Teil auch auf regionaler, nationaler und internationaler Ebene tätig.

Weitere Förderungsleistungen erbringen die Nahrungs- und Genußmittelgenossenschaften, meist zusammen mit ihren Zentralgenossenschaften und ihren Prüfungsverbänden, in Form von Beratungen bei der Bau-, Einrichtungs- und Modernisierungsplanung, betriebswirtschaftlichen, rechtlichen und steuerlichen Beratungen, Programmen für die Aus- und Weiterbildung sowie Kunden- und Fachzeitschriften. Insofern sind die Genossenschaften des Nahrungs- und Genußmitteleinzelhandels zu Full-Service-Genossenschaften geworden. Ihre frühere Bezeichnung als »Einkaufsgenossenschaften« kennzeichnet heute mehr die ursprüngliche Zweckbestimmung als ihr tatsächliches, wesentlich breiteres Arbeitsgebiet.

Seit der Wiedervereinigung Deutschlands sind die EDEKA- und die REWE-Genossenschaften auch in Ostdeutschland tätig, wo sie die selbständigen Lebensmittelkaufleute beliefern. Genossenschaften des Nahrungs- und Genußmitteleinzelhandels hatte es in der DDR praktisch nicht mehr gegeben, da der Lebensmittelhandel nahezu völlig von der staatlichen Handelsorganisation und den Konsumgenossenschaften versehen wurde und selbständige Lebensmitteleinzelhändler kaum erhalten geblieben waren. Bei der Privatisierung der staatlichen Handelsorganisation nach der Wiedervereinigung kamen vor allem westliche Groß- und Filialunternehmen zum Zuge, die sich auf diese Weise die besten Standorte sichern konnten.[117] Ein selbständiger Mittelstand entwickelt sich deshalb im Lebensmitteleinzelhandel der neuen Bundesländer nur langsam.

Die Zentralen der Genossenschaften des Nahrungs- und Genußmitteleinzelhandels haben vor allem die Aufgabe der Warenbeschaffung auf nationaler und internationaler Ebene und betreiben hierzu vorwiegend das Fremd- oder Vermittlungsgeschäft; sie kaufen im Namen ihrer Mitglieder und für deren Rechnung, treten also lediglich als Vermittler auf. Aus dieser Aufgabenstellung heraus nehmen sie die Bearbeitung der Angebote, die Weiterberechnung und die Übernahme des Delkredere (Ausfallbürgschaft)[118] für die Vertragslieferanten sowie die Schaffung eines Sortiments eigener Handelsmarken wahr. Zunehmend haben sich die Zentralen zu

---

117 Vgl. Helmut Ruwisch, Die Entwicklung der ostdeutschen gewerblichen Genossenschaften im Handel und Handwerk, Münster 1993, S. 10.
118 Siehe S. 113.

Marketingzentralen ihrer Mitgliedsunternehmen entwickelt.[119] Für ihre Aktivitäten im Europäischen Binnenmarkt sind sie Kooperationen mit europäischen Partnerunternehmen eingegangen.

Der Tabakwaren-Facheinzelhandel hat sich ebenfalls Genossenschaften geschaffen. Als Zentralgenossenschaft fungiert die Tabakwaren-Großeinkaufszentrale eG, Köln. Nach außen treten die Genossenschaften und ihre Mitglieder als TAWAGRO-Gruppe auf.

Schließlich zählt zur Gruppe der Genossenschaften des Nahrungs- und Genußmitteleinzelhandels die Neuform Vereinigung Deutscher Reformhäuser eG, Oberursel/Ts. Sie besteht seit 1927, ist im gesamten Bundesgebiet tätig und hat die Aufgabe, ihren Mitgliedern günstige Bezugsmöglichkeiten bei Reformhauswaren zu beschaffen sowie für Beratung, Betreuung und fachliche Ausbildung der Reformhaus-Facheinzelhändler zur Verfügung zu stehen.[120]

b) Genossenschaften des Nicht-Nahrungsmitteleinzelhandels

Im Bereich des Nicht-Nahrungsmitteleinzelhandels entstanden die ersten Genossenschaften überwiegend erst im 20. Jahrhundert. Sie dienten ursprünglich vor allem als Einkaufsgenossenschaften, haben sich heute jedoch ebenfalls zu Full-Service-Genossenschaften gewandelt.

Genossenschaften des Nicht-Nahrungsmitteleinzelhandels gibt es vor allem für Drogerieartikel,[121] Hausrat und Eisenwaren,[122] Bürobedarf, Schuhwaren[123] und Textilien.[124] Zu den bekanntesten genossenschaftlichen Unternehmen (teilweise nicht mehr in der Rechtsform der Genossenschaft geführt) aus diesen Bereichen zählen
- die ARISTON Schuh-Einkaufsvereinigung eG, Düsseldorf
- die büro actuell Einkaufs- und Marketingverbund eG, Frankfurt am Main

---

119 Vgl. Erich Batzer und Uwe Christian Täger, Erheblicher Wandel im Struktur- und Leistungsbild des Großhandels, in: Genossenschaftsforum, Heft 4/1985, S. 159.
120 Vgl. Artikel Reformhausgenossenschaften, in: HdG, Sp. 1414 ff., und Artikel Reformhausgenossenschaften, in: Genossenschafts-Lexikon, a. a. O., S. 545.
121 Vgl. Artikel Drogeriegenossenschaften, in: Genossenschafts-Lexikon, a. a. O., S. 143 f.
122 Vgl. Artikel Hausrat- und Eisenwarengenossenschaften des Einzelhandels, in: Genossenschafts-Lexikon, a. a. O., S. 339 f.
123 Vgl. Artikel Schuheinkaufsgenossenschaften, in: Genossenschafts-Lexikon, a. a. O., S. 563 f.
124 Vgl. Artikel Textileinkaufsgenossenschaften, in: Genossenschafts-Lexikon, a. a. O., S. 640 f.

- die EK Großeinkauf eG, Bielefeld
- die ESÜDRO Einkaufsgenossenschaft Deutscher Drogisten eG, Hockenheim
- die Garant Schuh AG, Düsseldorf
- die GEB-Schuh Großeinkaufs-Bund KG, Essen
- die Kaufring AG, Düsseldorf
- die Nordwest Handel AG, Hagen
- die Nord-West-Ring Schuh-Einkaufsgenossenschaft eG, Mainhausen bei Frankfurt am Main
- die Nürnberger Bund Großeinkauf eG, Essen.

Daneben existieren Genossenschaften des Radio-, Fernseh- und Elektrofacheinzelhandels, des Sportartikelfacheinzelhandels, des Spielwarenfacheinzelhandels, des Uhren- und Schmuckfacheinzelhandels und einiger weiterer Einzelhandelszweige.

In den neuen Bundesländern bestehen keine Genossenschaften des Nicht-Nahrungsmitteleinzelhandels. Selbständige Einzelhändler für Hausrat, Textilien, Schuhe, Drogerieartikel, Papierwaren, Bürobedarf und dergleichen hatte es in der DDR nicht gegeben, da hierfür, wie für die Lebensmittelversorgung, die staatliche Handelsorganisation und die Konsumgenossenschaften zuständig waren. Infolgedessen bestanden auch keine entsprechenden Einkaufsgenossenschaften. Der Mittelstand, der sich seit 1990 in diesen Sparten neu entwickelt hat, nimmt jedoch die Möglichkeit der Mitgliedschaft in den bestehenden Genossenschaften der alten Bundesländer wahr. Der beachtliche Anteil ostdeutscher Genossenschaftsmitglieder zeigt, daß der Aufbau des Mittelstandes in den neuen Bundesländern auf diesem Gebiet des Einzelhandels vorankommt.

Die Aufgaben der Genossenschaften im Nicht-Nahrungsmitteleinzelhandel bestehen im wesentlichen darin, ihre Mitglieder im Wettbewerb mit den Branchenkonkurrenten sowie mit den Warenhäusern und Filialgeschäften beim Wareneinkauf, beim Warenverkauf und bei der Betriebsführung zu unterstützen.

Ihre Förderungsfunktion in bezug auf den Wareneinkauf erfüllen sie, indem sie für ihre Mitglieder die nationalen und internationalen Märkte erschließen, ihnen so eine wettbewerbsfähige Sortimentspolitik ermöglichen und – bei völliger Wettbewerbsfreiheit für die Mitglieder – durch entsprechende Nachfrage bei der Industrie Kostenvorteile erzielen. Sie sind meist überregional tätig.

Die Genossenschaften üben in der Regel sowohl das Eigengeschäft als auch das Fremdgeschäft aus. Im einen Fall kaufen sie die Ware auf eigene Rechnung und nehmen sie auf Lager, im anderen Fall kaufen sie für Rechnung ihrer Mitglieder und übernehmen eine Ausfallbürgschaft für deren Aufträge (Delkrederegeschäft) sowie die zentrale Regulierung des gesamten Zahlungsverkehrs zwischen Einzelhändler und Hersteller (Zentralregulierungsgeschäft). Die Genossenschaften des Schuhfacheinzelhandels betreiben fast ausschließlich das Vermittlungsgeschäft mit Zentralregulierung und Delkredere-Übernahme.[125]

Ihre Förderungsfunktion in bezug auf den Warenverkauf erfüllen die Genossenschaften des Nicht-Nahrungsmitteleinzelhandels, indem sie für ihre Mitglieder Marketing-Konzeptionen erarbeiten, Werbeaktionen durchführen und eigene Marken schaffen.

Förderungsleistungen auf dem Gebiet der Betriebsführung sind vor allem betriebswirtschaftliche und rechtliche Beratungen, Beratungen bei Ladengestaltung und Standortanalyse, Betriebsvergleiche sowie Ausbildung und Schulung.

Insbesondere das Angebot der Genossenschaften an Marketing- und sonstigen Dienstleistungen hat wesentlich dazu beigetragen, daß der genossenschaftlich organisierte Handel in vielen Gebrauchs- und Verbrauchsgüterbereichen trotz der zunehmenden Wettbewerbsintensität seine Position festigen konnte.

Der Zwang zu Fusionen hat allerdings auch vor den Genossenschaften des Nicht-Nahrungsmitteleinzelhandels nicht Halt gemacht. Daher gibt es in den einzelnen Zweigen des Nicht-Nahrungsmitteleinzelhandels zwar nur noch jeweils relativ wenige, aber umsatzstarke Genossenschaften, denen zum Teil auch Mitglieder aus den europäischen Nachbarländern angehören, wie beispielsweise im Fall der Schuheinkaufsgenossenschaften.[126] Seit der Vollendung des Europäischen Binnenmarktes sind darüber hinaus in zunehmendem Maße grenzüberschreitende Kooperationen mit genossenschaftlichen Verbundgruppen der Nachbarländer zu beobachten.

---

125 Vgl. Manfred T. Wellenbeck, 75 Jahre NORD-WEST-RING Schuh-Einkaufsgenossenschaft eG. Darstellung einer Entwicklung, Marburg 1994, S. 38.
126 Vgl. Artikel Schuheinkaufsgenossenschaften, in: Genossenschafts-Lexikon, a. a. O., S. 564.

c) Genossenschaften des Nahrungsmittelhandwerks und ihre Zentralen

Genossenschaften des Nahrungsmittelhandwerks entstanden bereits im 19. Jahrhundert. Ihre Anfänge lagen bei den Genossenschaften des Fleischerhandwerks im Jahre 1860[127] und bei denen des Bäckerhandwerks 1897.[128] Seit 1965 bezeichnen sich die Genossenschaften des Bäckerhandwerks im Hinblick auf die zunehmende Zahl von Konditoren unter ihren Mitgliedern als Bäcker- und Konditorengenossenschaften (BÄKO-Genossenschaften).

In den neuen Bundesländern firmieren die Genossenschaften meistens als Einkaufs- und Liefergenossenschaften des Bäcker-, Konditoren- und Müllerhandwerks beziehungsweise Einkaufs- und Liefergenossenschaften des Fleischerhandwerks. Sie knüpfen damit an Bezeichnungen zu Zeiten der DDR an, als die wenigen noch privatwirtschaftlich arbeitenden Handwerker in »Einkaufs- und Liefergenossenschaften des Handwerks« organisiert waren.

Bei Bäckern und Fleischern ist der Rohstoffanteil am Endprodukt hoch und der Rohstoff relativ homogen. Das hat die genossenschaftliche Entwicklung im Nahrungsmittelhandwerk begünstigt. Ursprünglich als Genossenschaften für den Material- und Rohstoffbezug gegründet, sind die Genossenschaften des Nahrungsmittelhandwerks heute Full-Service-Genossenschaften, deren Tätigkeit sich über das Warengeschäft hinaus auf zahlreiche Serviceleistungen für die Genossenschaftsmitglieder erstreckt.

Die Genossenschaften des Nahrungsmittelhandwerks fördern ihre Mitglieder im Einkaufsbereich durch den Sammelbezug von Rohstoffen, Maschinen, Einrichtungen und Handelswaren. Sie bevorzugen hierbei das Eigengeschäft, das heißt den Kauf auf eigene Rechnung.

Bei den Fleischergenossenschaften steht die Großhandelstätigkeit mit Frischfleisch, Geflügel und Lebensmitteln sowie mit Artikeln, die zur Fleisch- und Wurstherstellung benötigt werden, im Vordergrund, bei den BÄKO-Genossenschaften die Großhandelstätigkeit mit Mehl, Handelswaren, Maschinen sowie Hilfs- und Betriebsstoffen.

---

127 Vgl. Artikel Fleischergenossenschaften, in: Genossenschafts-Lexikon, a. a. O., S. 199.
128 Vgl. Artikel BÄKO, in: HdG, Sp. 136, und Artikel BÄKO-Genossenschaften, in: Genossenschafts-Lexikon, a. a. O., S. 42.

Im Absatzbereich fördern die Genossenschaften des Nahrungsmittelhandwerks ihre Mitglieder insbesondere durch Aktionen der Gemeinschaftswerbung. Außerdem erbringen sie Förderungsleistungen auf den Gebieten der betriebswirtschaftlichen Beratung, zum Beispiel bei der Ladengestaltung, und der Information.[129]

Sowohl die Genossenschaften des Bäcker- und Konditorenhandwerks als auch die Genossenschaften des Fleischerhandwerks haben sich Zentralgenossenschaften geschaffen, um die Förderungsleistungen für ihre Mitglieder zu erhöhen. Bei den BÄKO-Genossenschaften entstand mit den BÄKO-Landeszentralen und der BÄKO-Bundeszentrale ein dreistufiger Aufbau, bei den Fleischergenossenschaften mit der Zentralgenossenschaft des deutschen Fleischergewerbes eG, Frankfurt am Main, ein zweistufiger Aufbau.

Diese Zentralgenossenschaften erfüllen ihre Förderungsaufgaben im wesentlichen durch ein preisgünstiges und gut sortiertes Warenangebot für ihre Mitglieder, das im Wege des Eigengeschäftes oder des Vermittlungsgeschäftes erfolgt, durch die Schaffung und den Vertrieb von eigenen Marken, die Durchführung von Werbeaktionen, die Herausgabe von Informationsdiensten sowie durch betriebswirtschaftliche Beratungen.

Seit 1990 werden auch die Einkaufs- und Liefergenossenschaften des Nahrungsmittelhandwerks in den neuen Bundesländern von den Zentralgenossenschaften mit Waren beliefert und mit Serviceleistungen bedient. Die ostdeutschen Einkaufs- und Liefergenossenschaften sind durch Umwandlung aufgrund der Umwandlungsverordnung von 1990 aus den Einkaufs- und Liefergenossenschaften der DDR entstanden. Da insbesondere im Bereich der Versorgung mit notwendigen Produktionsmitteln keine alternativen Beschaffungsmöglichkeiten bestanden hatten, handelte es sich bei den Einkaufs- und Liefergenossenschaften im wesentlichen um staatliche Verteilungsstellen für Produktionsmittel; die Mitgliedschaft der wenigen privatwirtschaftlich arbeitenden Bäcker und Fleischer war de facto eine Zwangsmitgliedschaft. Daß der Aufbau einer mittelständischen Wirtschaftsstruktur im Nahrungsmittelhandwerk der neuen Bundesländer bereits deutliche Fortschritte gemacht hat, ist nicht zuletzt ein Verdienst der gewerblichen Genossenschaften.

---

129 Vgl. Artikel Handwerkergenossenschaften, in: HdG, Sp. 946 f., und Artikel Handwerkergenossenschaften, in: Genossenschafts-Lexikon, a. a. O., S. 334 f.

d) Genossenschaften des Nicht-Nahrungsmittelhandwerks und ihre Zentralen

Im Bereich des Nicht-Nahrungsmittelhandwerks sind die ältesten deutschen Genossenschaften zu Hause: Die ersten Einkaufsgenossenschaften für Tischler und Schuhmacher wurden bereits 1849 von HERMANN SCHULZE-DELITZSCH gegründet.
Heute umfaßt die gewerbliche Genossenschaftsorganisation eine Vielzahl von Genossenschaften unterschiedlichster Handwerkszweige: Genossenschaften des Malerhandwerks,[130] des Dachdeckerhandwerks,[131] des Tischler- und Schreinerhandwerks,[132] des Schuhmacherhandwerks,[133] des Raumausstatterhandwerks (Polsterer, Sattler, Tapezierer, Dekorateure),[134] des Glaserhandwerks,[135] des Bauhandwerks (Stukkateure, Platten- und Fliesenleger, Steinmetze),[136] des Friseurhandwerks,[137] des Installationshandwerks[138] sowie der Schlosser und Schmiede.
Alle Handwerkszweige mit größerer Marktbedeutung verfügen über eigene Genossenschaften.[139] Durch die Einbeziehung der neuen Bundesländer hat sich seit 1990 vor allem die Zahl der Genossenschaften der Raumausstatter sowie die der Schuhmacher deutlich erhöht.
Hauptfunktion der Genossenschaften im Nicht-Nahrungsmittelhandwerk ist der preisgünstige Einkauf von Handwerksbedarf, vor allem von Werkstoffen und Materialien, Werkzeugen und Handwerksgerät, für die Mitgliedsbetriebe.
Neben der Warenversorgung werden meistens auch Dienstleistungen angeboten. Hierzu gehören vor allem die Beratung beim Einsatz neuer Technologien und bei der Verarbeitung neuer Werkstoffe, die Unterrichtung über neue Produkte und die betriebswirtschaftliche Betreuung. Auf dem Gebiet der Werbung und der Verkaufsförderung unterstützen die Genossenschaften des Nicht-Nahrungsmittelhandwerks ihre Mitglieder

---

130 Vgl. Artikel Malergenossenschaften, in: Genossenschafts-Lexikon, a. a. O., S. 418.
131 Vgl. Artikel Dachdecker-Einkaufsgenossenschaften, in: Genossenschafts-Lexikon, a. a. O., S. 115 f.
132 Vgl. Artikel Schreinergenossenschaften, in: Genossenschafts-Lexikon, a. a. O., S. 563.
133 Vgl. Artikel Schuhmachergenossenschaften, in: Genossenschafts-Lexikon, a. a. O., S. 564.
134 Vgl. Artikel Raumausstattergenossenschaften, in: Genossenschafts-Lexikon, a. a. O., S. 540.
135 Vgl. Artikel Glaserhandwerker-Genossenschaften, in: Genossenschafts-Lexikon, a. a. O., S. 323.
136 Vgl. Artikel Bauhandwerkergenossenschaften, in: Genossenschafts-Lexikon, a. a. O., S. 51 f.
137 Vgl. Artikel Friseurgenossenschaften, in: Genossenschafts-Lexikon, a. a. O., S. 217.
138 Vgl. Artikel Installateurgenossenschaften, in: Genossenschafts-Lexikon, a. a. O., S. 353.
139 Vgl. Artikel Handwerkergenossenschaften, in: Genossenschafts-Lexikon, a. a. O., S. 335.

ebenfalls. Bei den größeren Handwerkergenossenschaften ist die Tendenz zur Full-Service-Genossenschaft erkennbar.
In einigen Handwerkszweigen hat die Entwicklung zum Aufbau einer zweistufigen Genossenschaftsorganisation geführt. Die älteste gewerbliche Warenzentrale in Deutschland ist die seit 1901 bestehende Zentralverband der Schuhmacher-Rohstoffgenossenschaften eG, Meschede. Jüngeren Datums sind die Gründungen der ZEDACH eG Zentralgenossenschaft des Dachdeckerhandwerks, Bremen, und der DEUTAG Deutsche Tapezierergenossenschaft eG, Lippstadt.
Ihre Hauptaufgabe besteht gleichfalls darin, die Einkaufstätigkeit der Primärgenossenschaften zu unterstützen, das heißt bei den Herstellern günstige Preise zu erzielen und den Zugriff auf ein wettbewerbsfähiges Sortiment von handwerklichen Bedarfsartikeln zu ermöglichen. Daneben übernehmen sie die Zentralregulierung und das Delkredere für die angeschlossenen Genossenschaften.
In unterschiedlichem Umfang bieten die Zentralgenossenschaften ihren Mitgliedsgenossenschaften und deren Mitgliedern ferner Serviceleistungen auf den Gebieten der technischen und betriebswirtschaftlichen Beratung, der Markt- und Preisinformation sowie der Verkaufsförderung an.
Im Glaserhandwerk ist mit der EVG Ein- und Verkaufsgenossenschaft selbständiger Glasermeister Deutschlands eG, Berlin und Schweinfurt, nur eine einzige Genossenschaft tätig, deren Aktivität sich auf das gesamte Bundesgebiet erstreckt. Grundsätzlich ist der Wirkungsbereich der Primärgenossenschaften des Nicht-Nahrungsmittelhandwerks jedoch lokal oder regional begrenzt.
Genossenschaften des Nicht-Nahrungsmittelhandwerks aus den alten Bundesländern haben seit 1990 in starkem Maße Kontakte zu den entsprechenden Handwerksgenossenschaften in den neuen Bundesländern hergestellt und so die Entwicklung des ostdeutschen Mittelstandes unterstützt. Teilweise sind aus diesen Kontakten, zum Beispiel bei Dachdeckergenossenschaften und bei Malergenossenschaften, Fusionen zwischen Genossenschaften der alten und der neuen Bundesländer entstanden. Eine erfolgreiche Entwicklung der ostdeutschen Handwerkergenossenschaften ist insbesondere dort zu verzeichnen gewesen, wo eine enge Verbindung zu westdeutschen Handwerksgenossenschaften hergestellt wurde.[140]

140 Vgl. Ruwisch, a. a. O., S. 18.

e) Genossenschaften der Freien Berufe

Von den Angehörigen der Freien Berufe haben vor allem die Ärzte und Apotheker, neben der bereits erwähnten Deutschen Apotheker- und Ärztebank eG, Düsseldorf, in stärkerem Maße Genossenschaften gegründet,[141] deren Anfänge auf das Jahr 1923 zurückgehen.

Die Ärztegenossenschaften dienen in erster Linie der zentralen Beschaffung von medizinisch-technischen Ausrüstungen, Geräten und Instrumenten, die in den Praxen der Mitglieder (Ärzte, Zahnärzte und Tierärzte) benötigt werden.[142]

Zu ihrem Leistungsangebot gehört daneben ein breiter Fächer von Dienstleistungen, der beispielsweise die Planung der Einrichtung von Arztpraxen und Labors, einen Reparaturdienst mit eigenen Werkstätten, die Beratung in Fragen der Altersversorgung und der Vermögensanlage sowie Abrechnungs- und Factoringfunktionen umfaßt. Größte und über Filialen bundesweit tätige Ärztegenossenschaft ist die WINORA Wirtschaftsvereinigung deutscher Ärzte eG, Hamburg, die seit 1949 besteht. Weitere Ärztegenossenschaften bestehen zum Beispiel in Form der Dialyse-Praxisgemeinschaft eG, Düsseldorf, und der Zahnärztlichen Abrechnungsstelle eG, Düsseldorf.[143]

Die Apothekergenossenschaften sind apothekereigene pharmazeutische Großhandlungen. Sie kaufen Arzneimittel und andere zum Bedarf der Apotheken gehörende Artikel ein und halten diese für ihre Mitglieder bereit.[144] Den hohen Anforderungen an Lieferbereitschaft und Sortimentsumfang entsprechen die Apothekergenossenschaften durch ein hochentwickeltes Lagergeschäft.

Nach einigen Fusionen gibt es noch zwei Apothekergenossenschaften mit 21 Niederlassungen und Tochtergesellschaften:[145] die Sanacorp eG, Planegg, und die NOWEDA eG Nordwestdeutsche Apothekergenossenschaft, Essen. Beide bieten neben der Warenbeschaffung eine breite Palette von Beratungs- und Betreuungsleistungen an, haben sich also ebenfalls

---

141 Vgl. Wolfgang Betz, Genossenschaften freier Berufe. Eine Untersuchung ihrer Strukturen, Aufgaben und Entfaltungsmöglichkeiten, Neuendettelsau 1992, Anhang C.
142 Vgl. Artikel Ärztegenossenschaften, in: Genossenschafts-Lexikon, a. a. O., S. 26.
143 Vgl. ebenda.
144 Vgl. Artikel Apothekergenossenschaften, in: Genossenschafts-Lexikon, a. a. O., S. 15 f.
145 Vgl. ebenda, S. 15.

von der Einkaufsgenossenschaft zur Full-Service-Genossenschaft entwickelt.

Unter den übrigen für die Freien Berufe tätigen Genossenschaften ist die DATEV Datenverarbeitungsorganisation des steuerberatenden Berufes in der Bundesrepublik Deutschland eG, Nürnberg, hervorzuheben. Die DATEV wurde 1966 gegründet und ist bundesweit tätig. Ihre Förderungsaufgabe besteht vor allem im Betrieb eines auf die Bedürfnisse der Steuerberater abgestellten Großrechenzentrums mit weitgehend automatisiertem Datenverarbeitungs-, Druck- und Versandbetrieb.[146] Sie dient ihren Mitgliedern speziell mit Datenverarbeitungsprogrammen für die Buchhaltung, die die Steuerberater für ihre Mandanten besorgen.

Weitere Beispiele für Genossenschaften von Freiberuflern sind die Architektengenossenschaften[147] und die Übersetzergenossenschaften.[148]

f) Verkehrsgenossenschaften und ihre Zentralen

Verkehrsgenossenschaften gibt es in der Binnenschiffahrt und im Straßenverkehr. Ihre Mitglieder sind selbständige Verkehrsunternehmer mit eigenen oder gemieteten Land- oder Wasserfahrzeugen für den Personen- oder Frachtverkehr. Zweck und Inhalt der genossenschaftlichen Betätigung ist die absatzwirtschaftlich orientierte Mitgliederförderung, vor allem durch die Vermittlung, Prüfung und Abrechnung von Frachten.

Die Binnenschiffahrtsgenossenschaften führen ihre Anfänge auf das Jahr 1898 zurück. In der *Güter*schiffahrt fördern sie ihre Mitglieder vor allem durch die Vermittlung des Schiffsraumes der Mitglieder sowie die Vereinbarung und Einziehung der Frachtentgelte.[149] Sie beschaffen Betriebsstoffe und vermitteln günstige Ausrüstungs- und Reparaturbetriebe sowie Versicherungsschutz und Finanzierungen. Außerdem unterhalten sie einen Informationsdienst und Beratungseinrichtungen. Die größten Binnenschiffahrtsgenossenschaften der Güterverkehrswirtschaft operieren von

---

146 Vgl. Artikel Datenverarbeitungsgenossenschaft des steuerberatenden Berufes, in: Genossenschafts-Lexikon, a. a. O., S. 118.
147 Vgl. Artikel Architektengenossenschaften, in: Genossenschafts-Lexikon, a. a. O., S. 25.
148 Vgl. Artikel Übersetzergenossenschaften, in: Genossenschafts-Lexikon, a. a. O., S. 644.
149 Vgl. Artikel Schiffahrtsgenossenschaften, in: Genossenschafts-Lexikon, a. a. O., S. 562.

Berlin, Duisburg, Mannheim und Würzburg aus.[150] In der *Personen*schifffahrt fördern die Genossenschaften ihre Mitglieder durch den gemeinsamen Einsatz der mitgliedereigenen Schiffe. Die größten Personenschifffahrtsgenossenschaften sind in der Rheinschiffahrt tätig.

Auf dem Gebiet des Straßenverkehrs gibt es vor allem Genossenschaften für den Güterverkehr und Taxigenossenschaften.

Die Straßengüterverkehrsgenossenschaften führen ihre Anfänge auf das Jahr 1932 zurück. Mitglieder sind Transportunternehmer, die im Rahmen ihrer Konzession selbständig Güterfern- und -nahverkehr betreiben. Hauptaufgaben der Straßengüterverkehrsgenossenschaften sind der Großeinkauf von Treibstoffen und Fahrzeugzubehör sowie die Vermittlung von Laderaum, Kraftfahrzeug-Finanzierungen und Versicherungsschutz. Die Straßengüterverkehrsgenossenschaften betreiben eigene Autohöfe zur Betreuung von Personal und Fahrzeugen und sind auf dem Gebiet der Fernfahrerschulung tätig. Die Durchführung der gesetzlichen Frachtenprüfung für die angeschlossenen Fernverkehrsunternehmer, eine der früheren Hauptaufgaben der Straßengüterverkehrsgenossenschaften, ist seit Ende 1993 als Folge der Vollendung des Europäischen Binnenmarktes entfallen.

Bundesweit tätige Zentralgenossenschaft zur fachlichen Betreuung und zur Förderung der wirtschaftlichen Zusammenarbeit der Primärgenossenschaften ist seit 1948 die Bundes-Zentralgenossenschaft Straßenverkehr (BZG) eG, Frankfurt am Main.

Die Taxigenossenschaften fördern ihre Mitglieder vor allem durch die Funkvermittlung, die eine schnellere und einfachere Inanspruchnahme der Beförderungsleistung ermöglicht und dadurch dem Taxiunternehmer Wettbewerbsvorteile verschafft. Außerdem betreiben diese Genossenschaften den Großeinkauf von Treibstoffen und Ersatzteilen, sie unterhalten Reparaturwerkstätten und schließen Gruppenversicherungsverträge für ihre Mitglieder ab. Die Taxi-Zentral-Genossenschaft eG, Düsseldorf, fungiert als Bundeszentrale.

---

150 Vgl. DG BANK Deutsche Genossenschaftsbank, Die Genossenschaften in der Bundesrepublik Deutschland 1992, (Frankfurt am Main 1992), S. 56.

g) Sonstige gewerbliche Genossenschaften

Unter den sonstigen gewerblichen Genossenschaften haben die Produktivgenossenschaften seit 1990 an Bedeutung gewonnen. Produktivgenossenschaften sind Produktionsbetriebe, in denen die Mitglieder selbst mitarbeiten, also sowohl Kapitaleigner als auch Arbeitnehmer sind.[151]
Viele ehemalige Produktionsgenossenschaften des Handwerks der DDR haben sich seit der Wiedervereinigung Deutschlands in marktwirtschaftlich tätige Produktivgenossenschaften umgewandelt. Produktionsgenossenschaften des Handwerks waren in der DDR seit 1952 mit dem politischen Ziel, auch das Handwerk in den Aufbau des Sozialismus zu integrieren, als Zwangskollektive geschaffen worden, wobei die ehemals selbständigen Handwerker die private Verfügung über ihre Produktionsmittel verloren. Der betriebliche Ablauf der Produktionsgenossenschaften des Handwerks war staatlichen Planauflagen unterworfen.
Aufgrund der Umwandlungsverordnung von 1990 mußten sich alle Produktionsgenossenschaften des Handwerks der ehemaligen DDR bis zum 31. Dezember 1992 in eine Personengesellschaft, eine Kapitalgesellschaft oder eine eingetragene Genossenschaft umwandeln. In vielen Fällen haben die Mitglieder die Rechtsform der eingetragenen Genossenschaft gewählt. Nach dem Umwandlungsprozeß bestehen damit in den neuen Bundesländern gewerbliche Produktivgenossenschaften auf den Gebieten sowohl des Verarbeitenden Handwerks als auch des Bauhandwerks und des Dienstleistungshandwerks.
In den alten Bundesländern hingegen sind Produktivgenossenschaften, obwohl sich mit dem Wachsen des Dienstleistungssektors Entwicklungschancen für sie eröffnet haben,[152] eine Randerscheinung geblieben. Gleiches gilt für die gewerblichen Produktionsgenossenschaften. Es gibt nur wenige derartige Genossenschaften, die für ihre Mitglieder Rohstoffe gewinnen oder verarbeiten, vor allem einzelne Brauereigenossenschaften, deren Mitglieder Gastwirte sind. Insgesamt hat im gewerblichen Sektor, anders als im Bereich der ostdeutschen Landwirtschaft, die gemeinsame Produktion in Genossenschaften keine große Bedeutung.[153]

---

151 Vgl. Artikel Produktivgenossenschaften, in: Genossenschafts-Lexikon, a. a. O., S. 513.
152 Vgl. ebenda, S. 514.
153 Vgl. Artikel Produktionsgenossenschaften, in: Genossenschafts-Lexikon, a. a. O., S. 511 f.

h) Verbandswesen

Der Spitzenverband zur Förderung der fachlichen, wirtschaftlichen und wirtschaftspolitischen sowie der arbeits- und sozialrechtlichen Interessen des genossenschaftlichen und des genossenschaftlich orientierten Großhandels ist der Zentralverband Gewerblicher Verbundgruppen e.V. (ZGV), Bonn, der 1992 aus der Fusion des Zentralverbandes der genossenschaftlichen Großhandels- und Dienstleistungsunternehmen e.V. (ZENTGENO), Bonn, mit der Bundesvereinigung Deutscher Einkaufs- und Verbundgruppen des Handels e.V. (BEV), Köln, hervorging.

Zu seinen Aufgaben gehört es vor allem, die Interessen seiner Mitglieder gegenüber den Behörden und sonstigen Institutionen aus Politik, Wirtschaft und Wissenschaft zu vertreten, den Austausch von Informationen unter den Mitgliedern zu fördern und die Mitglieder zu beraten.[154] Für die Betreuung der Mitgliedsgenossenschaften in den neuen Bundesländern wurde ein Landesverband Ost gegründet, der die fünf regionalen Landesverbände in den alten Bundesländern ergänzt.

Der Deutsche Genossenschafts- und Raiffeisenverband e.V. (DGRV), Bonn, als Dachverband steht der gewerblichen Genossenschaftsorganisation auf den Gebieten der Beratung, Betreuung und Schulung sowie der Auslandskontakte im Rahmen seiner Aufgabe zur Verfügung, die Belange der genossenschaftlichen Gesamtorganisation wahrzunehmen.

Der ZGV ist wie der BVR und der DRV kein Prüfungsverband. Die Zentralgenossenschaften werden grundsätzlich über den DGRV geprüft, während die Prüfung der Primärgenossenschaften Aufgabe der genossenschaftlichen Regionalverbände ist. Neben der Prüfung erfüllen die Regionalverbände für die gewerblichen Genossenschaften, wie im Falle der anderen von ihnen vertretenen Genossenschaften, Aufgaben der Beratung, der Betreuung und der Schulung.

Eigenständige Entwicklungen haben in vier Fällen zur Entstehung von Fachprüfungsverbänden geführt, die auf Genossenschaften gleicher Branche ausgerichtet und bundesweit tätig sind.[155] Es handelt sich um den EDEKA Verband kaufmännischer Genossenschaften e.V., Hamburg (gegründet 1907), den REWE-Prüfungsverband e.V., Köln (gegründet 1921),

---

154 Vgl. Artikel Genossenschaftsverbände in Deutschland, in: Genossenschafts-Lexikon, a. a. O., S. 294.
155 Vgl. Artikel Fachprüfungsverbände, in: Genossenschafts-Lexikon, a. a. O., S. 191 f.

den Prüfungsverband der Deutschen Verkehrsgenossenschaften e.V., Hamburg (gegründet 1929), und den BÄKO-Prüfungsverband Deutscher Bäcker- und Konditorengenossenschaften e.V., Bad Honnef (gegründet 1965). Sie haben grundsätzlich die gleichen Aufgaben wie die Regionalverbände.

Ferner bestehen seit 1990 der Verband Deutscher Produktivgenossenschaften und seit 1991 der Prüfungsverband Deutscher Produktivgenossenschaften, beide in Dessau, denen vor allem Produktivgenossenschaften des Handwerks aus den neuen Bundesländern als Mitglieder angehören.

2. Das wirtschaftliche Potential der gewerblichen Genossenschaften

Der Verbund der gewerblichen Genossenschaften bestand Ende 1993 aus 1389 Primärgenossenschaften sowie elf bundesweit und vier regional tätigen Zentralunternehmen. Er wurde von 373 000 Genossenschaftsmitgliedern getragen, die aus allen Bereichen des Produzierenden Gewerbes und der Dienstleistungsbranchen kommen; seine Umsätze erreichten rund 138 Milliarden DM, wovon 83 Milliarden DM auf die Primärgenossenschaften entfielen.

Insbesondere das Handwerk und der Einzelhandel haben sich eine große Zahl von genossenschaftlichen Selbsthilfeeinrichtungen geschaffen, auch das Handwerk und der Einzelhandel in den neuen Bundesländern (siehe die Übersicht 11). Allein für das Handwerk arbeiten 556 Genossenschaften mit 122 000 Mitgliedern und für den Einzelhandel 123 Genossenschaften mit 49 000 Mitgliedern. Die gewerblichen Genossenschaften haben entscheidend dazu beigetragen, die Konkurrenzfähigkeit von Handwerk und Einzelhandel zu stärken und damit eine ausgewogene Wirtschaftsstruktur zu erhalten.

Im Durchschnitt hatten die gewerblichen Genossenschaften 1993 einen Bestand von 269 Mitgliedern. Die Spanne reicht von Genossenschaften mit weniger als 50 Mitgliedern (einzelne Genossenschaften des Handwerks) bis zu solchen mit mehr als 30 000 Mitgliedern (DATEV Datenverarbeitungsorganisation des steuerberatenden Berufes in der Bundesrepublik Deutschland eG, Nürnberg).

Auch in der Umsatzgröße zeigt sich eine erhebliche Variationsbreite. Während der durchschnittliche Umsatz je Genossenschaft 1993 bei 60

Übersicht 11: *Anzahl, Mitglieder und Umsatz der gewerblichen Genossenschaften*[1]

	Anzahl	Mitglieder	Umsatz in Mio. DM
Genossenschaften des Nahrungs- und Genußmitteleinzelhandels			
Nahrungsmittel (EDEKA, REWE)	19	10 090	36 958
Genußmittel (Tabakwaren, sonstige)	16	4 291	4 415
	35	14 381	41 373
Genossenschaften des Nicht-Nahrungsmitteleinzelhandels[2]	88	34 613	22 523
Genossenschaften des Nahrungsmittelhandwerks			
Bäcker und Konditoren (BÄKO)	114	26 977	3 602
Fleischer	92	24 300	1 713
Sonstige[3]	8	938	29
	214	52 215	5 344
Genossenschaften des Nicht-Nahrungsmittelhandwerks[4]	342	70 185	5 104
Genossenschaften der Freien Berufe[5]	6	47 468	5 089
Verkehrsgenossenschaften[6]	126	32 294	1 199
Sonstige Genossenschaften	578	121 877	2 424
Insgesamt	1 389	373 033	83 056

Quelle: Genossenschaftliche Regional- und Fachprüfungsverbände, eigene Berechnungen, teilweise geschätzt.– Alle Angaben für (Ende) 1993.
1 Alte und neue Bundesländer (ohne Zentralunternehmen). – 2 Insbesondere Genossenschaften des Einzelhandels mit Drogerieartikeln, Hausrat, Eisenwaren, Papierwaren, Büchern, Bürobedarf, Schuhwaren, Textilien. – 3 Genossenschaften für Hefebezug und für Häuteverwertung. – 4 Insbesondere Genossenschaften des Bau-, Glaser-, Schreiner-, Maler-, Installations-, Schlosser-, Raumausstatter-, Schuhmacher-, Bekleidungs- und Friseurhandwerks. – 5 Genossenschaften der Apotheker, Ärzte und Steuerberater. – 6 Insbesondere Straßengüterverkehrs-, Binnenschifffahrts- und Taxigenossenschaften.

Millionen DM lag, erreichte er bei kleinen Genossenschaften weniger als
500 000 DM und bei großen Genossenschaften mehrere Milliarden DM.
Insbesondere die Genossenschaften des Einzelhandels weisen hohe Umsatzzahlen auf, während die Umsätze der Genossenschaften des Handwerks niedriger liegen, da die bezogene Ware nur ein Teil der handwerklichen Leistung ist.
Infolge von Fusionen sind die durchschnittlichen Mitgliederzahlen und
Umsatzgrößen je Genossenschaft in der Zeit seit dem Zweiten Weltkrieg
deutlich gestiegen.[156] Das hat die Stabilität der gewerblichen Genossenschaften wesentlich erhöht.
Soweit die gewerblichen Genossenschaften Zentralunternehmen errichtet
haben, hat dies zur Erhöhung und Stärkung ihres wirtschaftlichen Potentials beigetragen. Die Zentralunternehmen der gewerblichen Genossenschaften sind
– die BÄKO-Bundeszentrale Deutscher Bäcker- und Konditorengenossenschaften eG, Bad Honnef (mit vier Landeszentralen)
– die Bundes-Zentralgenossenschaft Straßenverkehr (BZG) eG, Frankfurt am Main
– die DEUTAG Deutsche Tapezierer-Genossenschaft eG, Lippstadt
– die EDEKA Zentrale AG, Hamburg
– die REWE-Zentral AG, Köln
– die REWE-Zentralfinanz eG, Köln
– die Tabakwaren-Großeinkaufszentrale eG, Köln
– die Taxi-Zentral-Genossenschaft eG, Düsseldorf
– die ZEDACH eG Zentralgenossenschaft des Dachdeckerhandwerks, Bremen
– die ZENTRAG Zentralgenossenschaft des deutschen Fleischergewerbes eG, Frankfurt am Main
– die Zentralverband der Schuhmacher-Rohstoffgenossenschaften eG, Meschede.
Diese Genossenschaftszentralen erzielten 1993 Umsätze von 54,9 Milliarden DM.
Je nach historischer Entwicklung und branchenspezifischer Wettbewerbslage haben die gewerblichen Waren- und Dienstleistungsgenossenschaf-

---

156 Vgl. DG BANK Deutsche Genossenschaftsbank, Genossenschaften 1950–1990 . . ., a. a. O., S. 29.

ten ein unterschiedlich starkes Marktgewicht erlangt. Im Facheinzelhandel für Nahrungs- und Genußmittel ist jeder dritte Kaufmann Mitglied einer Genossenschaft; EDEKA- und REWE-Mitglieder haben einen Anteil am Lebensmittelumsatz von gut 20 Prozent. Im Facheinzelhandel für Hausrat ist jeder zweite Geschäftsinhaber genossenschaftlich organisiert,[157] und im Facheinzelhandel für Schuhe gibt es nur wenige, die keiner Genossenschaft angehören.[158]

Von den Spielwaren-Fachgeschäften besitzt etwa jedes vierte die Mitgliedschaft in einer Genossenschaft. Größte und bekannteste Genossenschaft ist hier die VEDES Vereinigung der Spielwaren-Fachgeschäfte eG, Nürnberg, deren Mitgliederkreis sich auch auf das Ausland erstreckt.[159]

Etwa jeder sechste selbständige Sportartikel-Facheinzelhändler ist Mitglied einer Genossenschaft. Die Intersport Deutschland eG, Heilbronn,[160] gehört zu den führenden Großhandelsunternehmen für Sportartikel.

Die Interfunk eG, Ditzingen, die neben inländischen Facheinzelhändlern auch ausländische zu ihren Mitgliedern zählt, ist die größte Genossenschaft für den Radio-, Fernseh- und Elektrofacheinzelhandel in Europa.[161]

Im Drogeriefachhandel besteht ebenfalls ein hoher genossenschaftlicher Organisationsgrad. Rund die Hälfte aller Geschäftsinhaber ist Mitglied der ESÜDRO Einkaufsgenossenschaft Deutscher Drogisten eG, Hockenheim, die zusammen mit ihren Kooperationspartnern drei Viertel aller deutschen Drogerien betreut.[162]

Wie beim Facheinzelhandel, so ist auch bei den Handwerksbetrieben der genossenschaftliche Organisationsgrad teilweise sehr hoch. Jeder zweite Malerbetrieb gehört einer Malergenossenschaft an, bei den Dachdeckermeistern beträgt der Organisationsgrad ebenfalls 50 Prozent, bei den Fachgeschäften des Bäcker- und Konditorenhandwerks 85 Prozent. Von den Fleischern sind 90 Prozent Mitglied einer Fleischergenossenschaft.[163]

---

157 Vgl. Artikel Einkaufsgenossenschaften des Eisenwaren- und Hausratshandels, in: HdG, Sp. 351.
158 Vgl. Artikel Einkaufsgenossenschaften des Schuheinzelhandels, in: HdG, Sp. 366 ff.
159 Vgl. Artikel Spielwareneinkaufsgenossenschaften, in: Genossenschafts-Lexikon, a. a. O., S. 605 f.
160 Vgl. Artikel Einkaufsgenossenschaften des Sportartikel-Fachhandels, in: Genossenschafts-Lexikon, a. a. O., S. 162 f.
161 Vgl. Artikel Einkaufsgenossenschaften des Radio-, Fernseh- und Elektro-Facheinzelhandels, in: Genossenschafts-Lexikon, a. a. O., S. 160 ff.
162 Vgl. 75 Jahre »Esüdro«. Leistungsstarker Partner von 75 % aller Drogerien, in: Mitteilungsblatt des Badischen Genossenschaftsverbandes, Heft 4/1984, S. 42.
163 Vgl. Artikel Handwerkergenossenschaften, in: HdG, Sp. 949, und Günther Wohlers, BÄKO: Förderauftrag im Mittelpunkt, in: BI/GF, Heft 11/1991, S. 63.

Unter den Freien Berufen weisen die Steuerberater die stärkste genossenschaftliche Verankerung auf. Die DATEV fördert mit ihrem EDV-Dienstleistungsangebot die wirtschaftlichen Interessen von knapp zwei Dritteln aller deutschen Steuerberater und Steuerbevollmächtigten.
Die Apothekergenossenschaften zählen jeden dritten selbständigen Apotheker zu ihren Mitgliedern. Mit ihren Großhandelsumsätzen haben sie einen Marktanteil von 17 Prozent.
Von den frei praktizierenden Ärzten gehört jeder sechste einer Ärztegenossenschaft an.
In der Verkehrswirtschaft ist der genossenschaftliche Organisationsgrad unterschiedlich hoch. Von den Binnenschiffern gehört etwa die Hälfte zu einer Schiffahrtsgenossenschaft; die Mitglieder der Güterschiffahrtsgenossenschaften verfügen über ein Drittel der deutschen Partikulierflotte und über ein Sechstel des gesamten deutschen Schiffsraumes (ohne Tankschiffahrt).[164] Im Taxigewerbe sind etwa 20 Prozent der Unternehmer Mitglied einer Taxigenossenschaft; die meisten deutschen Großstädte verfügen über eine oder mehrere Taxigenossenschaften.[165]
Ein wichtiger Maßstab für die Marktstellung des genossenschaftlichen Großhandels ist auch die Quote, mit der seine Leistungen durch die Genossenschaftsmitglieder in Anspruch genommen werden: Die Genossenschaftsmitglieder aus dem Fachhandel für Nahrungs- und Genußmittel, für Schuhe und Hausrat beziehen wertmäßig gut drei Viertel ihrer Waren direkt von ihrer Genossenschaft oder von Vertragslieferanten, bei den Spielwarenfachgeschäften sowie den Radio-, Fernseh- und Elektrofachgeschäften beträgt der Anteil des genossenschaftlichen Warenbezuges sogar mehr als 80 Prozent.[166]
Unter den von den Genossenschaften für ihre Mitglieder erbrachten Serviceleistungen sind besonders die Betriebsvergleiche und die Kalkulationshilfen von Bedeutung, ferner die Marketingleistungen, die vor allem Sortiments-, Waren- und Modeinformationen, die Bereitstellung von Werbemitteln, die Veranstaltung von Warenbörsen, Messen, Einkaufstagen, Mode- und Musterschauen sowie die Herausgabe von Musterungs- und Warenkatalogen umfassen.

---

164 Vgl. Artikel Verkehrsgenossenschaften, in: HdG, Sp. 1576.
165 Vgl. Artikel Straßenverkehrs-Genossenschaften, in: Genossenschafts-Lexikon, a. a. O., S. 623.
166 Vgl. Erich Batzer, Erich Greipl und Uwe Täger, Kooperation im Einzelhandel, Berlin - München 1982, S. 75, und Artikel Einkaufsgenossenschaften des Radio-, Fernseh- und Elektro-Facheinzelhandels, in: Genossenschafts-Lexikon, a. a. O., S. 51.

Insgesamt sind die gewerblichen Genossenschaften ein wesentlicher Marktfaktor. Durch die Erfüllung wichtiger Funktionen und Leistungen für ihre Mitglieder sichern sie die Erhaltung einer großen Zahl leistungs- und entwicklungsfähiger mittelständischer Unternehmen.[167] In den neuen Bundesländern haben sie erfolgreich zur Entwicklung mittelständischer Wirtschaftsstrukturen des Handwerks, des Einzelhandels und der Freien Berufe beigetragen.

D. Konsumgenossenschaften

1. Struktur der konsumgenossenschaftlichen Organisation

Die Basis der konsumgenossenschaftlichen Organisation bilden die Konsumgenossenschaften mit ihrem teils örtlichen, teils regionalen Aktionsfeld.
Für Prüfung, Beratung und Betreuung in den alten Bundesländern ist der Revisionsverband deutscher Konsumgenossenschaften e.V., Hamburg, zuständig, für die Vertretung der geschäftspolitischen Interessen nach außen der Bundesverband deutscher Konsumgenossenschaften e.V., Hamburg.
In den neuen Bundesländern besteht mit dem Konsum-Prüfverband e.V., Berlin, und dem Verband der Konsumgenossenschaften eG, Berlin, eine eigene Verbandsstruktur (siehe die Übersicht 12).

a) Konsumgenossenschaften und ihre Zentralen

Die erste Konsumgenossenschaft mit Solidarhaftung entstand 1850 in Eilenburg.[168] Der fünf Jahre zuvor gegründete Spar- und Konsumverein Chemnitz gilt als Vorläufer mit genossenschaftsähnlichem Charakter.
Aufgabe der Konsumgenossenschaften war es, ihren Mitgliedern – anfänglich vor allem Konsumenten mittelständischer Kreise – preisgünstige

---

167 Vgl. Zentralverband der genossenschaftlichen Großhandels- und Dienstleistungsunternehmen e.V., Zukunftsaspekte genossenschaftlicher Kooperationen in Einzelhandel und Handwerk, Bonn 1988, S. 28 f.
168 Vgl. Faust, a. a. O., S. 453 f.

Übersicht 12: *Die Struktur der konsumgenossenschaftlichen Organisation*

BUNDESEBENE	Revisionsverband deutscher Konsumgenossenschaften e. V. (RdK), Hamburg Bundesverband deutscher Konsumgenossenschaften e. V. (BVK), Hamburg Konsum-Prüfverband e. V., Berlin Verband der Konsumgenossenschaften eG (VDK), Berlin	Zentralunternehmen
REGIONALEBENE	—	
ORTSEBENE	Konsumgenossenschaften[1]	

[1] Zum Teil auch auf regionaler Ebene tätig.

Konsumgüter, besonders Lebensmittel, anzubieten. Viele Konsumgenossenschaften betrieben hierzu auch die Eigenproduktion, zum Beispiel von Back- und Fleischwaren.

Nach einer zunächst nur schleppenden Entwicklung kam es auf Initiative und Anregung von EDUARD PFEIFFER in den sechziger Jahren des 19. Jahrhunderts zu zahlreichen Gründungen.[169] Nach 1880 erhielt die Konsumgenossenschaftsbewegung neue Impulse durch die Massenbeitritte von Arbeitern, bei denen »unter dem Einfluß des Revisionismus das Vertrauen auf den von KARL MARX vorausgesagten automatischen Übergang der Gesellschaft zum Sozialismus schwand«[170] und das Interesse an den Förderleistungen der Konsumgenossenschaften wuchs. Neben den Mittelstand trat damit eine rasch wachsende neue Mitgliederschicht. Im Jahre 1894 entstand die Großeinkaufs-Gesellschaft Deutscher Consumvereine mbH (GEG), Hamburg, als Einkaufszentrale und 1903 der Zentralverband deutscher Konsumvereine.[171] Ende 1924 gab es 1 500 Konsumgenossenschaften mit 4,2 Millionen Mitgliedern, die einen Marktanteil am Lebensmitteleinzelhandel von fünf Prozent hatten.[172]

Nach der nationalsozialistischen »Machtübernahme« wurden die Konsumgenossenschaften 1933 zunächst eines Großteils ihrer Selbständigkeit beraubt, später auch sämtlicher Vermögenswerte. Im Jahre 1941 erfolgte die Auflösung der letzten Konsumgenossenschaften.[173]

Der Neubeginn nach 1945 verlief im nunmehr geteilten Deutschland unterschiedlich. Für die Konsumgenossenschaften der Bundesrepublik war er dadurch gekennzeichnet, daß im Lebensmitteleinzelhandel ein Strukturwandel einsetzte, der zu hohem Konkurrenzdruck und immer kapitalintensiveren Absatzwegen führte. Bei der Einführung der Selbstbedienungsläden übernahmen die Konsumgenossenschaften 1949 eine Pionierfunktion.

Im Jahre 1954 erhielten die Konsumgenossenschaften der Bundesrepublik die gesetzliche Erlaubnis, auch an Nichtmitglieder zu verkaufen; gleichzeitig mußten sie jedoch die Beschränkung der Warenrückvergütung auf drei

---

169 Vgl. Artikel Genossenschaften I: Begriff und Aufgaben, in: HdWW, Bd. 3, S. 565. Siehe dazu auch S. 25.
170 Artikel Genossenschaftsgeschichte, in: HdG, Sp. 771.
171 Siehe S. 32.
172 Vgl. Wilhelm Kaltenborn, Die Konsumgenossenschaften in Deutschland – ein auslaufendes Modell?, in: Der genossenschaftliche Aufbau in den neuen Bundesländern. Die Situation der Konsum- und gewerblichen Genossenschaften, Berlin 1993, S. 23.
173 Vgl. Kaltenborn, a. a. O., S. 25.

Prozent nach dem Rabattgesetz hinnehmen. Nach dieser Angleichung an die Höhe des auch im übrigen Lebensmitteleinzelhandel zulässigen Rabatts »wurde es rasch zunehmend schwieriger, dem Mitglied die Zugehörigkeit zu einer Konsumgenossenschaft verständlich zu machen«.[174]
Auf diese Entwicklungen reagierten die Konsumgenossenschaften zunächst mit Fusionen, um zu leistungsfähigeren und kapitalkräftigeren Unternehmenseinheiten zu gelangen. Darüber hinaus beschlossen sie 1969, die Bezeichnung »co op« in ihre jeweiligen Firmen aufzunehmen, um die Zugehörigkeit zu einer großen, unter gleichem Zeichen auch in anderen Ländern anzutreffenden Organisation zu unterstreichen.
Diese Maßnahmen reichten jedoch nicht aus, die Marktstellung zu behaupten. »1972 begannen sich die ersten Konsumgenossenschaften in Aktiengesellschaften umzuwandeln.«[175] Außerdem gründeten im gleichen Jahr die Konsumgenossenschaften zusammen mit den Gewerkschaften die co op-Zentrale AG (ab 1974: co op AG, Frankfurt am Main), die die Rechtsnachfolge der GEG antrat und nicht mehr wettbewerbsfähige Konsumgenossenschaften zu einem bundesweiten Einzelhandelsunternehmen verschmolz. Im Jahre 1989 hörte die co op AG auf zu bestehen: Ein Teil ihres Ladennetzes wurde durch die Konsumgenossenschaften zurückerworben und das Restunternehmen durch die ASKO Deutsche Kaufhaus AG, Saarbrücken, eine frühere Konsumgenossenschaft, übernommen, die es als Deutsche SB Kauf AG, Frankfurt am Main, fortführt.
Der Umstrukturierungsprozeß führte zu einer erheblichen Verkleinerung der konsumgenossenschaftlichen Organisation: Von den im Jahre 1960 aktiven 270 Konsumgenossenschaften mit 2,6 Millionen Mitgliedern bestanden Ende 1990 noch 28, deren Mitgliederzahl 600 000 betrug.[176]
Eine andere Entwicklung nahmen die Konsumgenossenschaften in der DDR.[177] Eingebettet in das sozialistische Wirtschafts- und Gesellschaftssystem, waren die Konsumgenossenschaften Instrument der zentralen Planwirtschaft;[178] der Verband der Konsumgenossenschaften (VdK) in Berlin unterstand unmittelbar dem Ministerium für Handel und Versor-

---

174 Artikel co op Unternehmensgruppe, in: HdG, Sp. 231.
175 Kaltenborn, a. a. O., S. 27.
176 Vgl. DG BANK Deutsche Genossenschaftsbank, Genossenschaften 1950–1990 . . ., a. a. O., S. 37 ff.
177 Vgl. Gerhard Rönnebeck, Die Konsumgenossenschaften der ehemaligen DDR – eine kritische Analyse, Berlin 1994.
178 Vgl. Gert-Joachim Glaeßner, Arbeiterbewegung und Genossenschaft. Entstehung und Entwicklung der Konsumgenossenschaften in Deutschland am Beispiel Berlins, Göttingen 1989, S. 105.

gung.[179] Neben der staatlichen Handelsorganisation HO wurden die Konsumgenossenschaften zur wichtigsten Einzelhandelsgruppe der DDR, mit einem hohen Anteil von Versorgungseinrichtungen auf dem Land.[180] Ende 1989 gab es in der DDR 198 Konsumgenossenschaften mit 4,6 Millionen Mitgliedern, die 30 000 Läden sowie 6 000 Gaststätten betrieben und 220 000 Mitarbeiter beschäftigten. Sie waren in allen Kreisen und kreisfreien Städten vertreten und damit flächendeckend tätig. Ihr Marktanteil bei Lebensmitteln betrug 56 Prozent.

Nach 1990 unterlagen die ostdeutschen Konsumgenossenschaften einem radikalen Strukturwandel, denn sie mußten die Entwicklung des modernen Einzelhandels nachvollziehen, wobei erhebliche Schwierigkeiten bestanden, das erforderliche Kapital zu beschaffen.[181] Frühere Analysen kamen zu dem Ergebnis, daß von den rund 200 ehemaligen Unternehmen nur etwa zehn Prozent leistungsfähig genug sein würden, um am Markt zu verbleiben.[182]

Unter den deutschen Konsumgenossenschaften sind nunmehr Unternehmen sehr unterschiedlicher Größen vertreten, von einigen sehr großen Konsumgenossenschaften bis hin zu Ein-Laden-Genossenschaften; dabei weisen die ostdeutschen Konsumgenossenschaften durchschnittlich höhere Mitgliederzahlen auf als die westdeutschen.

Zu den größten Konsumgenossenschaften zählten Ende 1993 hinsichtlich ihrer Mitgliederzahlen die Konsumgenossenschaft Dortmund-Kassel, die Konsumgenossenschaft Berlin und die Konsumgenossenschaft Leipzig, hinsichtlich ihrer Umsätze die Konsumgenossenschaft Dortmund-Kassel, die co op Schleswig-Holstein und die Konsumgenossenschaft Dresden.

Die Konsumgenossenschaften sehen ihre Aufgabe heute vor allem darin, dafür zu sorgen, daß ihre Mitglieder und Nichtmitglieder Wahlmöglichkeiten beim Einkauf haben und preisgünstig einkaufen können. Während ihr Sortiment ursprünglich fast ausschließlich Lebensmittel umfaßte, erstreckt es sich jetzt auch auf weite Bereiche des »Non-food«-Sektors, zum

---

179 Vgl. DG BANK Deutsche Genossenschaftsbank, Die Genossenschaften in der DDR, a. a. O., S. 28.
180 Vgl. Kaltenborn, a. a. O., S. 29.
181 Vgl. ebenda, S. 31.
182 Vgl. Revisionsverband deutscher Konsumgenossenschaften e.V., RdK Verbandsbericht 1989–1991, Hamburg (1992), S. 6.

Beispiel Möbel, Bau- und Hobby- sowie Sport- und Freizeitartikel. Darüber hinaus sind die Konsumgenossenschaften in der Verbraucheraufklärung und in der Durchsetzung umweltfreundlicher Herstellungsmethoden aktiv.[183]

Wichtige Unterstützung erfahren die Konsumgenossenschaften durch ihre Zentralen. Zentralfunktionen hatte als erste die Großeinkaufs-Gesellschaft Deutscher Consumvereine mbH (GEG), Hamburg, inne. Sie war 1894 von den Konsumgenossenschaften mit dem Ziel gegründet worden, den Mitgliedsgenossenschaften durch den Zentraleinkauf günstigere Einstandspreise zu sichern. Sie errichtete oder übernahm eigene Produktionsstätten, beispielsweise eine Kaffeerösterei und eine Weberei sowie Fabrikationsanlagen für Seife, Zündhölzer, Teigwaren und Schokolade. 1912 entstand als weitere Zentrale die Groß-Einkaufs-Zentrale deutscher Konsumvereine GmbH (GEZ), Köln-Mülheim. Sie wurde von den der christlichen Gewerkschaftsbewegung nahestehenden Konsumgenossenschaften errichtet, 1933 von staatlicher Seite zwangsweise mit der GEG fusioniert und nach dem Kriege nicht wieder als eigenes Unternehmen fortgeführt.

Die Zentralfunktionen für die Konsumgenossenschaften in den alten Bundesländern nahmen nach 1945 zunächst die GEG und von 1972 bis 1989 die co op AG, Frankfurt am Main, wahr. Seitdem die co op AG nicht mehr als Zentralregulierer und Warenbeschaffungszentrale für die Konsumgenossenschaften tätig ist, versieht diese Aufgabe die Zentrale Einkaufsgenossenschaft Deutscher Konsumgenossenschaften (ZEG) eG, Hamburg. Ihr Ziel ist das Betreiben des gemeinschaftlichen Einkaufs ihrer Mitglieder mittels Nachfragebündelung und Festlegung von günstigen Einkaufskonditionen mit den Lieferanten.[184] Einige Konsumgenossenschaften haben sich außerdem dem Einkaufskontor Markant Handels- und Industriewaren-Vermittlungs AG, Pfäffikon/Schweiz, angeschlossen. Als weitere Zentralunternehmen der Konsumgenossenschaften bestehen einige Produktionsunternehmen.

---

183 Vgl. Gisela Fickenscher, Gesundheits- und umweltorientiertes Marketing bei Konsumgenossenschaften (Nutritional Marketing), Nürnberg 1991, Vorwort.
184 Vgl. Sigurd Bak, Konsumgenossenschaften und Wirtschaftsordnung – Stimmen die Rahmenbedingungen?, in: ZfgG, Bd. 44 (1994), S. 196.

b) Verbandswesen

Als Verbände der konsumgenossenschaftlichen Organisation bestehen für die Konsumgenossenschaften in den alten Bundesländern der Bundesverband deutscher Konsumgenossenschaften e.V. (BVK) und der Revisionsverband deutscher Konsumgenossenschaften e.V. (RdK), beide in Hamburg, für die Konsumgenossenschaften in den neuen Bundesländern der Verband der Konsumgenossenschaften eG und der Konsum-Prüfverband e.V., beide in Berlin.

Die Hamburger Verbände sind seit 1967 tätig, als die Bestrebungen, die Wirtschaftlichkeit der Konsumgenossenschaften zu verbessern, auch zu einer Neuordnung ihrer Verbände führten. An die Stelle des Zentralverbandes deutscher Konsumgenossenschaften e.V., Hamburg, traten damals der Bund deutscher Konsumgenossenschaften (seit 1990: Bundesverband deutscher Konsumgenossenschaften) und der RdK. Die Regionalverbände der Konsumgenossenschaften gingen im RdK auf und wurden als dessen Außenstellen weitergeführt.

Der Revisionsverband deutscher Konsumgenossenschaften ist der gesetzliche Prüfungsverband aller Konsumgenossenschaften in den alten Bundesländern. Mitglieder des Revisionsverbandes sind auch sonstige Verbrauchergenossenschaften, wie zum Beispiel Naturkostgenossenschaften oder Energieverbrauchergenossenschaften. Zu seinen Aufgaben gehören neben der Prüfung der Jahresabschlüsse insbesondere die Rechts- und die Steuerberatung. Er nimmt seine Aufgaben mit Hilfe von Außenstellen in Düsseldorf, Hamburg und München wahr. Zusammen mit dem Deutschen Genossenschafts- und Raiffeisenverband und dem Gesamtverband der Wohnungswirtschaft bildet der RdK den Freien Ausschuß der deutschen Genossenschaftsverbände.

Der Bundesverband deutscher Konsumgenossenschaften vertritt die Interessen der Konsumgenossenschaften im Einzelhandel und im politischen Raum.

Von den Berliner Verbänden besteht der Verband der Konsumgenossenschaften seit 1949. Er wurde zur Unterordnung der Konsumgenossenschaften unter die politischen Ziele der DDR-Regierung gegründet, und alle wichtigen Entscheidungsfunktionen der Konsumgenossenschaften waren bei ihm zentralisiert. Nach der Wiedervereinigung Deutschlands haben die zentrale Bedeutung und die wirtschaftliche Stärke des Verban-

des kontinuierlich abgenommen. Er dient heute als gemeinsame Interessenvertretung und Verwalter des zentralisierten Vermögens der ostdeutschen Konsumgenossenschaften.
Der Konsum-Prüfverband e.V. ist 1990 als eigenständiger Prüfverband der Konsumgenossenschaften in den neuen Bundesländern gegründet worden. Die Bildung eines gemeinsamen Prüfungsverbandes scheiterte an den Unterschieden, die zwischen den beiden konsumgenossenschaftlichen Organisationen im Westen und Osten Deutschlands entstanden waren.

2. Das wirtschaftliche Potential der Konsumgenossenschaften

Die Konsumgenossenschaften bilden eine der großen Einzelhandelsgruppen auf dem deutschen Lebensmittelmarkt. Ende 1993 bestanden in den alten Bundesländern 28, in den neuen Bundesländern 39 Konsumgenossenschaften mit örtlichem oder regionalem Geschäftsgebiet. Diesen insgesamt 67 Konsumgenossenschaften gehörten 2,6 Millionen Mitglieder an – 600 000 in den alten Bundesländern und zwei Millionen in den neuen Bundesländern.
Nach der Wiedervereinigung waren die Konsumgenossenschaften in den neuen Bundesländern einem tiefgreifenden Strukturwandel unterworfen, in dessen Verlauf nicht nur die Zahl der Unternehmen und ihrer Mitglieder stark zurückging. Das Ladennetz verkleinerte sich deutlich, Gaststätten werden nur noch vereinzelt betrieben. Die Beschäftigtenzahl der ostdeutschen Konsumgenossenschaften hat sich von 220 000 (1989) auf 20 000 (1993) verringert.
Im Jahre 1993 erzielten die 67 deutschen Konsumgenossenschaften einen Umsatz von 9,9 Milliarden DM. Davon entfielen allein auf die Konsumgenossenschaft Dortmund-Kassel vier Milliarden DM und auf die co op Schleswig-Holstein drei Milliarden DM.
Dominierend ist das Geschäft mit Lebensmitteln einschließlich Fleisch und Wurst, Obst und Gemüse sowie Milchprodukten. Daneben präsentiert sich das Non-food-Angebot nicht mehr allein als Ergänzung oder Randsortiment des Lebensmittelmarktes; es wird vielmehr auch in zahlreichen Spe-

zialmärkten der Konsumgenossenschaften angeboten.[185] Das Angebot umfaßt Textilien, Autozubehör, Bücher, Kleinmöbel, Elektro- und Phonoartikel, Parfümeriewaren und Gartengeräte.

Zu den wichtigsten Partnern der ostdeutschen Konsumgenossenschaften in der Belieferung mit Lebensmitteln und Nichtlebensmitteln haben sich die EDEKA-Genossenschaften, eine der großen Einkaufs-Organisationen des selbständigen Lebensmitteleinzelhandels, und die Kaufring AG, Düsseldorf, eine der großen Genossenschaften des selbständigen Non-food-Einzelhandels, entwickelt.

Am Umsatz des gesamten Einzelhandels der Bundesrepublik haben die Konsumgenossenschaften einen Marktanteil von zwei Prozent. Bezogen allein auf den Lebensmitteleinzelhandel beträgt ihr Marktanteil sieben Prozent.

E. Wohnungsgenossenschaften

1. Struktur der wohnungswirtschaftlichen Genossenschaftsorganisation

Die wohnungswirtschaftliche Genossenschaftsorganisation besteht aus den örtlichen Wohnungsgenossenschaften sowie deren Verbänden auf regionaler und nationaler Ebene (siehe die Übersicht 13).

a) Wohnungsgenossenschaften

Wohnungsgenossenschaften sind Selbsthilfeeinrichtungen zur Versorgung ihrer Mitglieder mit preisgünstigem Wohnraum in allen Rechts- und Nutzungsformen und zur Verbesserung ihrer Wohnverhältnisse. Ihr Tätigkeitsfeld erstreckt sich darauf, Wohnungen im eigenen Namen für eigene oder fremde Rechnung zu errichten und zu bewirtschaften.[186] Sie versorgen ihre Mitglieder mit Genossenschaftswohnungen zur Nutzung

---

185 Vgl. Revisionsverband deutscher Konsumgenossenschaften e.V., 40 Jahre erfolgreich am Markt. Die größten Konsumgenossenschaften in der Bundesrepublik, Hamburg 1989, S. 41.
186 Vgl. Artikel Wohnungsbaugenossenschaften, in: HdG, Sp. 1803, und Lang-Weidmüller, Genossenschaftsgesetz, 32. Aufl., Berlin-New York 1988, S. 75 ff.

Übersicht 13: *Die Struktur der wohnungswirtschaftlichen Genossenschaftsorganisation*

BUNDESEBENE	Gesamtverband der Wohnungswirtschaft e.V. (GdW), Köln
REGIONALEBENE	Regionale Prüfungsverbände
ORTSEBENE	Wohnungsgenossenschaften

sowie mit Eigenheimen und Eigentumswohnungen, führen die Baumaßnahmen jedoch nicht selbst aus, sind also nicht Bauunternehmen, sondern Bauherren. Ferner betreuen die Wohnungsgenossenschaften ihre Mitglieder bei Wohnungsbauvorhaben und bei der Modernisierung von Wohnungen.

Die Ursprünge der Wohnungsgenossenschaften reichen bis in die dreißiger Jahre des 19. Jahrhunderts zurück; damals entstanden mit der fortschreitenden Industrialisierung in den mittleren und größeren Städten Wohnungsengpässe, weil die private Bautätigkeit der Nachfrage der Arbeiter und ihrer Familien besonders nach kleinen Wohnungen nicht genügen konnte. Deshalb regte VICTOR AIMÉ HUBER, englischen Vorbildern folgend, die Gründung von Wohnungsgenossenschaften als Selbsthilfeeinrichtungen zur Behebung der Wohnungsnot an.[187] Die erste Wohnungsgenossenschaft im engeren Sinne entstand jedoch erst 1862 mit der »Häuserbau-Genossenschaft zu Hamburg«.[188] Zwölf Jahre später bestanden – auch in Mittel- und Ostdeutschland – bereits 52 Wohnungsgenossenschaften.[189]

Die Wohnungsgenossenschaften entwickelten unterschiedliche Verfahren der Mitgliederförderung. Einige von ihnen bauten für ihre Mitglieder Häuser, die durch allmähliche Abzahlung erworben werden konnten. Andere konzentrierten sich, etwa seit 1886, auf den Bau von Wohnungen, die den Mitgliedern gegen eine kostendeckende Nutzungsgebühr mit lebenslangem Wohnrecht überlassen wurden. Heute gibt es kaum noch Wohnungsgenossenschaften, die sich nur einer dieser Formen widmen; sie beziehen in der Regel, um den Wohnungsbedürfnissen ihrer Mitglieder zu entsprechen, alle Förderungsformen in ihre Tätigkeit ein: den Bau von Mietwohnungen zur Dauernutzung, den Bau von Eigentumswohnungen und den Bau von Eigenheimen. Jedes Mitglied soll sich frei entscheiden können, »ob es die Förderung durch die Genossenschaft in Form einer Genossenschaftswohnung, des individuellen Wohneigentums oder als Baubetreuung in Anspruch nimmt«.[190]

---

187 Siehe S. 26.
188 Vgl. Helmut W. Jenkis, Ursprung und Entwicklung der gemeinnützigen Wohnungswirtschaft, Bonn 1973, S. 116 ff.
189 Vgl. GdW Gesamtverband der Wohnungswirtschaft e.V., Wohnen bei Genossenschaften – Mehr als Wohnen, Köln 1992, S. 8.
190 Ebenda, S. 20.

Nach schleppenden Anfängen nahm die Zahl der Wohnungsgenossenschaften und ihrer Mitglieder von den neunziger Jahren des 19. Jahrhunderts an kräftig zu.[191] Anregend wirkten das Genossenschaftsgesetz von 1889, das die Gründung von Genossenschaften mit *beschränkter* Haftpflicht erlaubte (bis dahin konnten nur Genossenschaften mit unbeschränkter Haftpflicht gegründet werden), sowie die Gesetze über die Invaliditäts- und Altersversicherung, die den Wohnungsgenossenschaften neue Finanzierungsquellen erschlossen.

Nach dem Ersten Weltkrieg kam es, wie später auch nach dem Zweiten Weltkrieg, zu einem nochmaligen Gründungsschub,[192] da die Mittel aus Wohnungsbauförderungsprogrammen der öffentlichen Hand auch von den Wohnungsgenossenschaften in Anspruch genommen werden konnten.

Zwischen 1945 und 1990 vollzogen sich im geteilten Deutschland getrennte Entwicklungen. Die westdeutschen Wohnungsgenossenschaften wirkten unternehmerisch als Teil der Sozialen Marktwirtschaft und trugen maßgeblich zu den hohen Neubauleistungen in den fünziger und sechziger Jahren bei. »In den 70er und 80er Jahren standen Modernisierung und Instandhaltung des Bestandes im Vordergrund.«[193]

Die ostdeutschen Wohnungsgenossenschaften dagegen verloren ihre unternehmerische Selbständigkeit. Sie erhielten in Gestalt von sozialistischen Arbeiterwohnungsbaugenossenschaften (AWG) und Gemeinnützigen sozialistischen Wohnungsbaugenossenschaften (GWG) die Aufgabe, »die ihnen zugeordneten Wohnungen und Wohngebäude zu verwalten, zu bewirtschaften und zu erhalten«.[194] Im Verlauf der 40 Jahre DDR wurden sie in ihrer Verantwortung für den Wohnungsbau, die Instandsetzung und Modernisierung sowie auch bei der Vergabe der Wohnungen immer stärker reglementiert. Umfangreichen Neubaumaßnahmen stand der immer stärkere Verfall der alten Wohnungsbestände gegenüber.[195]

---

191 Vgl. Thomas H. Frank, Die Bau- und Sparvereine in Deutschland und Europa um die Jahrhundertwende, in: Die Bank, Heft 3/1981, S. 136, und Artikel Baugenossenschaften, in: Handwörterbuch des Wohnungswesens, Jena 1930, S. 49 ff.
192 Vgl. Artikel Baugenossenschaften, in: Handwörterbuch des Wohnungswesens, a. a. O., S. 51, und Dietrich Komossa, Die Entwicklung von Wohnungsbaugenossenschaften, Münster 1976, Anhang.
193 GdW Gesamtverband der Wohnungswirtschaft e.V., Bericht 1992/93, Köln 1993, S. 8.
194 Ebenda, S. 10.
195 Vgl. ebenda.

Seit der Wiedervereinigung Deutschlands können die Wohnungsgenossenschaften den Genossenschaftsgedanken wieder gemeinsam stärken.[196] Neben der Wiedervereinigung stellte die Aufhebung des Wohnungsgemeinnützigkeitsgesetzes zum 1. Januar 1990 einen weiteren wichtigen Einschnitt für die wohnungswirtschaftliche Genossenschaftsorganisation dar. Nahezu alle Wohnungsgenossenschaften hatten sich dem Recht über die Gemeinnützigkeit im Wohnungswesen von 1934 unterstellt und waren freiwillig gemeinnützige Verhaltens- und Vermögensbindungen eingegangen. Eine als gemeinnütziges Wohnungsunternehmen anerkannte Wohnungsgenossenschaft war von den Steuern vom Ertrag und vom Vermögen befreit sowie bei bestimmten Gebühren begünstigt. Die gemeinnützigen Bindungen bestanden vor allem in dem Zwang zu fortlaufend eigener Bauherrentätigkeit. Außerdem durften die gemeinnützigen Wohnungsgenossenschaften bei der Überlassung ihrer Wohnungen höchstens kostendeckende Nutzungsgebühren und Kaufpreise verlangen.

Mit der Aufhebung des Wohnungsgemeinnützigkeitsgesetzes sind diese Bindungen entfallen; die Wohnungsunternehmen sind nunmehr unbeschränkt steuerpflichtig, eine Ausnahme bilden lediglich die sogenannten Vermietungsgenossenschaften. Die Wohnungsgenossenschaften sehen damit erweiterte Möglichkeiten, ihren Mitgliedern hohe Wohnqualität zu tragbaren Kosten im Mietwohnungs- und Eigentumsbereich anzubieten.[197]

Die meisten Wohnungsgenossenschaften sind kleine und mittlere Unternehmen; die Spanne reicht von Genossenschaften mit weniger als 100 Wohnungen bis zu solchen mit mehr als 10 000 Wohnungen. In den neuen Bundesländern sind fast 50 Prozent der Wohnungsgenossenschaften Kleinunternehmen, die weniger als 500 Wohnungen verwalten. Die Mindestgröße für eine wettbewerbsfähige Wohnungsgenossenschaft wird bei 1 000 Bestandswohnungen gesehen.[198]

Größte Wohnungsgenossenschaften sind in den alten Bundesländern die
– Bauverein der Elbgemeinden eG, Hamburg (gegründet 1899), mit 11 700 Wohnungen und 15 600 Mitgliedern und die

---

196 Vgl. GdW Gesamtverband der Wohnungswirtschaft e.V., Wohnen bei Genossenschaften . . ., a. a. O., S. 9.
197 Vgl. Hans Pohl, Wohnungsgenossenschaften auf dem Weg zu einem neuen Selbstverständnis, Münster 1990, S. 14.
198 Vgl. Uwe Blöcker, Drum prüfe, wer sich ewig bindet . . . Verschmelzung von Wohnungsbaugenossenschaften in den neuen Ländern, in: Die Wohnungswirtschaft, Heft 2/1992, S. 83.

– NEUE LÜBECKER Schleswig-Holsteinische Baugenossenschaft eG, Lübeck (gegründet 1949), mit 16 300 Wohnungen und 18 100 Mitgliedern,
in den neuen Bundesländern die
– Gemeinnützige Wohnungsbaugenossenschaft Cottbus mit 17 900 Wohnungen und 19 200 Mitgliedern und die
– Wohnungsgenossenschaft Aufbau Dresden mit 17 700 Wohnungen und 18 500 Mitgliedern.
Die Zunahme des Wohnungsangebotes und die Abnahme der öffentlichen Förderung haben bei den Wohnungsgenossenschaften in den alten Bundesländern zu einer Neuorientierung geführt: Neben den Wohnungsneubau sind gleichgewichtig die Erhaltung des Wohnungsbestandes und seine Verbesserung durch Modernisierungsmaßnahmen getreten. Darüber hinaus erblicken die Wohnungsgenossenschaften ihre Aufgabe auch in der Hilfe zur Erlangung von Wohneigentum, bei Modernisierungs- und Sanierungsmaßnahmen sowie in der Ergänzung der wohnlichen Versorgung ihrer Mitglieder.
Zu den traditionellen Merkmalen genossenschaftlicher Wohnungsversorgung gehört die Schaffung von Gemeinschaftsanlagen und Folgeeinrichtungen zur Verbesserung des Wohnumfeldes. Die Genossenschaften errichten Kinderspiel- und Sportplätze sowie Grünanlagen, ferner Kindergärten und Kinderhorte sowie Tagesheime für Kinder, Alte und Alleinstehende. Neben Seniorenwohnheimen werden Altenheime und Altenpflegeheime gebaut.[199] Auf diesem Feld sind inzwischen auch spezielle Seniorengenossenschaften tätig.[200]
Zusätzliche Geschäftsfelder sehen die Wohnungsgenossenschaften nach der Aufhebung des Wohnungsgemeinnützigkeitsgesetzes im Gewerbebau, zum Beispiel von Garagen, Parkhäusern und Supermärkten, sowie im Bauträgergeschäft und in der Eigentumsbildung.[201]
Um zu verhindern, daß die Mitglieder der Wohnungsgenossenschaften im Falle eines Umzuges Nachteile erleiden, ist 1969 in den alten Bundesländern der »Ring der Wohnungsgenossenschaften« eingerichtet worden, durch den das bisher regional begrenzte Dauernutzungsrecht auf alle Orte

---

199 Vgl. Artikel Wohnungsbaugenossenschaften, in: HdG, Sp. 1813.
200 Vgl. Artikel Seniorengenossenschaften, in: Genossenschafts-Lexikon, a. a. O., S. 579.
201 Vgl. Thomas Schaefers, Gibt es noch genossenschaftlichen Wohnungsbau?, in: Die Genossenschaften und der Wohnungsmarkt – nur Probleme oder auch Chancen?, Berlin 1992, S. 30.

in der Bundesrepublik ausgedehnt wurde, an denen Ringgenossenschaften vertreten sind. Dem Ring gehören 275 Wohnungsgenossenschaften mit 500 000 Wohnungen an.[202]

b) Verbandswesen

Spitzenverband der Wohnungsgenossenschaften ist der Gesamtverband der Wohnungswirtschaft e.V. (GdW), Köln, der bis zur Aufhebung des Wohnungsgemeinnützigkeitsgesetzes am 1. Januar 1990 Gesamtverband Gemeinnütziger Wohnungsunternehmen hieß. Der GdW ist zugleich Dachorganisation der gesamten Wohnungswirtschaft. Seine Mitglieder sind die wohnungswirtschaftlichen Regionalverbände,[203] denen Wohnungsunternehmen in genossenschaftlicher und anderer Rechtsform angehören. Seit 1990 unterhält der GdW ein Büro in Berlin.

Die Wohnungsgenossenschaften sind Pflichtmitglieder in den wohnungswirtschaftlichen Regionalverbänden, deren Aufgabe vor allem darin besteht, die angeschlossenen Genossenschaften jährlich in bezug auf die wirtschaftlichen Verhältnisse und die Ordnungsmäßigkeit der Geschäftsführung zu prüfen. Die Regionalverbände widmen sich ferner der Beratung und Betreuung ihrer Mitglieder in rechtlichen, technischen, wirtschaftlichen und wohnungspolitischen Fragen. Da viele Wohnungsgenossenschaften eine ausschließlich neben- oder ehrenamtliche Geschäftsführung haben,[204] kommt den Prüfungsverbänden hier besonders große Bedeutung zu. Schließlich vertreten sie die Belange der ihnen angehörenden Genossenschaften gegenüber den Landesregierungen, Gemeinden, Behörden und der Öffentlichkeit.

In der DDR hatte es keine wohnungsgenossenschaftlichen Verbände gegeben. Erst im März 1990 schlossen sich die ostdeutschen Wohnungsgenossenschaften zu Regionalverbänden mit einem Dachverband zusammen. Auf dem ersten gesamtdeutschen Verbandstag 1990 traten diese Verbände dem GdW bei, der damit 21 wohnungswirtschaftliche Regionalverbände aus den alten und neuen Bundesländern vertritt.

---

202 Vgl. GdW Gesamtverband der Wohnungswirtschaft e.V., Bericht 1991/92, Köln 1992, S. 88.
203 Vgl. GdW Gesamtverband der Wohnungswirtschaft e.V., Bericht 1992/93, a. a. O., S. 6.
204 Vgl. Artikel Wohnungsbaugenossenschaften, in: HdG, Sp. 1815.

Zweck des Gesamtverbandes der Wohnungswirtschaft ist die Förderung und Vertretung der einheitlichen Interessen der Mitglieder und der diesen angeschlossenen Unternehmen und Einrichtungen.[205] Der Gesamtverband hat in diesem Rahmen insbesondere die Aufgabe,
– die gemeinsamen wirtschafts-, rechts-, steuer- und finanzpolitischen Belange der Wohnungswirtschaft wahrzunehmen,
– das Genossenschaftswesen zu fördern und zu entwickeln,
– das Prüfungswesen weiterzuentwickeln und zu koordinieren sowie
– die Aus-, Fort- und Weiterbildung zu unterstützen und gegebenenfalls durchzuführen.
Zu den Aufgaben des Gesamtverbandes gehören ferner die Öffentlichkeitsarbeit sowie die Pflege der Beziehungen zu anderen Organisationen und Institutionen des In- und Auslandes. Der GdW ist Mitglied im Internationalen Genossenschaftsbund (IGB), Genf, und im Europäischen Verbindungsausschuß der Wohnungsgenossenschaften (CECODHAS), Brüssel.
In den Organen des Gesamtverbandes haben Vertreter der Wohnungsgenossenschaften Sitz und Stimme. Einer der Fachausschüsse des Gesamtverbandes beschäftigt sich speziell mit genossenschaftlichen Fragen.

2. Das wirtschaftliche Potential der Wohnungsgenossenschaften

Ende 1993 waren in der Bundesrepublik 1938 Wohnungsgenossenschaften tätig. Viele von ihnen wurden bereits vor der Jahrhundertwende gegründet. In den alten Bundesländern bestanden 1165 Wohnungsgenossenschaften, in den neuen Bundesländern 773. Eine eigene Spareinrichtung hatten 42 Wohnungsgenossenschaften, die Spareinlagen ihrer Mitglieder von über einer Milliarde DM verwalteten.
Seit 1950 ist die Zahl der Wohnungsgenossenschaften in den alten Bundesländern um ein Drittel zurückgegangen. Die gewandelten Anforderungen am Wohnungsmarkt machten es erforderlich, daß die Wohnungsgenossenschaften zu leistungsfähigeren Unternehmensgrößen fusionierten.

---

205 Vgl. Satzung des (neuen) Gesamtverbandes der Wohnungswirtschaft, § 2, in: Gemeinnütziges Wohnungswesen, Heft 1/1990, S. 11.

Die gleiche Notwendigkeit wird nun in noch stärkerem Maße für die Wohnungsgenossenschaften in den neuen Bundesländern gesehen.
Während die Zahl der Wohnungsgenossenschaften in den alten Bundesländern geschrumpft ist, hat sich die Zahl ihrer Mitglieder seit 1950 von 630 000 auf 1,8 Millionen erhöht, das heißt im Durchschnitt von 360 auf 1 600. Diese Verbreiterung der Mitgliederbasis hat auch die Kapitalverhältnisse der Wohnungsgenossenschaften positiv beeinflußt. Die Wohnungsgenossenschaften in den neuen Bundesländern zählten Ende 1993 rund 1,2 Millionen Mitglieder, das heißt im Durchschnitt 1 500. Insgesamt gehörten den Wohnungsgenossenschaften in der Bundesrepublik Deutschland damit zu diesem Zeitpunkt drei Millionen Mitglieder an.
Die Wohnungsnot nach dem Zweiten Weltkrieg und der starke Mitgliederzuwachs verlangten von den Wohnungsgenossenschaften eine umfangreiche Bautätigkeit. Insgesamt haben die Wohnungsgenossenschaften in den alten Bundesländern seit 1950 mehr als 1,3 Millionen Wohnungen gebaut, und zwar rund 800 000 Genossenschaftswohnungen und 500 000 Eigentümerwohnungen. Damit wurde ein wesentlicher Beitrag zum Wiederaufbau der Bundesrepublik geleistet.
Die Neubauleistung der Wohnungsgenossenschaften in den alten und neuen Bundesländern betrug 1993 gut 11 300 Wohnungen, das waren rund sechs Prozent der in Deutschland insgesamt neuerstellten Wohnungen. Das Dauernutzungsrecht und die Möglichkeit der Weitergabe im Generationenwechsel verleihen der Genossenschaftswohnung einen eigentumsähnlichen Charakter und der quantitativen Bauleistung der Wohnungsgenossenschaften eine besondere Qualität.[206]
In den neuen Bundesländern konnten die Wohnungsgenossenschaften nach der Wiedervereinigung zunächst nur wenige neue Wohnungen bauen, da ungeklärte Rechtsfragen vor allem hinsichtlich der wohnungswirtschaftlichen Altschulden investitionshemmend wirkten. Diese Fragen wurden aber 1993 gesetzlich geregelt.
Neben Genossenschaftswohnungen in Mehrfamilienhäusern schaffen die Wohnungsgenossenschaften für ihre Mitglieder individuelles Wohnungseigentum. Bezieht man die Betreuung der Mitglieder beim Wohnungsbau als eigentumsbildende Maßnahme in die Betrachtung ein, so

---

206 Vgl. Helmut Tepper, Die Genossenschaften als Instrumente sektoraler Wirtschaftspolitik, in: Wilhelm Jäger und Hans Pauli (Hrsg.), Genossenschaften und Genossenschaftswissenschaft, Wiesbaden 1984, S. 111.

wurden 1993 rund 2 800 Wohnungen als Eigentumsmaßnahmen errichtet; das dürften etwa vier Prozent der im gleichen Jahr insgesamt neugebauten Eigentümerwohnungen gewesen sein.

Die Wohnungsgenossenschaften bewirtschafteten 1993 mehr als zwei Millionen zur dauernden Nutzung durch die Mitglieder bestimmte Wohnungen – eine Million in den alten Bundesländern und 1,1 Millionen in den neuen Bundesländern. Aufgrund ihrer umfangreichen Neubauleistungen in der Vergangenheit besitzen die Wohnungsgenossenschaften damit heute sechs Prozent aller Wohnungen in der Bundesrepublik. Das macht sie zu einem wichtigen Faktor der deutschen Wohnungswirtschaft.

IV. Wesensmerkmale des Genossenschaftswesens

A. Das genossenschaftliche Gedankengut

Wie einleitend dargestellt, weist das deutsche Genossenschaftswesen eine lange Entwicklungsgeschichte auf. Sie beginnt, selbst wenn wir die genossenschaftsähnlichen Zusammenschlüsse der Frühgeschichte und des Mittelalters außer Betracht lassen, bereits um die Mitte des 19. Jahrhunderts. Obwohl es seither bei den Trägern von Genossenschaften wie bei den Genossenschaften selbst und in ihrem Umfeld zu vielfältigen und in mancher Beziehung äußerst tiefgreifenden Veränderungen gekommen ist, bedeutet es nicht ein Festhalten an vermeintlich überholten Positionen, wenn bei einer Darstellung des genossenschaftlichen Gedankengutes darauf hingewiesen wird, daß die genossenschaftliche Zusammenarbeit bestimmte charakteristische Merkmale aufweist, die unabhängig von den Zeitläuften Gültigkeit haben und behalten.

Die genossenschaftliche Wirtschaftsführung besteht darin, daß Betriebe oder Haushalte freiwillig gleichartige Funktionen ganz oder teilweise ausgliedern[1] (etwa den Absatz landwirtschaftlicher Produkte) und auf Dauer einer von ihnen gemeinsam getragenen Wirtschaftseinheit – dem Genossenschaftsbetrieb – zur Ausführung übertragen,[2] im übrigen aber selbständig bleiben.

Die Erwartungen der Mitglieder bei einem solchen Vorgehen sind durchaus rational: Die Träger einer Genossenschaft gehen davon aus, daß die gebündelte und gemeinsame Ausübung der Funktion für jedes einzelne Mitglied Vorteile gegenüber der individualwirtschaftlichen Ausübung dieser Funktion mit sich bringt (economies of scale). Die genossenschaftliche Zusammenarbeit ist, so gesehen, ein Ausfluß des Strebens der Mitglieder nach ökonomischen Vorteilen. Dieses Vorteilsstreben zielt bei privaten

---

[1] Diese Definition umfaßt nicht die Produktivgenossenschaften, bei denen die Mitgliederbetriebe nicht nur bestimmte Teilfunktionen ganz oder teilweise ausgliedern, sondern gänzlich in der Genossenschaft aufgehen. Siehe dazu S. 43, Fußnote 53.

[2] Vgl. Reinhard Schultz und Jürgen Zerche, Genossenschaftslehre, 2. Aufl., Berlin-New York 1983, S. 11. Wir folgen diesem gut gegliederten und in klarer Diktion dargestellten Werk auch im weiteren Aufbau dieses Abschnitts.

Haushalten auf eine Erhöhung ihres Realeinkommens ab, bei Unternehmen auf eine Senkung ihrer Aufwendungen und/oder eine Erhöhung ihrer Erträge unter Erhaltung ihrer Selbständigkeit. Der Grundauftrag an die Genossenschaften besteht also darin, ihre Mitglieder wirtschaftlich zu fördern;[3] dieser Grundauftrag »gehört zu allen Genossenschaften in allen Ländern und zu allen Zeiten; er ist das *Wesensmerkmal* der Genossenschaft oder die genossenschaftliche *Leitidee*«.[4] Wir können daher mit ERIK BOETTCHER definieren: »Eine Genossenschaft ist der Zusammenschluß einer Gruppe von Wirtschaftssubjekten, die durch Leistungen einer gemeinsam getragenen Unternehmung die Förderung ihrer eigenen Wirtschaften (Haushaltungen oder Unternehmungen) betreiben.«[5]
Neben dieses ökonomische Hauptziel der Wirtschaftsführung von Genossenschaften (gleich welcher Art und unabhängig von den Entwicklungsphasen des modernen Genossenschaftswesens) können außerökonomische Ziele treten, beispielsweise das Bestreben, mit Hilfe von Genossenschaften die nationale Selbstbehauptung zu sichern oder konfessionelle oder gesellschaftsreformerische Wirkungen zu erzielen. Aber schon 1956 und sehr pointiert dann nochmals 1958 stellte HANS-JÜRGEN SERAPHIM die »Tendenz abnehmender Gewichtigkeit außerökonomischer Zielsetzungen«[6] fest. Derartige Ziele sind also nicht konstitutiv für das genossenschaftliche Unternehmen, auch wenn außerökonomische Zielsetzungen bei den sogenannten »Alternativen Genossenschaften« oder »Neuen Genossenschaften« gegenwärtig eine gewisse Renaissance zu erleben scheinen.[7] Hingegen ist die wirtschaftliche Förderung ihrer Mitgliederwirtschaften für die Genossenschaften unabdingbar.
Die genossenschaftliche Wirtschaftsweise stellt nur *eine* Form der wirtschaftlichen Kooperation dar. Sie zeichnet sich dadurch aus, daß die Kooperationswilligen in Selbsthilfe eine gemeinsam getragene Betriebswirt-

---

3 Vgl. Reinhold Henzler, Der genossenschaftliche Grundauftrag: Förderung der Mitglieder, Frankfurt am Main 1970.
4 Artikel Förderungsauftrag, genossenschaftlicher, in: Genossenschafts-Lexikon, a. a. O., S. 204.
5 Erik Boettcher, Die Genossenschaft in der Marktwirtschaft, Tübingen 1980, S. 7. Die gründlichste Untersuchung der Probleme der Umsetzung dieses Förderungsauftrages hat in jüngster Zeit Grosskopf vorgelegt. Vgl. Strukturfragen der deutschen Genossenschaften, Teil I: Werner Grosskopf (unter Mitarbeit von Roman Glaser und Ludwig Glatzner), Der Förderungsauftrag moderner Genossenschaftsbanken und seine Umsetzung in die Praxis, Frankfurt am Main 1990.
6 Hans-Jürgen Seraphim, Wie muß eine wirklichkeitsnahe Theorie das Wesen der Genossenschaften erfassen?, in: ZfgG, Bd. 8 (1958), S. 63.
7 Vgl. Artikel Alternative Genossenschaften, in: Genossenschafts-Lexikon, a. a. O., S. 7 f., und Artikel Neue Genossenschaften, in: Genossenschafts-Lexikon, a. a. O., S. 471 f.

schaft errichten und aufrechterhalten, mit deren Hilfe sie ihre eigenen Wirtschaften fördern wollen. Die Mitglieder der Genossenschaft sind also zugleich deren Eigentümer und Kunden oder Lieferanten. Die Genossenschaftswissenschaft spricht in bezug auf diesen Zusammenhang vom *Identitätsprinzip;* es ist wie der *Förderungsauftrag* konstitutiv für die genossenschaftliche Zusammenarbeit.[8]

Das deutsche Genossenschaftsgesetz betont in vielen Einzelvorschriften die Dominanz des personalen Elementes der Genossenschaft. »Damit wäre neben dem Förderungsauftrag und dem Identitätsprinzip das dritte zentrale Charakteristikum der Genossenschaften angesprochen: das *Demokratieprinzip.*«[9]

Seiner besonderen Bedeutung wegen wollen wir uns diesem dritten Merkmal später noch gesondert zuwenden. An dieser Stelle soll zunächst nur noch darauf hingewiesen werden, daß das personale Element in den älteren Wesensbestimmungen der Genossenschaft einen zentralen Stellenwert einnahm, wie aus den beiden folgenden Definitionen von REINHOLD HENZLER und GEORG DRAHEIM hervorgeht: »Die Genossenschaft ist eine Personenvereinigung mit nicht geschlossener Mitgliederzahl, deren Zweck es ist, entsprechend dem ihr erteilten Grundauftrag die Eigenwirtschaften der Mitglieder mit geeigneten Mitteln und Maßnahmen, namentlich mittels gemeinsam getragener Betriebswirtschaft, zu fördern.«[10]

»Jede Genossenschaft hat eine Doppelnatur. Sie ist grundsätzlich immer
– eine Personenvereinigung, eine ›Gruppe‹ im Sinne der Soziologie und der Sozialpsychologie. Die Glieder dieser Gruppe sind Menschen, die die Träger der Genossenschaft darstellen;
– ein Gemeinschaftsbetrieb der Mitgliederwirtschaften. Träger dieses Gebildes sind dieselben Individuen, die die ›Gruppe‹ bilden.«[11] Obgleich ins-

---

8 Es dient daher nicht der Klärung der Wesensmerkmale der Genossenschaft, wenn sie mit Unternehmen anderer Art zusammengefaßt wird, wie dies in der »Economie Sociale« geschieht, einem Begriff, der bereits um die Jahrhundertwende von dem französischen Genossenschaftstheoretiker Charles Gide geprägt wurde. Nach den Vorstellungen der französischen Regierung, die auch auf der europäischen Ebene diskutiert werden, seien in der »Sozialwirtschaft« Genossenschaften, Versicherungsvereine auf Gegenseitigkeit und gemeinnützige Vereine zusammenzufassen, die gemeinsam einen eigenen, alternativen Sektor der Wirtschaft bildeten, neben dem privatwirtschaftlichen und dem öffentlichen Sektor. Nach den konstitutiven Merkmalen der Genossenschaft deutschen Verständnisses sind Genossenschaften hingegen ein Teil der privaten Wirtschaft und nicht eines neuen, alternativen Sektors. Vgl. Hans-H. Münkner, Economie sociale in Frankreich und in der EG, in: Genossenschaftsforum, Heft 10/1988, S. 457 ff., und Deutscher Genossenschafts- und Raiffeisenverband e.V., Geschäftsbericht 1993, S. 13 ff.
9 Schultz und Zerche, a. a. O., S. 15.
10 Reinhold Henzler, Die Genossenschaft – eine fördernde Betriebswirtschaft, Essen 1957, S. 26.
11 Georg Draheim, Die Genossenschaft als Unternehmungstyp, 2. Aufl., Göttingen 1955, S. 16.

besondere DRAHEIM in seinen späteren Veröffentlichungen ein Zurücktreten der prägenden Bedeutung der sozialen Beziehungen innerhalb der Gruppe der Mitglieder eingeräumt hat,[12] gehört die Doppelnatur der Genossenschaft auch nach jüngeren Veröffentlichungen noch immer zu ihren charakteristischen Kennzeichen.[13]

Unwandelbare Eigentümlichkeiten der genossenschaftlichen Wirtschaftsführung sind demnach das Förderungs-, das Identitäts- und das Demokratieprinzip. Auch wenn diese Merkmale unabhängig von den Entwicklungsphasen des modernen Genossenschaftswesens wesensbestimmend bleiben, haben sich doch im Umfeld der Genossenschaften, bei diesen selbst und bei ihren Trägern mannigfache Änderungen ergeben: Ganz überwiegend operieren heute – wie anfänglich – die deutschen Genossenschaften nicht mehr in Marktnischen; sie sind vielmehr voll dem Wettbewerb ausgesetzt, den sie bejahen und durch ihre Existenz intensivieren. Um den rationalen Leistungserwartungen ihrer Mitglieder entsprechen zu können, haben die Genossenschaften erfolgreich den Weg ihrer eigenen »Ökonomisierung« beschritten, eines system- und stilneutralen Vorganges von der gleichen Qualität wie etwa auch die »Technisierung«.[14] Unter Ökonomisierung sind nach DRAHEIM alle Maßnahmen zu verstehen, »die unter Anwendung des wirtschaftlichen Prinzips auf eine betriebswirtschaftlich zweckmäßige Gestaltung der Genossenschaft hinauslaufen«.[15] Diese Entwicklung hat dazu geführt, daß der traditionelle Genossenschaftstyp,[16] der noch von den Mitgliedern geleitet wurde und dessen Unternehmenscharakter noch nicht voll ausgeprägt war, in der Bundesrepublik kaum noch anzutreffen ist. Es dominieren vielmehr der Typus der Marktgenossenschaft (die Genossenschaft steht in vollem Wettbewerb, sie wird durch ein hauptamtliches Management geführt, und die Leistungsbeziehungen zwischen Mitgliederwirtschaften und Genossenschaftsunternehmung weisen alle Merkmale von Marktbeziehungen auf) und der

---

12 Vgl. beispielsweise Georg Draheim, Aktuelle Grundsatzprobleme des Genossenschaftswesens, Marburg 1972, S. 10 ff.
13 Vgl. Artikel Genossenschaftscharakteristika, in: Genossenschafts-Lexikon, a. a. O., S. 270 f. Münkner hält die Aktivierung der Mitgliederbasis geradezu für lebensnotwendig für die Stabilität von Genossenschaften. Vgl. Strukturfragen der deutschen Genossenschaften, Teil II, a. a. O.
14 Vgl. Georg Draheim, Genossenschaften im Wandel, in: Helmut Faust, Genossenschaftliches Lesebuch, Frankfurt am Main 1967, S. 247 f.
15 Draheim, Die Genossenschaft als Unternehmungstyp, a. a. O., S. 232.
16 Vgl. Eberhard Dülfer, Strukturprobleme der Genossenschaft in der Gegenwart, in: Neuere Tendenzen im Genossenschaftswesen, Göttingen 1966, S. 5 ff.

Typus der integrierten Genossenschaft, in der alle Mitglieder verbundwirtschaftlich zusammengefaßt sind.[17]

Im Zuge dieser Entwicklung hat hinsichtlich des äußeren Erscheinungsbildes und der Anwendung betriebswirtschaftlicher Grundsätze eine starke Angleichung der Genossenschaft an andere Unternehmungsformen stattgefunden. Die wichtigsten Veränderungen, mit denen sich die modernen Genossenschaften auseinanderzusetzen haben, bestehen nach DRAHEIM in der *zunehmenden ökonomischen Einstellung der Mitglieder einerseits und den sachbezogenen Zwängen der jeweiligen Marktgegebenheiten andererseits.* Die genossenschaftsadäquate Antwort auf diese Herausforderungen lautet aber nicht »Konzentration« (die diese Herausforderungen vielfach erst bewirkt hat), sondern »Kooperation«, nämlich in Gestalt des Verbundes und der Verbundintensivierung. Auf diese Weise können die Genossenschaften ihre dezentrale Struktur autonomer Einheiten aufrechterhalten, wettbewerbsfähig bleiben und ihren Förderungsauftrag gegenüber ihren Mitgliederwirtschaften erfüllen. Eine *Intensivierung des genossenschaftlichen Verbundes* stellt mithin keinen »Konzentrationsersatz« dar, sondern ist eine auf zielstrebigem, selbstbewußtem Kalkül beruhende, eigenständige Aktion. Durch ein solches Vorgehen können sowohl die genossenschaftlichen Charakteristika als auch die genossenschaftstypische raum- und menschenverbundene Gestaltung bewahrt werden. Unter diesen Voraussetzungen kann sich insbesondere auch das demokratische Prinzip der Genossenschaften weiter entfalten.

B. Das demokratische Prinzip in den Genossenschaften

Das demokratische Prinzip, das die Genossenschaften bestimmt, folgt aus der Dominanz des personalen Elementes der Genossenschaft: »Das Mitglied und nicht die Kapitalbeteiligung – wie bei der AG – steht im Vordergrund der rechtlichen Regeln.«[18] Das deutsche Genossenschaftsgesetz konstituiert einen Unternehmungstyp, bei dem sich die Mitgliedschafts-

---

17 Dülfer hat in einer späteren Buchveröffentlichung die von ihm geprägten Begriffe der traditionellen Genossenschaft, der Marktgenossenschaft und der integrierten Genossenschaft durch die Begriffe des Organwirtschaftlichen Kooperativs, des Marktbeziehungskooperativs und des Integrierten Kooperativs ersetzt. Vgl. Eberhard Dülfer, Betriebswirtschaftslehre der Kooperative, Göttingen 1984, S. 91 ff.
18 Schultz und Zerche, a. a. O., S. 15.

rechte nicht nach dem Gewicht der Kapitalbeteiligung bemessen, sondern jedem Kapitalbeteiligten im gleichen Umfang zustehen wie allen anderen. »Die persönliche Verbindung der Genossen miteinander im Rahmen ihrer Genossenschaft macht diese zu einer personenrechtlichen Organisationsform. Die kapitalmäßige Beteiligung ist nur eine Folge und, im Gegensatz zu den Kapitalgesellschaften, nicht die primäre Seite dieses Verhältnisses.«[19]

Die Gründer des modernen Genossenschaftswesens, vor allem HERMANN SCHULZE-DELITZSCH als Schöpfer der deutschen Genossenschaftsgesetzgebung, hatten hinsichtlich der Mitwirkungsrechte der Mitglieder die *direkte Demokratie* vor Augen: In den seinerzeit noch relativ kleinen, überschaubaren genossenschaftlichen Personenvereinigungen sollte die Willensbildung nicht nur im Grundsatz, sondern auch im einzelnen von unten nach oben verlaufen; die Generalversammlung als die Gesamtheit der Mitglieder einer Genossenschaft war von Anfang an deren höchste Entscheidungsinstanz und zunächst nicht nur (wie noch heute) für Satzungsänderungen sowie beispielsweise für die Bestellung und Abberufung des Aufsichtsrates zuständig, sondern auch berechtigt, über Einzelfragen der Geschäftsführung mitzuentscheiden.[20] Dieses Recht stand darüber hinaus auch dem Aufsichtsrat zu.

Diese Führungsvielfalt bewirkte jedoch Unklarheiten in der Abgrenzung von Zuständigkeiten und Verantwortlichkeiten – Probleme, die im Zuge des Wachstums der Genossenschaften als solche der direkten Demokratie erkannt wurden; ihre Lösung führte faktisch (ähnlich der Entwicklung in modernen Staatswesen) auch bei den Genossenschaften zur *repräsentativen Demokratie* hin. Damit entfiel der unmittelbare Einfluß der Mitglieder auf die Geschäftsführung, während umgekehrt dem Vorstand mehr eigenständiger Entscheidungsspielraum zuwuchs; mit der Novelle zum deutschen Genossenschaftsgesetz von 1973 wurde dem Vorstand vollends die eigenverantwortliche Leitungsmacht übertragen. Gleichwohl können grundlegende Entscheidungen der Unternehmensführung (wie etwa eine Änderung des Unternehmensgegenstandes, die Erhöhung von Geschäftsanteilen, die Auflösung der Genossenschaft oder ihre Verschmelzung mit

---

19 Hans-Jürgen Seraphim, Die genossenschaftliche Gesinnung und das moderne Genossenschaftswesen, Karlsruhe 1956, S. 9.
20 Vgl. Artikel Demokratieprinzip, Genossenschaftliches, in: HdG, Sp. 252 ff., und Artikel Demokratieprinzip, genossenschaftliches, in: Genossenschafts-Lexikon, a. a. O., S. 119 f.

einer anderen Genossenschaft) nur von einer qualifizierten Mehrheit der Generalversammlung getroffen werden.

In der Generalversammlung,[21] die unter den drei Organen der Genossenschaft (neben Vorstand und Aufsichtsrat) nach wie vor das oberste Beschluß- und Kontrollorgan ist, gilt grundsätzlich das Prinzip »Ein Mitglied – eine Stimme«, genauso wie in Vertreterversammlungen.[22] Als Ausnahme von diesem Grundprinzip kann bei Primärgenossenschaften auch ein beschränktes Mehrstimmrecht vorgesehen werden, wobei jedoch kein Mitglied mehr als drei Stimmen haben darf. Für Zentralgenossenschaften gilt diese Beschränkung nicht. Das Mehrstimmrecht bei Primärgenossenschaften ist auf bestimmte Sachentscheidungen beschränkt und an satzungsmäßige Voraussetzungen gebunden; in der Praxis wird es nur selten angewandt.

So wie in der General- beziehungsweise in der Vertreterversammlung von Primärgenossenschaften nach wie vor nach Köpfen und nicht nach Kapitalanteilen abgestimmt wird, so gilt im Grundsatz auch, daß das Stimmrecht durch das Mitglied persönlich ausgeübt werden soll. Mit der Gesetzesnovelle von 1973 ist auch die Möglichkeit einer Stimmvollmacht geschaffen worden. Ein Bevollmächtigter darf aber nicht mehr als zwei Mitglieder vertreten. Er hat also höchstens drei (einschließlich eventueller Mehrstimmen maximal neun) Stimmen. Die Satzung kann persönliche Voraussetzungen für den Bevollmächtigten festlegen.[23]

Fügt man diesen beiden Regelungen weitere hinzu, wie etwa die Vorschrift, daß die Mitglieder von Vorstand und Aufsichtsrat – von Arbeitnehmervertretern abgesehen – Mitglieder der Genossenschaft oder einer Mitgliedsgenossenschaft sein müssen,[24] so wird die genossenschaftstypi-

---

21 Die Generalversammlung ist als Mitgliederversammlung dasjenige Organ der Genossenschaft, in dem sich die gemeinsame Willensbildung der Mitglieder in grundlegenden Angelegenheiten der Genossenschaft vollzieht.
22 Die Generalversammlung bestand bei Genossenschaften mit mehr als 1 500 Mitgliedern bis Ende 1993 fakultativ, bei mehr als 3 000 Mitgliedern obligatorisch aus Vertretern der Genossenschaftsmitglieder und hieß dann Vertreterversammlung. Mit Wirkung vom 25. Dezember 1993 wurde diese Bestimmung dahingehend geändert, daß die obligatorische Vertreterversammlung ab 3 001 Mitgliedern ersatzlos entfallen ist. Nach dem neugefaßten § 43a Abs. 1 Genossenschaftsgesetz bleibt es Genossenschaften mit mehr als 1 500 Mitgliedern freigestellt, durch die Satzung die Einrichtung einer Vertreterversammlung festzulegen. Vgl. Hans-Jürgen Schaffland, Änderung des Genossenschaftsgesetzes, in: BI/GF, Heft 2/1994, S. 72.
23 Vgl. Artikel Demokratieprinzip, Genossenschaftliches, in: HdG, Sp. 257 f., und Artikel Mehrstimmrechte, in: Genossenschafts-Lexikon, a. a. O., S. 434 f.
24 Vgl. Winter, a. a. O., S. 57.

sche Selbstverwaltung deutlich, zu der auch noch das Ehrenamt[25] gehört. Mit ihrer Betonung personaler Werte, die auch in den Grundsätzen der Solidarität und der Selbstverantwortung zum Ausdruck kommen, heben sich die Genossenschaften aus der Vielfalt der Unternehmensformen heraus. In der Personenbezogenheit der Genossenschaft liegt auch eine große Chance für ihr weiteres Wirken, wenn man mit RUPERT LAY davon ausgeht, daß die Überwindung rein funktionaler Betrachtungsweisen durch *personale Betrachtungsweisen* sich abzeichnet.[26]

C. Das Selbstverständnis der Genossenschaften

Wenn wir unsere einleitenden Darlegungen über die Entwicklungsgeschichte des deutschen Genossenschaftswesens noch einmal Revue passieren lassen und das Selbstverständnis der Genossenschaften im Zeitablauf zu erfassen versuchen, so ist das erwartete Ergebnis in der Realität tatsächlich feststellbar. Wir werden im folgenden nachweisen, daß sich zwar entscheidende Veränderungen auf den Märkten und in den Mitgliederwirtschaften vollzogen haben, daß aber dennoch *Zielrichtung* und *Grundstruktur genossenschaftlichen Wirkens unverändert* geblieben sind.
Die Finanz-, Waren- und Dienstleistungsmärkte, auf denen sich die Genossenschaften heute bewegen, sind mit denen zur Zeit der Entstehung der ersten Genossenschaften in Deutschland nicht mehr vergleichbar. Technische Entwicklung und Unternehmens-Konzentration haben den Wettbewerbsgrad auf diesen Märkten entscheidend verändert. Auch die Genossenschaften sind von dieser Intensivierung des Wettbewerbs voll erfaßt

---

25 Das genossenschaftliche Ehrenamt, dessen hoher Rang in der Gründungsphase der deutschen Genossenschaften insbesondere von Raiffeisen betont wurde, wird durch Wahl verliehen. In der Gegenwart wird das Ehrenamt beispielsweise durch Mitglieder im Aufsichtsrat ihrer Genossenschaft oder durch hauptamtliche Vorstandsmitglieder von Genossenschaften in Ausübung zusätzlicher Funktionen in Verbänden oder in Zentralgenossenschaften wahrgenommen. Darüber hinaus spielt das Ehrenamt auch heute noch eine bedeutende Rolle in den Vorständen vornehmlich der ländlichen und der gewerblichen Waren- und Dienstleistungsgenossenschaften sowie in den Wohnungsgenossenschaften. Es wird dort als Ausdruck der unmittelbaren Mitwirkung der Mitglieder bei der Umsetzung des genossenschaftlichen Förderungsauftrages betrachtet. Vgl. Artikel Ehrenamt, Genossenschaftliches, in: HdG, Sp. 321 ff., und Artikel Ehrenamt, Genossenschaftliches, in: Genossenschafts-Lexikon, a. a. O., S. 150 ff.
26 Vgl. Rupert Lay, Festansprache anläßlich des 100jährigen Jubiläums der genossenschaftlichen Zentralbanken im Rheinland und in Westfalen, in: Westdeutsche Genossenschafts-Zentralbank, Perspektiven, Düsseldorf 1984, S. 27.

worden. Sie operieren nicht mehr im Windschatten der Wettbewerber, sondern stehen mitten in diesem Wettbewerb.

Dabei hat die wettbewerbspolitische Funktion der Genossenschaften zwei Aspekte. Es handelt sich vor allem darum, daß Genossenschaften geeignet sind, einen *funktionsfähigen Wettbewerb* zu schaffen und zu sichern, und zum anderen (vornehmlich in ihrer Entstehungsgeschichte) darum, daß sie den Wettbewerb durch die Bildung *gegengewichtiger Marktmacht* intensivieren.

Die klassische Wettbewerbstheorie und die auf ihr aufbauende Marktformenlehre führen uns zum Verständnis des ersten Aspektes, also dem des funktionsfähigen Wettbewerbs.[27] Diese herkömmliche Theorie untersucht die Wettbewerbsbeziehungen der Partner jeweils einer Marktseite zueinander. Genossenschaften spielen bei dieser Betrachtungsweise deswegen eine bedeutende Rolle, weil sie für ihre Mitgliederwirtschaften oftmals erst die Voraussetzung dafür schaffen, daß marktfähige Institutionen entstehen. Dies soll an den folgenden drei Beispielen belegt werden.

Die Gründung von Kreditgenossenschaften durch RAIFFEISEN in der Mitte des vorigen Jahrhunderts basierte, wie wir bereits nachgewiesen haben,[28] auf dem Prinzip der solidarischen Selbsthilfe. Den privaten Geldverleihern, die oftmals ein lokales oder regionales Monopol aufgebaut hatten und denen die kreditsuchenden Landwirte hinsichtlich der Konditionengestaltung hilflos ausgeliefert waren,[29] sollte eine Alternative an die Seite gestellt werden, um die Wettbewerbssituation der Landwirte zu verbessern. Und genau diese Leistung erbrachten die Kreditgenossenschaften, indem sie auf der den Landwirten gegenüberliegenden Marktseite, nämlich der des Kreditangebotes, tätig wurden und die Konkurrenz dort belebten mit der Folge, daß die Zinsen für die kreditnehmenden Landwirte sanken.[30] Das gleiche galt für die Vorschußvereine von SCHULZE-DELITZSCH, die späteren Volksbanken, mit Blick auf die Handwerker und Kleingewerbetreibenden. Wir können also ganz allgemein feststellen: »Die Genossenschaft stellt ... einen Zusammenschluß von Konkurrenten durch Gründung

---

27 Vgl. Erhard Kantzenbach, Die Funktionsfähigkeit des Wettbewerbs, 2. Aufl., Göttingen 1967.
28 Siehe S. 19–22.
29 Vgl. Faust, a. a. O., S. 328 ff.
30 Vgl. Holger Bonus, Die Genossenschaft als Unternehmungstyp, Münster 1985, S. 15.

eines eigenen Unternehmens (des Genossenschaftsunternehmens) auf der Marktgegenseite dar.«[31]

In gleicher Weise sicherte SCHULZE-DELITZSCH den Schuhmachern in Delitzsch die Vorteile des Großmengenbezugs von Leder, indem er eine Schuhmachereinkaufsgenossenschaft auf der Marktgegenseite gründete,[32] die dort dazu beitrug, den Wettbewerb zu erhöhen.

Schließlich: Die Warenhäuser, Einheitspreisgeschäfte und Massenfilialbetriebe, die sich gegen Ende des vorigen Jahrhunderts gebildet hatten, waren wegen der mit ihnen verbundenen ökonomischen Vorteile des Großmengenbezugs auf der Großhandelsstufe den selbständigen Lebensmitteleinzelhändlern derart überlegen, daß sie dieser Konkurrenz ohne organisierte Selbsthilfe nicht hätten begegnen können. Die Gründung der EDEKA- und REWE-Einkaufsgenossenschaften zu Anfang dieses Jahrhunderts geschah denn auch aus dem Bestreben heraus, sich durch Bündelung der Einkaufsfunktion vieler kleiner Wirtschaftseinheiten in die Lage zu versetzen, mit den wenigen großen Gebilden auf der Marktgegenseite, also der Großhandelsstufe, konkurrieren zu können. Die selbständigen Lebensmitteleinzelhändler wurden auf diese Weise erst wieder wettbewerbsfähig gemacht. Diese Verbesserung ihrer wirtschaftlichen Lage verdanken sie dem Wirken ihrer Genossenschaften, weswegen es irrig ist, diesen ihrerseits eine wettbewerbsbeschränkende Funktion unterstellen zu wollen. Das Gegenteil ist richtig: *Die Genossenschaften haben eine wettbewerbsgestaltende Kraft, sie schaffen erst die Voraussetzung für einen funktionsfähigen Wettbewerb.*[33]

Zweck jeglichen Wirtschaftens ist die optimale Bedarfsdeckung der Letztverbraucher. Die ordnungspolitische Konzeption der Sozialen Marktwirtschaft geht davon aus, daß dieses Ziel im freien, aber sozialgebundenen Spiel der Kräfte durch den Wettbewerb am besten zu erreichen ist. Die herkömmliche Theorie stellt dabei, wie wir dargelegt haben, auf den Wettbewerb der Marktteilnehmer ein und derselben Marktseite, also entweder

---

31 Boettcher, Die Genossenschaft in der Marktwirtschaft, a. a. O., S. 24.
32 Vgl. Faust, a. a. O., S. 207 f.
33 Vgl. Walter Hamm, Mißbrauch von Nachfragemacht durch Genossenschaften?, in: Genossenschaftsforum, Heft 1/1978, S. 8 ff.
  Im übrigen verweist schon Eucken auf die Tatsache, daß Genossenschaften, weil sie von Einzelnen frei vollzogen werden, in einer Wettbewerbsordnung ihren Platz haben und zu fördern seien. Vgl. Walter Eucken, Grundsätze der Wirtschaftspolitik, Bern-Tübingen 1952, S. 374.

der Anbieter oder der Nachfrager untereinander, ab. Für die strukturellen Verhältnisse auf vielen Märkten hat jedoch auch ein anderes Phänomen an Gewicht gewonnen, das mit den Erkenntnissen der klassischen Wettbewerbstheorie nicht mehr erfaßt werden kann. Es handelt sich um das Vordringen oligopolistischer Marktbedingungen: Relativ starke und konzentrierte Unternehmenseinheiten treten als Anbieter beziehungsweise als Nachfrager auf.

In Anbetracht dieser Entwicklung wies JOHN KENNETH GALBRAITH[34] in Weiterführung der überkommenen Theorie als erster nach, daß auch bei einem Versagen des Wettbewerbs im herkömmlichen Sinne die Beschränkung privater Macht und die Einhaltung der Prinzipien der Marktwirtschaft möglich sei. Das Marktgleichgewicht sei, so folgerte er aus der wachsenden Konzentration auf vielen Märkten, nicht so sehr von dem Verhältnis der Marktteilnehmer untereinander, sondern vorzugsweise von dem Machtverhältnis der beiden Marktseiten zueinander abhängig. Dieses Marktgleichgewicht bilde sich durch einen Machtausgleich der beiden Marktseiten heraus; eine Originärmacht auf der einen Seite werde also durch eine gegengewichtige Marktmacht (countervailing power) auf der anderen Marktseite ausgeglichen. Dies führe zu einer Intensivierung des Wettbewerbs.

Auch in dieser Hinsicht sind die Genossenschaften erfolgreich gewesen: So haben sie beispielsweise im vorigen Jahrhundert der monopolistischen Angebotsstruktur am Düngemittelmarkt durch die Zusammenfassung der Nachfrage in Form von örtlichen Bezugsgenossenschaften und Zentralgenossenschaften erfolgreich begegnen können; auch heute noch gibt es in der Landwirtschaft lokale oder regionale Teilmärkte, auf denen durch Bildung gegengewichtiger Marktmacht der Wettbewerb intensiviert wird.[35]

So nehmen die Genossenschaften heute, da sie zur Herstellung und zur Sicherung eines funktionsfähigen Wettbewerbs und zu einer Intensivierung des Wettbewerbs beitragen, wichtige wettbewerbspolitische Funktionen wahr.[36]

---

34 Vgl. John Kenneth Galbraith, American Capitalism – The Concept of Countervailing Power, Boston 1952.
35 Vgl. Artikel Gegengewichtige Marktmacht und Genossenschaften, in: Genossenschafts-Lexikon, a. a. O., S. 231.
36 Vgl. Artikel Genossenschaften, Stellung in der Gesamtwirtschaft, in: Genossenschafts-Lexikon, a. a. O., S. 259.

Durch das Wirken der Genossenschaften hat sich auch die wirtschaftliche Stellung ihrer Mitglieder verändert. »Die Mitglieder der Genossenschaften sind nicht mehr wie im vergangenen Jahrhundert die beiseite stehenden, vergessenen ›kleinen Leute‹, sondern allseits geschätzte Mitträger und Mitgestalter der Wirtschaft und der Gesellschaft.«[37] Dieser Fördererfolg genossenschaftlicher Tätigkeit, dem ein entsprechender Markterfolg der Genossenschaften zugrunde liegt, hat auch die Genossenschaften nach außen hin verändert: »Die Steigerung der ökonomischen Leistungsfähigkeit, die Anwendung modernster Mittel und Methoden haben allerdings dahin geführt, daß die Genossenschaft bei oberflächlicher Betrachtung in ihrem äußeren Bilde heute kaum anders aussieht als ihre branchengleichen Wettbewerber ähnlicher Größe.«[38] Wir begegnen hier der Gesetzmäßigkeit von der zunehmenden Annäherung des äußeren Erscheinungsbildes von Marktkontrahenten bei steigendem Wettbewerb, auf die wir in einem anderen Zusammenhang noch einmal zurückkommen werden.[39]
Weitgehend geschwunden sind auch die früheren emotionalen Bindungen der Mitglieder an ihre jeweilige Genossenschaft. »Die Schemata der Gründungszeit sind meist längst verblaßt: Die Genossenschaften dienen kaum noch
– der Schaffung von Abwehrinstitutionen gegenüber einer feindlichen kapitalistischen Gesellschaft (Industriegesellschaft),
– der Organisation von Kräften, die kaum auf andere Impulse als die der Solidarität zurückgreifen konnten.
Sie sind nur bedingt soziale Institutionen, die vorzugsweise minderbemittelten Schichten dienen und sozialreformatorische Ziele verfolgen.«[40]
Der Grund für die veränderte Einstellung der Mitglieder zu ihren Genossenschaften liegt in der allgemein zunehmenden Rationalität des Wirtschaftens. Dieser Rationalität entspringt die zunehmende Rechenhaftigkeit der Mitglieder einerseits, entspringt aber auch ihre Kooperation in Genossenschaften als eigenständige Aktionsform andererseits. Sie setzt sich darüber hinaus in der Kooperation der Genossenschaften in Verbundsy-

---

37 Georg Draheim, Vortrag, in: Genossenschaft und Bildung, Vorträge und Ansprachen, Frankfurt am Main 1970, S. 14.
38 Draheim, Genossenschaften im Wandel, a. a. O., S. 247.
39 Siehe S. 169.
40 Draheim, Aktuelle Grundsatzprobleme des Genossenschaftswesens, a. a. O., S. 10.

stemen fort. Innerhalb des Verbundes als eines planmäßig errichteten, auf Dauer angelegten, freiwillig begründeten, funktionell, finanziell und personell verflochtenen Zusammenschlusses von rechtlich selbständig bleibenden und im übrigen auch wirtschaftlich autonomen Wirtschaftseinheiten beziehen die Mitgliedsgenossenschaften einen Teil ihrer Stärke von Zentralgenossenschaften, so daß die Primärgenossenschaften auf diese Weise unter Beibehaltung ihrer lokalen und autonomen Struktur in ihrer Wettbewerbsfähigkeit gefestigt werden. Bei dreistufigen Verbundsystemen gilt das gleiche für ihre regionalen Mitglieder im Verhältnis zu nationalen Verbundspitzen. Allerdings ist der Verbund keine Einbahnstraße; eine kooperative Haltung der Genossenschaften gegenüber den zentralen Verbundunternehmen ist genauso wichtig wie die der Mitglieder gegenüber ihrer Genossenschaft.[41]

Trotz der aufgezeigten gewichtigen Veränderungen im Umfeld der Genossenschaften, bei ihren Mitgliedern und bei diesen selbst sind die Genossenschaften arteigene Unternehmen geblieben. Ihre spezielle Zielrichtung wird auch weiterhin durch den Förderungsauftrag, durch das Identitätsprinzip und das Demokratieprinzip bestimmt.

D. Das Image der Genossenschaften

Das Selbstverständnis von Unternehmen muß nicht zusammenfallen mit dem Bild, das sich die Öffentlichkeit von ihnen macht. Speziell im Falle der Genossenschaften scheint ihr Image[42] länger von ihren Ursprüngen bestimmt worden zu sein, als dies den tatsächlichen Verhältnissen entsprach. Die wettbewerbsstärkenden Effekte, die Genossenschaften grundsätzlich für ihre Mitglieder bewirken, haben diese – wie wir bereits nachgewiesen haben – zu selbstbewußten mittelständischen Bürgern und Unternehmen heranwachsen lassen. Aber auch die genossenschaftlichen Unternehmen haben sich weitgehend von dem Bild lösen können, sie seien insofern Unternehmen besonderer Art, als bei ihnen »Ideologie« mehr zähle als betriebswirtschaftlich-rationale kaufmännische Methoden. Gewiß ist es

---

41 Vgl. Georg Draheim, Grundfragen des Genossenschaftswesens, Reden und Aufsätze, Frankfurt am Main 1983, S. 10.
42 Vgl. Marion Pester und Jürgen Zerche, Das »Image von Genossenschaften«, in: ZfgG, Bd. 44 (1994), S. 92 ff.

richtig, daß alle Genossenschaften, auf welcher Ebene sie auch immer operieren, Selbsthilfeorganisationen auf demokratischer Basis in dienender Funktion sind. Ihre volkswirtschaftlichen und wettbewerbspolitischen Funktionen und ihr Marktgewicht werden jedoch schon seit geraumer Zeit in der Öffentlichkeit anerkannt und angemessen gewürdigt.

Den weiter vorn gemachten statistischen Angaben über die heutige Bedeutung und das wirtschaftliche Potential der Genossenschaften in der Bundesrepublik Deutschland möchten wir hier, um die Attraktivität der Rechtsform der Genossenschaft zu belegen, eine weitere Ziffer hinzufügen. In den alten Bundesländern belief sich die Zahl der Mitgliedschaften in Genossenschaften Ende 1991[43] auf 15,6 Millionen, während sie 25 Jahre vorher, Ende 1966, bei 11,3 Millionen lag. In diesem Zeitraum sind also 4,3 Millionen Mitglieder den Genossenschaften, vornehmlich den Kreditgenossenschaften, neu beigetreten – ein Indiz für das positive Image, das die Genossenschaften in den Augen dieser neueingetretenen Mitglieder gehabt haben müssen. Da sich gleichzeitig die Zahl der Genossenschaften von 23 294 auf 8 378 verringert hat,[44] ist die durchschnittliche Mitgliederzahl je Genossenschaft auf nahezu das Vierfache gestiegen – ein Beweis für die gewachsene Marktbedeutung jeder einzelnen Genossenschaft.

Das gemeinsame Zeichen der Volksbanken und Raiffeisenbanken – das geschweifte V in Verbindung mit dem stilisierten Giebelkreuz – erfreut sich eines sehr hohen Bekanntheitsgrades, ebenso wie der Slogan der Kreditgenossenschaften »Wir machen den Weg frei«. Die Beachtung, die die Genossenschaftsbanken auf den Finanzmärkten finden, kommt beispielsweise in einer umfangreichen Berichterstattung zum Ausdruck, die jährlich von dem Hauptwettbewerber der Genossenschaftsbanken, nämlich den Sparkassen, in deren offizieller Verbandszeitschrift publiziert wird und in deren letzter Analyse wiederum die positive Geschäftsentwicklung der genossenschaftlichen Bankengruppe hervorgehoben wird.[45] Die permanente Verbesserung der Marktposition der Genossenschaftsbanken wird überdies in allen fünf Berichten gewürdigt, die die Deutsche Bundes-

---

43 Ab 1992 wird diese Berechnung nur noch für die Bundesrepublik Deutschland als Ganzes ausgewiesen, also einschließlich der neuen Bundesländer.
44 Vgl. Deutsche Genossenschaftskasse, Die Genossenschaften der Bundesrepublik Deutschland im Jahre 1966, S. 51, und DG BANK Deutsche Genossenschaftsbank, Die Genossenschaften in der Bundesrepublik Deutschland 1992, a. a. O., S. 71 f.
45 Vgl. Ingo Ellgering, Die Kreditgenossenschaften im Jahre 1993, in: Sparkasse, Heft 8/1994, S. 367 ff.

bank bisher über die Entwicklung der einzelnen Institutsgruppen des deutschen Bankensystems veröffentlicht hat.[46] »Der Genossenschaftssektor ... ist relativ am stärksten vorangekommen ...«,[47] heißt es einmal, und in ihrer letzten diesbezüglichen Analyse hebt die Bundesbank hervor: »Die Genossenschaftsinstitute, die in den siebziger Jahren als einzige der großen Bankengruppen ihre Marktposition deutlich verbessern konnten, wiesen im Durchschnitt der Jahre 1978 bis 1988 erneut das stärkste Wachstumstempo auf ...«[48]

Das Image der Genossenschaften hat sich also im Zeitablauf positiv entwickelt, soweit es um die Bedeutung der Mitgliederwirtschaften und ihrer Selbsthilfeorganisationen auf ihren jeweiligen Märkten geht.

Sehr hoch war von Anfang an die Wertschätzung, die den Genossenschaften seitens der Wissenschaft entgegengebracht wurde. Auf das grundlegende Werk von OTTO VON GIERKE hatten wir bereits in anderem Zusammenhang hingewiesen.[49] Von den älteren deutschen Nationalökonomen zitieren wir noch WERNER SOMBART: »Worin liegt die gewaltige pragmatische Bedeutung der Genossenschaften? ... Wie erklärt sich die immerfort und rasch anschwellende Zahl der Genossenschaftsbildungen in allen Kulturländern? Worin liegt ... die starke werbende Kraft der Genossenschaftsidee? Was hat ihren großen ›Erfolg‹ begründet?« Und seine Antwort verweist auf die aufbauende Kraft und die Vielzahl genossenschaftlicher Wirkungsweisen: »Mit einem Worte gesagt: in der Vielseitigkeit ihrer Wirkung, in ihrer Anpassungsfähigkeit an alle Verhältnisse, in der Reichheit ihrer Zielsetzungen und in einer Reihe schöpferischer Gedanken, die sie enthält.«[50] Aus der Genossenschaftswissenschaft im engeren Sinne zitieren wir GERHARD ALBRECHT: Die Bildung von Genossenschaften »hat sich durchgesetzt und bewährt als Mittel im Dienste der bestehenden Individualwirtschaften, der Haushalts- oder Konsumwirtschaften einerseits, der Erwerbswirtschaften andererseits; sie hat sich bewährt als Mittel zur Erreichung des Zieles der Erhaltung der wirtschaftlichen Selbständigkeit, der Freiheit des wirtschaftlichen Gebarens, der freien Entscheidung und

---

46 Vgl. Monatsberichte der Deutschen Bundesbank, März 1961, April 1971, Mai 1974, August 1978, April 1989.
47 Monatsberichte der Deutschen Bundesbank, April 1971, S. 31.
48 Monatsberichte der Deutschen Bundesbank, April 1989, S. 18.
49 Siehe S. 16.
50 Werner Sombart, Sinn und Bedeutung der Genossenschaftsbewegung, in: Vahan Totomianz, Anthologie des Genossenschaftswesens, Berlin 1922, S. 273 ff.

der Einzelinitiative großer Teile der modernen Wirtschaftsgesellschaft in ihrer Eigenschaft als Konsumenten und als Produzenten«.[51] In der jüngeren Literatur schließlich hebt ERIK BOETTCHER hervor: Die Genossenschaften stellen »ein ganz zentrales Element einer Wirtschaftsdemokratie dar, und die ordnungspolitische Bedeutung von Genossenschaften kann daher in einer Marktwirtschaft mit demokratischem politischen System gar nicht hoch genug eingeschätzt werden ... Die gesamtwirtschaftliche Leistung der Genossenschaften – und die Begründung für ihren großen Erfolg – besteht darin, daß sie durch geeignete organisatorische Maßnahmen die monopolistischen Marktstrukturen bestimmter Wirtschaftsbereiche abgebaut und funktionsfähige Märkte aufgebaut, ausgebaut und erhalten haben. Darin ist der Beitrag der Genossenschaften zur wirtschaftlichen Entwicklung der Volkswirtschaft Deutschlands zu sehen.«[52]

Die Wissenschaft maß den Genossenschaften von Anfang an, wie diese Zitate belegen, einen hohen Stellenwert bei, einerseits wegen ihrer ökonomischen Bedeutung, andererseits wegen ihrer sozialen Funktionen. Es läßt sich noch nicht klar absehen, ob die Renaissance, die der Genossenschaftsgedanke gegenwärtig bei den sogenannten »Alternativen Genossenschaften« zu erleben scheint, zu einer neuen Gründungswelle wirtschaftlich gesunder, leistungsfähiger Förderunternehmen ihrer Mitglieder führen wird. In unserem Zusammenhang ist jedenfalls das positive Image hervorzuheben, das die Genossenschaft als Unternehmungsform in den Augen der zumeist sehr idealistisch eingestellten, zu starkem persönlichen Engagement bereiten Gründer auszeichnet.

In der Gegenwart und nahen Zukunft wird es für die Genossenschaften von großer Bedeutung sein, beim Aufbau und der Stärkung eines selbständigen Mittelstandes in den neuen Bundesländern – auch auf dem Wege von Existenzgründungen – fördernd tätig zu sein, einer Aufgabe also, die sie in der Zeit seit dem Ende des Zweiten Weltkrieges in Westdeutschland mit großem Erfolg wahrgenommen haben.

Einen letzten Beleg für die positive Einschätzung, die Genossenschaften schlechthin, insbesondere die deutschen Genossenschaften, in der Öffentlichkeit erfahren, liefert die Tatsache, daß die Genossenschaften in den

---

51 Gerhard Albrecht, Die Bedeutung des Genossenschaftswesens in Vergangenheit und Gegenwart, in: Derselbe, Die soziale Funktion des Genossenschaftswesens, Berlin 1965, S. 53.
52 Artikel Genossenschaften I, a. a. O., S. 552.

Entwicklungsländern als ein unentbehrliches Hilfsmittel im Bemühen um wirtschaftlichen Aufstieg angesehen werden. Obgleich es beim Aufbau und der Fortentwicklung des Genossenschaftswesens in diesen Ländern durchaus Probleme gibt, die zumeist aus übersteigerten Erwartungen und dem Versuch einer unmittelbaren Übertragung europäischer Erfahrungen resultieren, so läßt sich doch feststellen, daß nahezu alle Entwicklungsländer beeindruckt sind von der Förderungseffizienz der deutschen Genossenschaften und daher – unter Berücksichtigung der wirtschaftlichen, rechtlichen, sozialen und soziologischen Gegebenheiten der jeweiligen Länder – ebenfalls kooperative Wirtschaftsformen aufzubauen gewillt sind, um ihre eigene wirtschaftliche Entwicklung voranzutreiben.[53] In jüngster Zeit tritt das Bemühen vieler Länder in Osteuropa hinzu, die Vorteile genossenschaftlicher Zusammenarbeit für die Umgestaltung ihrer jeweiligen Volkswirtschaften zu nutzen. Dies gilt insbesondere für die Reformländer Polen, Ungarn, Tschechische Republik und Slowakische Republik; es gilt aber auch für die Baltischen Republiken und die Nachfolgestaaten der ehemaligen Sowjetunion.[54] *Auf diese Weise strahlt das deutsche Genossenschaftswesen, das in seinen Anfängen durch die Begründung der – auch im Weltmaßstab – ersten Kreditgenossenschaften, Kreditgenossenschaften mit Warengeschäft und gewerblichen Einkaufsgenossenschaften gekennzeichnet ist, heute weit in die Welt aus.*

---

53 In diesem Zusammenhang ist auf die jahrzehntelangen entwicklungspolitischen Aktivitäten des DGRV besonders hinzuweisen. Vgl. Deutscher Genossenschafts- und Raiffeisenverband e.V., Geschäftsbericht 1993, S. 51 ff.
54 Vgl. Marburg Consult für Selbsthilfeförderung eG, Genossenschaften in Osteuropa, Marburg 1994.

V. Die Bildungs- und Ausbildungsarbeit der Genossenschaften

Die Bildungsbemühungen der Genossenschaften haben eine lange Geschichte. Sie richteten sich zunächst auf eine Hebung der allgemeinen Volksbildung und erst später auf die fachliche Schulung der eigenen Mitglieder und Mitarbeiter.[1] Ihre Ursprünge lagen in Großbritannien. Das siebente der Prinzipien, die sich aus der 1844 in Rochdale gegründeten Konsumgenossenschaft nachweisen lassen, forderte ausdrücklich die Förderung der genossenschaftlichen Fortbildung (promotion of education). Die Aktivitäten vollzogen sich auch in der Folgezeit zunächst noch im Rahmen der lokalen Konsumgenossenschaften und waren noch nicht nach einem einheitlichen Plan ausgerichtet.[2] So gab es um 1880 in 120 englischen Konsumgenossenschaften Lesesäle, und es bestanden etwa 100 genossenschaftliche Büchereien.[3]

In Deutschland lassen sich die Anfänge genossenschaftlicher Unterrichtung bis auf RAIFFEISEN und SCHULZE-DELITZSCH zurückführen. RAIFFEISEN betrachtete die Vermittlung praktischen Wirtschaftswissens an die Mitglieder von Anbeginn an als wesentlichen Bestandteil genossenschaftlichen Wirkens; ähnlich wie in Großbritannien sollte auf diese Weise der Bildungsstand breiter Bevölkerungsschichten verbessert werden. Für die Mitglieder der dörflichen Darlehnskassenvereine sah RAIFFEISEN spezielle Einrichtungen vor, die sogenannten Casinos, deren Zweck es sein sollte, »durch Vorträge und Besprechungen sowie durch Verbreitung und Benutzung guter landwirtschaftlicher Bücher und Zeitschriften die Mängel und Fehler der Landwirtschaft zu erforschen und klarzustellen, die Mittel zu deren Abhilfe aufzusuchen, die allgemeinen Fortschritte der Landwirtschaft für die hiesigen Verhältnisse passend anzuwenden und für die Beschaffung der dazu benötigten Hilfsmittel zu sorgen«.[4]

---

1 Vgl. Klaus Weiser, Entwicklung der Berufsbildung in der genossenschaftlichen Bankengruppe, in: Berufsbildung in der deutschen Kreditwirtschaft, Mainz 1983, S. 228.
2 Vgl. Gunther Aschhoff, Die Akademie der Volksbanken und Raiffeisenbanken auf Schloß Montabaur, Neuwied-Wiesbaden 1972, S. 11 f.
3 Vgl. Rudolf Wartner, Das Bildungswesen der Genossenschaften, Halberstadt 1927, S. 14 f.
4 Friedrich Wilhelm Raiffeisen, Die Darlehnskassen-Vereine, 3. Aufl., Neuwied 1881, S. 209.

Dieses umfassende Ausbildungsziel der örtlichen Genossenschaften wurde um die Jahrhundertwende durch Ausbildungsbemühungen der ländlichen genossenschaftlichen Regionalverbände ergänzt. Sie hielten Rechner- und Rendantenkurse für ihre ehren- und nebenamtlichen Geschäftsführer ab; die Lehrgegenstände der ersten derartigen Veranstaltung in Kurhessen im Jahre 1897 umfaßten Buchführung, Bilanzaufstellung, Geschäftsführung, Genossenschaftsrecht und Kreditwesen.[5] Im weiteren Verlauf wurden die Kurse unterteilt in Lehrgänge für Anfänger und Fortgeschrittene, und es wurde insoweit bereits recht früh der Schritt von der Ausbildung zur Fortbildung vollzogen.[6]

Der von RAIFFEISEN begründete Generalverband ländlicher Genossenschaften für Deutschland konzentrierte seine Schulungstätigkeit auf die theoretische Ausbildung von Prüfern; zu diesem Zweck gründete er im Jahre 1913 in Berlin eine Revisorenausbildungsanstalt.

HAAS errichtete von Anfang an ein mehrstufiges Ausbildungssystem: Die Schulungstätigkeit der Ortsgenossenschaften war auf die ökonomische Unterweisung der Mitglieder gerichtet, während sich die Regionalverbände auf die Weiterbildung der Rechner sowie der Vorstands- und Aufsichtsratsmitglieder konzentrierten. Entsprechende Veranstaltungen auf Bezirksebene fanden bereits in den neunziger Jahren des vorigen Jahrhunderts (erstmals 1896) statt. Diese Ausbildungsebene sah HAAS als Unterstufenkurse an; die Weiterbildung der hauptamtlichen Führungskräfte in Mittelstufenkursen übernahm als nationaler Spitzenverband der von HAAS gegründete Reichsverband der deutschen landwirtschaftlichen Genossenschaften. Zu diesem Zweck errichtete er als überhaupt erste zentrale genossenschaftliche Bildungsanstalt in Deutschland schon im Jahre 1904 die Deutsche Landwirtschaftliche Genossenschaftsschule (mit Sitz in Darmstadt, später in Berlin). Ihre Schulung, die Kurse mit bis zu halbjähriger Dauer umfaßte, richtete sich auf die Mitarbeiter der lokalen Kredit- und Warengenossenschaften, der Zentralen und der Verbände. Nach dem Zusammenschluß der beiden Verbände von RAIFFEISEN und HAAS im Jahre 1930 wurde die Revisorenausbildung des früheren Generalverbandes in das Ausbildungsprogramm der Genossenschaftsschule integriert. Als Krö-

---

5 Vgl. Rainer Kathe, Entwicklung, Stand, Probleme und Möglichkeiten des ländlichen genossenschaftlichen Bildungswesens in der Bundesrepublik Deutschland, Münster 1962, S. 41.
6 Vgl. Weiser, Entwicklung der Berufsbildung..., a. a. O., S. 173.

nung des Ausbildungssystems seines Reichsverbandes und Überdachung der internen Unter- und Mittelstufe betrachtete HAAS die genossenschaftswissenschaftliche Lehre und Forschung an den Hochschulen (externe Oberstufe).[7]

Ähnlich wie anfangs in England maß auch SCHULZE-DELITZSCH der Besserung der allgemeinen Bildung große Bedeutung bei. Bis zu seinem Tode war er Vorsitzender der von ihm gegründeten »Gesellschaft für Verbreitung von Volksbildung«, einer Organisation, die in großem Stile die Schaffung von Volksbüchereien und Fortbildungsschulen unterstützte. Zwar gewann SCHULZE-DELITZSCH viele hundert Genossenschaften als Mitglieder dieser Gesellschaft, aber auf eigene Fortbildungsmaßnahmen verzichtete man zunächst völlig. Der von KORTHAUS gegründete, konkurrierende Spitzenverband hingegen führte bereits 1902, gemeinsam mit den Handwerkskammern, seine ersten Lehrgänge für die Geschäftsführer von Handwerkereinkaufsgenossenschaften durch.

Auch in den anderen Bereichen des deutschen Genossenschaftswesens wurden hinsichtlich der Aus- und Weiterbildung der Mitglieder und der Mitarbeiter mannigfache Initiativen entfaltet. Beispielsweise ist in diesem Zusammenhang auf die Bildungstätigkeit des Zentralverbandes deutscher Konsumvereine hinzuweisen. Nachdem schon im Jahre 1910 eine genossenschaftliche Fortbildungskommission berufen worden war, kam es 1920 auch im Bereich der Konsumgenossenschaften zur Gründung einer zentralen Genossenschaftsschule mit Sitz in Hamburg. Die Ausbildungstätigkeit umfaßte Kurse mit einer Dauer von bis zu einem halben Jahr und richtete sich primär auf den qualifizierten Führungsnachwuchs; daneben fan-

---

[7] Vgl. Günter Link, Das Bildungswesen des ländlichen Genossenschaftssektors in Deutschland, Erlangen 1969, S. 518. Im Jahre 1870 fand das Genossenschaftswesen als eigenständige Disziplin erstmals Aufnahme in die Vorlesungsverzeichnise deutscher Universitäten. Vgl. Aufarbeitung der historischen Traditionen des Genossenschaftswesens an der Martin-Luther-Universität Halle-Wittenberg und an der Humboldt-Universität zu Berlin, Halle-Berlin 1994, S. 14. Im Jahre 1911 erfolgte an der Universität Halle-Wittenberg die Gründung eines Seminars für Genossenschaftswesen; dieses Seminar war die erste spezielle Forschungsstätte dieser Art. Es folgten Institute oder Seminare für Genossenschaftswesen an den Universitäten Köln (1926) und Frankfurt am Main (1930); außerdem war im Jahre 1919 ein Seminar für Genossenschaftswesen an der Berliner Handels-Hochschule errichtet worden. Nach dem Zweiten Weltkrieg, mit dessen Ende diese Ansätze zur selbständigen Institutionalisierung der Genossenschaftswissenschaft völlig zum Erliegen gekommen waren, setzte die Wiederbegründung von Genossenschaftsinstituten an deutschen Hochschulen 1947 ein; in diesem Jahr wurden Institute für Genossenschaftswesen an den Universitäten Marburg und Münster gegründet. Heute bestehen in der Bundesrepublik Deutschland Seminare oder Institute für Genossenschaftswesen an den Universitäten Berlin (Humboldt-Universität), Erlangen-Nürnberg, Gießen, Hamburg, Hohenheim, Köln, Marburg und Münster. Diese Institute sind in der Arbeitsgemeinschaft Genossenschaftswissenschaftlicher Institute (AGI) zusammengefaßt und geben gemeinsam die »Zeitschrift für das gesamte Genossenschaftswesen« heraus. Über ihre Förderergesellschaften arbeiten sie eng mit der genossenschaftlichen Praxis zusammen.

den Lehrgänge für Vorstands- und Aufsichtsratsmitglieder sowie für Revisoren und Kontrolleure statt. Die Schule nahm nach dem Zweiten Weltkrieg ihre Tätigkeit wieder auf.[8]
Die Bildungs- und Ausbildungstätigkeit der Kreditgenossenschaften in der Bundesrepublik Deutschland[9] wurde zwar unmittelbar nach 1945 von den Genossenschaftsbanken selbst und bald darauf auch von ihren regionalen Prüfungsverbänden wieder aufgenommen, aber hinzu trat jetzt der Ruf nach einer zentralen Genossenschaftsschule, die die gewerblichen Kreditgenossenschaften bis dahin nicht besessen hatten, während die ländlichen Kreditgenossenschaften die Wiederbegründung ihrer durch die Kriegsereignisse untergegangenen Genossenschaftsschule anstrebten. Im Jahre 1957 wurde der »Verein zur Förderung des Schulze-Delitzsch-Instituts e.V.« und 1970 der »Verein zur Förderung der Bundesgenossenschaftsschule – Raiffeisen – e.V.« gegründet; sie waren Promotoren der zentralen Träger der Weiterbildung der gewerblichen und der ländlichen Genossenschaftsorganisation. Ihren seitherigen Höhepunkt erreichte die Entwicklung des genossenschaftlichen Bildungs- und Ausbildungswesens in Deutschland im Jahre 1970, als die Zentralbank der Genossenschaften, die damalige Deutsche Genossenschaftskasse, aus Anlaß ihres 75jährigen Bestehens das von ihr erworbene Schloß Montabaur den Volksbanken und Raiffeisenbanken als Akademiegebäude übergab.[10]
Seither bezieht sich die berufliche Fort- und Weiterbildung in der genossenschaftlichen Bankengruppe auf drei Ebenen: die innerbetriebliche Ausbildung in den genossenschaftlichen Banken, Zentralbanken und Verbundinstituten, die ersten Stufen der Aufstiegsfortbildung in den 18 regionalen Bildungseinrichtungen sowie die weiteren Stufen der Aufstiegsfortbildung und der Weiterbildung auf nationaler Ebene in der 1978 aus dem Zusammenschluß des Schulze-Delitzsch-Instituts und der Bundesgenossenschaftsschule – Raiffeisen – entstandenen Akademie Deutscher Genossenschaften auf Schloß Montabaur, die aus bank- und warenwirtschaftlichen Ressorts besteht. Die warenwirtschaftliche Sektion der Akademie

---

8 Vgl. Gunther Aschhoff, Das Bildungswesen der Genossenschaften – Entwicklung, Leistungen, Perspektiven, in: Archiv für öffentliche und freigemeinnützige Unternehmen, Bd. 10, 1972, S. 6 f.
9 Die Bildungs- und Ausbildungstätigkeit der Genossenschaften ist heute bei allen Gruppen breit und systematisch angelegt. Sie soll am Beispiel der gegliederten Aufstiegsfortbildung der genossenschaftlichen Bankengruppe dargestellt werden.
10 Das Schloß ist 1981 auf die Akademie Deutscher Genossenschaften übergegangen.

wurde zum Jahreswechsel 1982/83 von Stuttgart-Hohenheim nach Montabaur verlegt. Im Jahre 1994 erfolgte die Verlegung der für die gesamte Genossenschaftsorganisation bedeutsamen Lehrgänge für Verbandsprüfer von Bonn nach Montabaur; die konzeptionelle und inhaltliche Verantwortung für diese Lehrgänge liegt jedoch weiterhin beim DGRV.
»Die Akademie Deutscher Genossenschaften orientiert sich bei ihrer Arbeit an drei Bildungszielen:
– Orientierung der beruflichen Arbeit im Fach- und Führungsbereich am genossenschaftlichen Unternehmensleitbild,
– Vermittlung, Vertiefung und Ausweitung von Fachwissen,
– Entwicklung der Persönlichkeit für Führungsaufgaben in genossenschaftlichen Unternehmen.«[11]
Wir wollen uns im folgenden beispielhaft mit der bankwirtschaftlichen Aufstiegsfortbildung beschäftigen.
»Vorrangig verantwortlich für die Qualifizierung der Mitarbeiter ist die einzelne genossenschaftliche Bank. Sie muß ihre Personalentwicklung auf ihre strategischen Ziele ausrichten. Um Genossenschaften bei dieser wichtigen Aufgabe wirkungsvoll zu unterstützen, haben die regionalen Bildungseinrichtungen und die Akademie Deutscher Genossenschaften die ›Bildungskonzeption für Volksbanken und Raiffeisenbanken‹ entwickelt.«[12] Diese Bildungskonzeption wird seit 1989 als ein abgestimmtes System von Seminarbausteinen angeboten und ist an einer marktorientierten Organisation eines Bankinstituts (mit den Bereichen Markt, Marktfolge und Betrieb) ausgerichtet.[13] Für alle drei Bereiche werden Seminare sowohl hinsichtlich Service und Beratung als auch hinsichtlich qualifizierter Beratung, Betreuung und Sachbearbeitung sowie schließlich Führung und Leitung angeboten.
So bieten die regionalen Bildungseinrichtungen im Hinblick auf die Aufstiegsfortbildung im Bereich qualifizierte Beratung, Betreuung und Sachbearbeitung beispielsweise Seminare zum Kreditgeschäft, zu Kreditsachbearbeitung und Kreditberatung von Firmenkunden, zu Vermögensberatung, Rechnungswesen und Steuern, zur Innenrevision sowie zum kom-

---

11 Artikel Akademie Deutscher Genossenschaften e.V., in: Genossenschafts-Lexikon, a. a. O., S. 5.
12 Artikel Bildungskonzeption für Volksbanken und Raiffeisenbanken, in: Genossenschafts-Lexikon, a. a. O., S. 85.
13 Vgl. auch zum folgenden Deutscher Genossenschafts- und Raiffeisenverband e.V., Bildungskonzeption der Volksbanken und Raiffeisenbanken in der Praxis, Wiesbaden 1993.

merziellen Auslandsgeschäft an. Diese Seminare werden durch Seminare der Akademie Deutscher Genossenschaften mit den Schwerpunkten Betreuung im Außenhandel, Betreuung von Firmenkunden sowie Betreuung vermögender Privatkunden ergänzt; sie haben sowohl auf der regionalen als auch auf der nationalen Ebene eine Dauer von drei bis fünf Wochen.

Im Bereich Führung und Leitung bieten die regionalen Bildungseinrichtungen Führungs- und Management-Seminare an; die Akademie Deutscher Genossenschaften schließt die Aufstiegsfortbildung auf diesem Feld mit ihrem Genossenschaftlichen Bank-Führungsseminar auf Schloß Montabaur (Dauer 16 Wochen) ab. Sein Stoffplan umfaßt unter anderem Genossenschaftswesen, Arbeits- und Führungstechniken, Mitarbeiterführung, Volkswirtschaftslehre und Wirtschaftspolitik, Betriebswirtschaftslehre, Recht, Bilanzierung, bankbetriebliche Steuerlehre, Privatkundengeschäft, Firmenkundengeschäft, Auslandsgeschäft, Portfolio-Management, Liquiditätsmanagement und Banksteuerung.[14]

Auf allen Ebenen der Aufstiegsfortbildung sind Zulassungsvoraussetzungen zu erfüllen, die in der Regel die erfolgreiche Teilnahme an den jeweils vorgelagerten Qualifizierungsseminaren beinhalten. Am Genossenschaftlichen Bank-Führungsseminar können beispielsweise nur solche Bankmitarbeiter teilnehmen, die eine erfolgreiche Teilnahme am Seminar »Management in Genossenschaftsbanken« auf regionaler Ebene nachweisen können. Den Abschluß der Aufstiegsfortbildungsseminare bilden in der Regel schriftliche Klausuren und eine mündliche Prüfung.

Vergleicht man die Anfänge genossenschaftlicher Bildungsarbeit mit ihrem heutigen Zuschnitt und Umfang, so wird deutlich, daß sich eine Verschiebung – weg von der Elementarbildung, hin zur fachbezogenen Ausbildung – vollzogen hat. Standen noch bei RAIFFEISEN und SCHULZE-DELITZSCH die Mitglieder im Vordergrund der – wenn auch unterschiedlich orientierten – Bildungsbemühungen, so sind es heute die Mitarbeiter. Dem steht nicht entgegen, daß es, beispielsweise bei den gewerblichen Waren- und Dienstleistungsgenossenschaften, nach wie vor eine fachliche Weiterbildung auch der Mitglieder und der »Ehrenamtlichen« gibt und daß

---

14 Vgl. Seminare 1994 Akademie Deutscher Genossenschaften e.V., Neuwied o. J., S. 152 f.

viele Genossenschaftsbanken spezielle Weiterbildungsmaßnahmen für bestimmte Berufsgruppen unter ihren Mitgliedern anbieten.

Dieser Überblick über die Entwicklung und die heutige Struktur des Bildungswesens der deutschen Genossenschaften unterstreicht die Feststellung des Soziologen FRIEDRICH FÜRSTENBERG: »Es gibt wohl keine andere moderne Wirtschaftsform, deren Entstehung so sehr von ausgeprägten Bildungsimpulsen begleitet war wie die Genossenschaften.«[15] An den genossenschaftlichen Ausbildungs- und Weiterbildungsbemühungen ist nicht allein ihre lange Tradition hervorzuheben, sondern auch die Tatsache, daß stets – bis in die aktuelle Bildungskonzeption hinein – neben der Vermittlung von Fachwissen die Persönlichkeitsentwicklung und die Orientierung am genossenschaftlichen Unternehmensleitbild im Vordergrund gestanden haben. Die Anforderungen an die fachlichen Fähigkeiten der Führungskräfte von Kreditgenossenschaften werden voraussichtlich weiter steigen, weil beispielsweise der sich verschärfende Wettbewerb und die Einführung neuer Technologien die Qualifikationserfordernisse erhöhen werden.[16]

Von besonderer Bedeutung wird es jedoch sein, daß sich die berufliche Arbeit auch künftig im Fach- und Führungsbereich am *spezifisch genossenschaftlichen Unternehmensleitbild* orientiert. Wenn es zutrifft, daß es ein allgemeines Gesetz gibt, »von dem wir immer ausgehen können, daß, je schärfer der Wettbewerb ist, sich die Wettbewerber um so ähnlicher werden«,[17] dann ist es um so wichtiger, daß die genossenschaftlichen Führungskräfte über ganz bestimmte Einstellungen zur gruppenbezogenen Geschäftspolitik verfügen. Denn wenn genossenschaftliche Banken in ihrem äußeren Erscheinungsbild und ihrer Geschäftstätigkeit den Wettbewerbern immer ähnlicher werden, dann muß das verbleibende Spezifische besonders gepflegt werden. Und es gibt, trotz aller Assimilierung, keine andere Bankengruppe, die sich zugleich durch das Förderungsprinzip, die Identität ihrer Eigentümer, Kunden und Mitglieder und das Demokratieprinzip von ihren Wettbewerbern abhebt.

---

15 Friedrich Fürstenberg, Genossenschaft und Bildung, in: Genossenschaft und Bildung, Vorträge und Ansprachen, a. a. O., S. 21.
16 Vgl. Weiser, Entwicklung der Berufsbildung . . ., a. a. O., S. 231 ff.
17 Erik Boettcher, Ökonomische und soziale Voraussetzungen der Förderung in modernen Genossenschaften, in: Blätter für Genossenschaftswesen, Heft 14/1969, S. 235.

Die Genossenschaften, die seit eh und je der Bildung der ihnen zugehörigen Menschen hohen Rang zugemessen haben, müssen daher auch in Zukunft ihre Bildungs- und Ausbildungsarbeit daran orientieren, daß das genossenschaftliche Selbstverständnis in der bewährten Form weiter erhalten und die Identität der Genossenschaften[18] über alle Veränderungen der Umwelt hin bewahrt bleibt.

---

18 Vgl. Strukturfragen der deutschen Genossenschaften, Teil II, a. a. O., S. 21 ff., und Holger Bonus, Das Selbstverständnis moderner Genossenschaften, Tübingen 1994, S. 18 ff.

VI. Die rechtlichen Grundlagen

A. Organisationsrecht

Mit dem preußischen »Gesetz, betreffend die privatrechtliche Stellung der Erwerbs- und Wirtschaftsgenossenschaften« von 1867 erhielt die Genossenschaft ihr erstes eigenes Organisationsgesetz. Es trug in wesentlichen Punkten die Handschrift von HERMANN SCHULZE-DELITZSCH.[1] Im Jahre 1868 wurde dieses Gesetz auch in den anderen Staaten des Norddeutschen Bundes eingeführt. Im Zuge der Reichsgründung dehnte das Deklarationsgesetz von 1871 den Geltungsbereich des Genossenschaftsgesetzes auf das Deutsche Reich aus. Änderungsvorschläge von SCHULZE-DELITZSCH, publiziert 1883 als »Material zur Revision des Genossenschaftsgesetzes, nach dem neuesten Stand der Frage geordnet«, führten 1889 zu einer Gesetzesreform. Zur Anpassung an das Bürgerliche Gesetzbuch erhielt das Genossenschaftsgesetz schließlich, bekanntgemacht 1898, mit Wirkung vom 1. Januar 1900 eine neue Fassung, in der es im wesentlichen noch heute gilt, allerdings durch verschiedene Novellierungen, wie insbesondere das Gesetz von 1934 und das Gesetz von 1974, erweitert und veränderten Gegebenheiten angepaßt.[2]

Das Genossenschaftsgesetz (GenG) ist ein Organisationsgesetz, das heißt, es regelt die innere Struktur der Genossenschaft. In dieser Beziehung ähnelt es den übrigen Sondergesetzen des Handelsrechts für Gesellschaften, sei es dem Aktiengesetz oder dem GmbH-Gesetz. Darüber hinaus legt aber das GenG den Zweck der Genossenschaft, also deren inhaltliche Zielsetzung fest. In diesem Punkt unterscheidet sich das GenG von den anderen erwähnten Gesetzen wesentlich.[3]

Im Mittelpunkt des gesetzlichen Begriffes der Genossenschaft steht der Förderungsauftrag.[4] »Die Genossenschaft ist damit der einzige Verband,

---

1 Siehe S. 21. Vgl. auch Winter, a. a. O., S. 82.
2 Vgl. Meyer-Meulenbergh-Beuthien, Genossenschaftsgesetz, 12. Aufl., München 1983, S. XXIII ff., und Artikel Genossenschaften I, a. a. O., S. 545.
3 Vgl. Winter, a. a. O., S. 82.
4 Vgl. Artikel Genossenschaften, Rechtliche Struktur, in: HdG, Sp. 661, und Genossenschaftsrecht, deutsches, in: Genossenschafts-Lexikon, a. a. O., S. 284.

bei dem die Rechtsform zwingend bestimmte wirtschaftliche Zielsetzungen voraussetzt.«[5] Die Förderung des Erwerbes oder der Wirtschaft der Mitglieder ist der einzige rechtliche Zweck der Genossenschaft. Verfolgt sie andere Zwecke, so kann sie von Amts wegen aufgelöst werden (§ 81 Abs. 1 GenG).[6] Die Genossenschaft darf aber, wenngleich ihr gesetzlicher Zweck ausschließlich auf die Mitgliederförderung gerichtet ist, auch Geschäfte mit Nichtmitgliedern abschließen, falls die Satzung dies vorsieht (§ 8 Abs. 1 Ziff. 5 GenG).

Die Legaldefinition von § 1 Abs. 1 GenG, nach der die Rechte einer eingetragenen Genossenschaft (eG) nach Maßgabe des Genossenschaftsgesetzes jeder Gesellschaft »von nicht geschlossener Mitgliederzahl (zustehen), welche die Förderung des Erwerbes oder der Wirtschaft ihrer Mitglieder mittels gemeinschaftlichen Geschäftsbetriebes« bezweckt und im Genossenschaftsregister eingetragen ist (§ 13 GenG), enthält neben dem Förderungsauftrag zwei weitere wichtige Merkmale der Genossenschaft, nämlich die »nicht geschlossene Mitgliederzahl« und die Mitgliederförderung »mittels gemeinschaftlichen Geschäftsbetriebes«. Als Gesellschaft mit nicht geschlossener Mitgliederzahl ist die Genossenschaft einerseits in ihrem Bestand von einem Mitgliederwechsel unabhängig und andererseits daran gehindert, die Zahl ihrer Mitglieder in einer Weise festzulegen, die einen freien Ein- und Austritt prinzipiell unmöglich machen würde. »Die Genossenschaft steht damit im Gegensatz zu Kapitalgesellschaften, die durch die feste Summe ihrer Kapitalanteile in ihrer Mitgliederzahl begrenzt sind.«[7]

Das Erfordernis des gemeinschaftlichen Geschäftsbetriebes schließlich weist darauf hin, daß als konstitutives Merkmal der Genossenschaft ein unmittelbar von dieser geführter, durch die Mitglieder gemeinsam getragener und nach genossenschaftlichen Grundsätzen beeinflußter kaufmännischer Betrieb existieren muß.

Eine Genossenschaft kann sich an anderen Unternehmen beteiligen, wenn die Beteiligung dem Förderungszweck oder gemeinnützigen Bestrebungen der Genossenschaft dienen soll (§ 1 Abs. 2 GenG). Sie kann, wie jedes Unternehmen, Zweigstellen errichten.

---

5 Paulick, a. a. O., S. 3.
6 Vgl. Artikel Genossenschaften, Rechtliche Struktur, in: HdG, Sp. 661.
7 Artikel Genossenschaften I, a. a. O., S. 545.

Die Genossenschaft bedarf einer Satzung (»Statut«), die von mindestens sieben Personen zu beschließen und zu unterzeichnen ist. Aus der Satzung müssen sich unter anderem der Gegenstand des Unternehmens und die daraus abgeleitete Firma ergeben. Die Genossenschaft wird errichtet, indem die beschlossene und von den Gründungsmitgliedern unterzeichnete Satzung sowie die Mitglieder des Vorstandes und des Aufsichtsrates vom Vorstand zur Eintragung in das Genossenschaftsregister angemeldet werden. Der Anmeldung ist unter anderem weiterhin eine Liste der Mitglieder und eine Bescheinigung des Prüfungsverbandes über die Zulassung der Genossenschaft und eine gutachtliche Äußerung über die Gründung beizufügen (§ 11 Abs. 2 Ziff. 4 GenG). Mit der Eintragung erhält die Genossenschaft den Zusatz »eG« und die Eigenschaften einer juristischen Person des Privatrechts: »Die eingetragene Genossenschaft als solche hat selbständig ihre Rechte und Pflichten; sie kann Eigentum und andere dingliche Rechte an Grundstücken erwerben, vor Gericht klagen und verklagt werden« (§ 17 Abs. 1 GenG). Genossenschaften gelten als Kaufleute im Sinne des Handelsgesetzbuches.

Das Genossenschaftsgesetz enthält grundsätzlich zwingendes Recht.[8] Regelungen in der Satzung dürfen also nur dort von den gesetzlichen Vorschriften abweichen, wo dies ausdrücklich zugelassen ist (§ 18 GenG). Allerdings ist der Spielraum, den die Satzungsautonomie den Organen der Genossenschaft einräumt, durch die 1974 in Kraft getretene Novelle zum Genossenschaftsgesetz erweitert worden.

Der Erwerb der Mitgliedschaft bei einer Genossenschaft erfolgt entweder durch die Unterzeichnung der Gründungssatzung oder durch eine Beitrittserklärung oder durch Erbfall oder durch Verschmelzung zweier Genossenschaften. Der praktisch häufigste Fall ist die Beitrittserklärung; dabei entsteht die Mitgliedschaft mit der Eintragung in die Mitgliederliste. Mit dem Tod eines Mitglieds geht die Mitgliedschaft auf dessen Erben über; sie endet dann mit Ablauf des Geschäftsjahres, in dem der Erbfall eingetreten ist, falls die Satzung nichts anderes bestimmt (§ 77 Abs. 1 GenG). Im Falle der Verschmelzung erwerben die Mitglieder der übertragenden Genossenschaft die Mitgliedschaft bei der übernehmenden Genossenschaft; sie haben allerdings unter bestimmten Voraussetzungen ein außer-

---

8 Vgl. Artikel Genossenschaften, Rechtliche Struktur, in: HdG, Sp. 665.

ordentliches Kündigungsrecht (§§ 93 h, 93 k GenG). Der Normalfall der Beendigung einer Mitgliedschaft in einer Genossenschaft ist die Kündigung durch das Mitglied. Bei einer Kündigungsfrist von drei Monaten hat jedes Mitglied das Recht, durch Kündigung zum Ende des Geschäftsjahres aus der Genossenschaft auszuscheiden (§ 65 GenG). Die Kündigungsfrist kann durch die Satzung auf höchstens fünf Jahre verlängert werden.

Jedes Mitglied ist an der Genossenschaft mit mindestens einem Geschäftsanteil beteiligt. Die Satzung kann bestimmen, daß eine Beteiligung mit mehreren Geschäftsanteilen zulässig ist (§ 7 a Abs. 1 GenG) oder daß die Mitglieder zur Beteiligung mit mehreren Geschäftsanteilen verpflichtet sind (§ 7 a Abs. 2 GenG). Zweck dieser vermögensrechtlichen Pflichten der Mitglieder ist die Sicherstellung der finanziellen Grundlage der Genossenschaft zur Erfüllung des Förderungszweckes und ihrer Verbindlichkeiten gegenüber Gläubigern.[9] Das Geschäftsguthaben ist der Betrag, der tatsächlich auf den oder die Geschäftsanteile eingezahlt worden ist. Das Geschäftsguthaben ist ein Teil des Eigenkapitals; ein zweiter Teil besteht aus den gesetzlichen Rücklagen (§ 7 Nr. 2 GenG). Diese gesetzlichen Rücklagen sind zweckgebunden und dienen ausschließlich zur Deckung von Bilanzverlusten. Daneben kann durch die Satzung die Bildung anderer Rücklagen vorgesehen werden.[10]

Für die Verbindlichkeiten der Genossenschaft haften die Mitglieder – anders als bei den ersten Gründungen von SCHULZE-DELITZSCH und RAIFFEISEN – nicht unmittelbar gegenüber den Gläubigern; diesen haftet vielmehr allein das Vermögen der Genossenschaft (§ 2 GenG). Die Haftung der Mitglieder gegenüber der Genossenschaft in Form einer Nachschußpflicht tritt grundsätzlich nur im Konkursfalle ein. Dabei hängt die Nachschußpflicht der Mitglieder von der Art der Genossenschaft ab:

– Bei der Genossenschaft ohne Haftpflicht unterliegen die Mitglieder keinen weiteren Pflichten;

– bei der Genossenschaft mit beschränkter Haftpflicht beschränkt sich die Nachschußpflicht der Mitglieder auf die Haftsumme(n);

– bei der Genossenschaft mit unbeschränkter Haftpflicht sind die Nachschüsse der Mitglieder nach Köpfen zu verteilen; es ist ein Ausdruck ge-

---

9 Vgl. Winter, a. a. O., S. 141. Im übrigen ist auch in diesem Zusammenhang hinsichtlich der deutschen Kreditgenossenschaften auf deren Sicherungseinrichtungen hinzuweisen. Siehe S. 80 f.
10 Vgl. Lang-Weidmüller, a. a. O., S. 177.

nossenschaftlicher Solidarität, daß, wenn in diesem Fall einzelne Mitglieder unvermögend sind, deren Beiträge auf die übrigen Mitglieder verteilt werden (§ 105 Abs. 3 GenG).[11] Ein die Nachschußpflicht betreffender Zusatz in der Firma der Genossenschaft ist nicht (mehr) zulässig.

Der Regelfall ist heute in der Bundesrepublik die Genossenschaft mit beschränkter Haftpflicht. Bei Kreditgenossenschaften, bei denen die Höhe des Eigenkapitals für bestimmte auf dem Kreditwesengesetz beruhende Grenzen insbesondere im Kreditgeschäft maßgebend ist, wird die Haftsummenverpflichtung der Mitglieder durch einen Zuschlag zum Eigenkapital berücksichtigt (§ 10 Abs. 2 Ziff. 3 Kreditwesengesetz).

Nach dem Genossenschaftsgesetz muß jede Genossenschaft drei Organe haben, nämlich Vorstand, Aufsichtsrat und Generalversammlung.

Der Vorstand ist das Leitungsorgan der Genossenschaft; er leitet die Genossenschaft unter eigener Verantwortung (§ 27 Abs. 1 Satz 1 GenG). Er ist grundsätzlich zuständig für die Geschäftsführung und die gesetzliche Vertretung der Genossenschaft. Die Vertretungsbefugnis ist unbeschränkbar. Die Geschäftsführungsbefugnis (also die Befugnis, von dieser unbeschränkbaren Vertretungsbefugnis Gebrauch zu machen) kann zwar durch das Statut eingeschränkt werden (§ 27 Abs. 1 Satz 2 GenG), ein Weisungsrecht der Generalversammlung oder des Aufsichtsrates gegenüber dem Vorstand kann jedoch auch das Statut nicht einräumen.[12]

Prinzipiell müssen die Mitglieder des Vorstandes und des Aufsichtsrates Mitglieder der Genossenschaft sein (§ 9 Abs. 2 Satz 1 GenG).

Der Aufsichtsrat besteht mindestens aus drei von der Generalversammlung zu wählenden Mitgliedern. Aufgabe des Aufsichtsrates ist die Überwachung der Geschäftsführung des Vorstandes. Geschäftsführungskompetenzen dürfen daher grundsätzlich nicht auf den Aufsichtsrat übertragen werden.

Die Generalversammlung ist entweder eine Mitgliederversammlung oder – fakultativ nach Maßgabe der Satzung bei einer Mitgliederzahl von mehr als 1 500 Mitgliedern – eine Vertreterversammlung (§ 43 a Abs. 1 GenG).[13] Die Generalversammlung wählt grundsätzlich die Mitglieder des Vorstan-

---

11 Vgl. Winter, a. a. O., S. 142.
12 Vgl. Meyer-Meulenbergh-Beuthien, a. a. O., S. 207 f.
13 Vgl. Schaffland, a. a. O., S. 72.

des und in jedem Falle die Mitglieder des Aufsichtsrates.[14] Sie hat den Jahresabschluß zu beschließen (§ 48 Abs. 1 GenG) und ist für Satzungsänderungen zuständig (§ 16 GenG). In der Generalversammlung gilt grundsätzlich das Prinzip »Ein Mitglied – eine Stimme«, doch kann in Ausnahmefällen Mitgliedern, nicht aber Vertretern, ein Mehrstimmrecht von bis zu drei Stimmen gewährt werden (§§ 43 Abs. 3, 43 a Abs. 3 Satz 3 GenG).[15]

Jede Genossenschaft muß Mitglied eines Prüfungsverbandes sein (§ 54 GenG). Wir haben schon darauf hingewiesen, daß der Prüfungsverband mit einem Gründungsgutachten gemäß § 11 Abs. 2 Ziff. 4 GenG auch bereits an der Entstehung der Genossenschaft beteiligt ist.[16] Mit beiden Vorschriften wird ein wirksames System der Prüfung sichergestellt, das im Interesse sowohl der genossenschaftlichen Unternehmen als auch ihrer Mitglieder und ihrer Gläubiger liegt. Das Prüfungsrecht wird dem Verband von der zuständigen obersten Landesbehörde – in der Regel dem Wirtschaftsministerium – verliehen (§§ 63, 63 a GenG).

Die genossenschaftliche Pflichtprüfung verfolgt den Zweck, die wirtschaftlichen Verhältnisse und die Ordnungsmäßigkeit der Geschäftsführung der Genossenschaft festzustellen. Daher sind die Einrichtungen, die Vermögenslage und auch die Geschäftsführung in regelmäßigen Abständen zu überprüfen (§ 53 Abs. 1 GenG). Die genossenschaftliche Pflichtprüfung geht mithin über Inhalt und Umfang einer formalen Abschlußprüfung hinaus. Über das Ergebnis der Prüfung hat der Verband in einem Prüfungsbericht schriftlich zu berichten (§ 58 Abs. 1 Satz 1 GenG).

B. Steuerrecht

Grundsätzlich unterliegen die Genossenschaften
– als juristische Personen mit ihrem Einkommen der Körperschaftsteuer;
– kraft ihrer Rechtsform mit ihrem Gewerbeertrag und ihrem Gewerbekapital der Gewerbesteuer;
– mit ihrem Vermögen der Vermögensteuer.

---

14 Vgl. §§ 24 Abs. 2, 36 Abs. 1 Satz 1 GenG. Abgesehen von den Vertretern der Arbeitnehmer im Aufsichtsrat, falls die Genossenschaft den Bestimmungen des Betriebsverfassungsgesetzes (mehr als 500 Arbeitnehmer) oder des Mitbestimmungsgesetzes (mehr als 2000 Arbeitnehmer) unterliegt.
15 Siehe S. 152.
16 Siehe S. 173.

Für bestimmte Arten von Genossenschaften gibt es bei diesen Steuerarten jedoch Steuerbefreiungen. Auf diese werden wir – wie auf einige spezielle genossenschaftliche Sonderregelungen – im folgenden näher eingehen.

Zu allen übrigen Steuern werden die Genossenschaften nach denselben Grundsätzen herangezogen wie andere Steuerpflichtige. Soweit sie die entsprechenden Tatbestände erfüllen, unterliegen sie der Umsatzsteuer, der Grundsteuer, der Grunderwerbsteuer, der Kraftfahrzeugsteuer und den Verbrauchsteuern. Besonderheiten im Vergleich zu anderen Steuerpflichtigen gibt es bei diesen Steuerarten für die Genossenschaften nicht.[17]

Unter bestimmten Voraussetzungen von der Körperschaftsteuer, der Gewerbesteuer und der Vermögensteuer befreit sind einige Arten von ländlichen Genossenschaften sowie unter den Wohnungsgenossenschaften die Vermietungsgenossenschaften. Dabei kommt es hinsichtlich der Steuerbefreiung der ländlichen Genossenschaften primär auf ihre Funktion und auf ihre Geschäftsarten an.

Aufgrund ihrer Funktion sind (bei Vorliegen weiterer Voraussetzungen) folgende ländliche Genossenschaften steuerbefreit:

– Nutzungsgenossenschaften wie Maschinengenossenschaften, Trocknungs- oder Kalthausgenossenschaften, also solche Genossenschaften, die ihren Mitgliedern Betriebseinrichtungen oder Betriebsgegenstände zur gemeinschaftlichen Benutzung zur Verfügung stellen;

– Absatz- oder Verwertungsgenossenschaften wie Molkereigenossenschaften, Winzergenossenschaften sowie Obst- und Gemüsegenossenschaften, also solche Genossenschaften, die nach vorheriger Be- oder Verarbeitung Erzeugnisse ihrer Mitglieder verkaufen;

– Dienst- oder Werkvertragsgenossenschaften wie Betriebshilfsdienste oder Mastgemeinschaften, also solche Genossenschaften, die Dienst- oder Werkverträge abschließen, um damit die Produktion von Erzeugnissen in den Betrieben der Mitglieder zu fördern;

– Beratungsgenossenschaften wie Erzeugergemeinschaften oder Schweinemastringe, also solche Genossenschaften, die ihre Mitglieder in Fragen der Produktion oder der Verwertung ihrer Erzeugnisse beraten.[18]

---

17 Vgl. Artikel Genossenschaften, Steuerliche Behandlung, in: HdG, Sp. 714, und Artikel Besteuerung der Genossenschaften, in: Genossenschafts-Lexikon, a. a. O., S. 64.
18 Vgl. Artikel Steuerbefreite Genossenschaften, in: Genossenschafts-Lexikon, a. a. O., S. 620 f.

Alle anderen ländlichen Genossenschaften, insbesondere die Bezugsgenossenschaften, fallen (wie alle anderen Genossenschaftsarten, außer den Vermietungsgenossenschaften) nicht unter die Steuerbefreiung.

Für die Freistellung von der Körperschaft-, Gewerbe- und Vermögensteuer bei den Nutzungsgenossenschaften, den Absatz- oder Verwertungsgenossenschaften, den Dienst- oder Werkvertragsgenossenschaften sowie den Beratungsgenossenschaften reicht es aber nicht aus, sich auf die im vorstehenden aufgeführten Funktionen zu beschränken; eine weitere wichtige Voraussetzung ist vielmehr, daß diese Genossenschaften ihren jeweiligen Geschäftsbetrieb auf Zweckgeschäfte mit ihren jeweiligen Mitgliedern beschränken und – abgesehen von steuerunschädlichen Hilfsgeschäften – steuerschädliche Nebengeschäfte nicht durchführen.[19] »An die Einhaltung der Beschränkung des Geschäftsbetriebs der Genossenschaft auf den Mitgliederkreis und auf eine Tätigkeit im Bereich der Land- und Forstwirtschaft werden von der Rechtsprechung und Finanzverwaltung strenge Anforderungen gestellt... So muß die steuerfreie Genossenschaft z. B. eine laufende Mitgliederkontrolle durchführen und gegenüber dem Finanzamt versichern, daß sich ihr Geschäftsbetrieb auf den Kreis der Mitglieder beschränkt hat.«[20]

Führen steuerbefreite Genossenschaften Zweckgeschäfte mit Nichtmitgliedern oder Nebengeschäfte aus, so wird die Genossenschaft grundsätzlich voll steuerpflichtig. Eine Ausnahme bildet der Fall, daß die Summe der Einnahmen aus derartigen steuerschädlichen Geschäften zehn Prozent der Gesamteinnahmen der Genossenschaft nicht übersteigt. Dann bleibt zwar die Steuerfreiheit grundsätzlich erhalten, aber die Genossenschaft ist in bezug auf die Gewinne aus diesen Geschäften partiell steuerpflichtig. Für Genossenschaften, deren Geschäftsbetrieb sich überwiegend auf die Durchführung von Milchqualitäts- und Milchleistungsprüfungen oder

---

19 *Zweckgeschäfte* sind alle Geschäfte, die satzungsgemäß oder nach § 1 GenG die Förderung des Erwerbes oder der Wirtschaft ihrer Mitglieder bezwecken.
Gegengeschäfte sind die sachnotwendig zur Durchführung der Zweckgeschäfte erforderlichen Geschäfte, beispielsweise der Einkauf einer Betriebsanlage durch eine Nutzungsgenossenschaft.
Hilfsgeschäfte sind Geschäfte, die zur Abwicklung der Zweckgeschäfte notwendig sind und die der Geschäftsbetrieb der Genossenschaft mit sich bringt, etwa der Verkauf von Verpackungsmaterial oder von Molkereibedarfsartikeln durch eine Molkereigenossenschaft an ihre Mitglieder.
Nebengeschäfte sind alle Geschäfte, die weder Zweckgeschäfte oder Gegengeschäfte noch Hilfsgeschäfte sind und mit dem steuerlich maßgebenden Satzungszweck in keinem Zusammenhang stehen.
20 Artikel Steuerbefreite Genossenschaften, in: Genossenschafts-Lexikon, a. a. O., S. 621.

auf die Tierbesamung beschränkt, gilt diese Zehn-Prozent-Grenze nur für Nebengeschäfte; Zweckgeschäfte mit Nichtmitgliedern können von diesen Unternehmen in unbeschränktem Umfang durchgeführt werden. Außerdem sind in die Zehn-Prozent-Grenze nicht einbezogen die Einnahmen aus Beteiligungen an Genossenschaften, die ihrerseits nach § 5 Abs. 1 Nr. 14 Körperschaftsteuergesetz steuerbefreit sind.[21]

Neben den eingangs erwähnten speziellen landwirtschaftlichen Genossenschaften, die unter bestimmten Voraussetzungen von der Körperschaftsteuer, der Gewerbesteuer und der Vermögensteuer befreit sind, gilt die Befreiung von diesen drei Steuerarten auch für Vermietungsgenossenschaften.

Ursprünglich waren sämtliche gemeinnützigen Wohnungsgenossenschaften steuerbefreit. Durch das Steuerreformgesetz 1990 wurden jedoch die Bestimmungen des Wohnungsgemeinnützigkeitsrechtes mit dem 1. Januar 1990, bei Inanspruchnahme einer Ausnahmeregelung mit dem 1. Januar 1991, aufgehoben; die bislang steuerbefreiten Unternehmen der Wohnungswirtschaft sind seitdem unbeschränkt steuerpflichtig.[22]

Weiterhin nicht steuerpflichtig sind nach § 5 Abs. 1 Nr. 10 KStG, § 3 Nr. 15 GewStG und § 3 Abs. 1 Nr. 13 VStG Vermietungsgenossenschaften. Es handelt sich dabei um Wohnungsgenossenschaften, deren Geschäftskreis auf die Wohnungsversorgung der Mitglieder beschränkt ist und bei denen Einnahmen aus anderen Tätigkeiten (zum Beispiel Bauträgergeschäft, Eigentumsverwaltung, Geschäftsbesorgung für Dritte) nicht mehr als zehn Prozent ihrer gesamten Einnahmen ausmachen.[23]

Alle anderen Genossenschaftsarten, also vor allem die Kreditgenossenschaften, die gewerblichen Waren- und Dienstleistungsgenossenschaften, die ländlichen Bezugsgenossenschaften, die Konsumgenossenschaften sowie die Wohnungsgenossenschaften, sofern es sich dabei nicht um Vermietungsgenossenschaften handelt, sind grundsätzlich steuerpflichtig. Unter bestimmten Voraussetzungen können bei der Ermittlung des steuerpflichtigen Einkommens genossenschaftliche Rückvergütungen als Be-

---

21 Vgl. § 5 Abs. 1 Nr. 14 Körperschaftsteuergesetz (KStG), § 3 Nr. 8 Gewerbesteuergesetz (GewStG) und § 3 Abs. 1 Nr. 7 Vermögensteuergesetz (VStG), sowie Artikel Partielle Steuerpflicht bei Genossenschaften, in: Genossenschafts-Lexikon, a. a. O., S. 493 f.
22 Vgl. Artikel Wohnungsgemeinnützigkeit, in: Genossenschafts-Lexikon, a. a. O., S. 737 f.
23 Vgl. Artikel Vermietungsgenossenschaften, in: Genossenschafts-Lexikon, a. a. O., S. 684.

triebsausgaben abgezogen werden.[24] Der Gesetzgeber trägt auf diese Weise der Tatsache Rechnung, daß Überschüsse, die durch den gemeinsamen Geschäftsbetrieb – also durch den Leistungsaustausch zwischen Mitglied und Genossenschaft – entstehen, nicht als Gewinne anzusehen sind, die der Genossenschaft endgültig zustehen; vielmehr folgt aus dem genossenschaftlichen Förderungsprinzip gemäß § 1 GenG, daß der Geschäftsbetrieb der Genossenschaft nicht primär auf die Erzielung von Gewinnen gerichtet ist, sondern auf die Verschaffung von wirtschaftlichen Vorteilen für die Mitglieder, die in einem Leistungsaustausch mit der Genossenschaft stehen.[25]

Wie bei anderen steuerpflichtigen Körperschaften, so wird auch bei Genossenschaften derjenige Teil des Einkommens, der für Dividendenzahlungen an Mitglieder verwendet wird, wirtschaftlich gesehen nicht mit Körperschaftsteuer belastet, sondern bei den Mitgliedern versteuert. Bei diesem Teil des Einkommens wird die Körperschaftsteuer zunächst auf 30 Prozent herabgeschleust und in dieser Höhe an das Finanzamt abgeführt, doch hat das Mitglied grundsätzlich in gleicher Höhe einen Anrechnungs- oder Erstattungsanspruch an das Finanzamt, sofern die formalen Voraussetzungen erfüllt sind.

Die Körperschaftsteuer für Genossenschaften beträgt 45 Prozent des zu versteuernden Einkommens. Von diesem Einkommen ist bei unbeschränkt steuerpflichtigen Körperschaften (und damit auch bei unbeschränkt steuerpflichtigen Genossenschaften) gemäß § 24 KStG ein Freibetrag von 7 500 DM, höchstens jedoch in Höhe des Einkommens, abzuziehen, sofern ihre Einkünfte nicht in das Anrechnungsverfahren einbezogen werden.

Auch hinsichtlich der Gewerbesteuer und der Vermögensteuer genießen die Genossenschaften, abgesehen von den eingangs dargestellten speziellen landwirtschaftlichen Genossenschaften und den Vermietungsgenossenschaften, *keine Privilegien.* Wenn man berücksichtigt, daß Genossenschaften bis 1934 mit denjenigen Einkommen, die im Mitgliedergeschäft erzielt wurden, nicht der Körperschaftsteuer unterworfen wurden,[26] und

---

24 Vgl. dazu im einzelnen Artikel Rückvergütung, steuerliche Behandlung, in: Genossenschafts-Lexikon, a. a. O., S. 558, sowie § 22 KStG. Außerdem gibt es unter ganz speziellen, in der Praxis selten anzutreffenden Voraussetzungen für steuerpflichtige landwirtschaftliche Genossenschaften Freibeträge bei der Berechnung der Körperschaft- und der Vermögensteuer sowie eine Freistellung von der Gewerbesteuer. Vgl. § 25 KStG, § 7 VStG und § 3 Nr. 14 GewStG.
25 Vgl. Artikel Rückvergütung, genossenschaftliche, in: Genossenschafts-Lexikon, a. a. O., S. 556.
26 Vgl. Zülow-Schubert-Rosiny, Die Besteuerung der Genossenschaften, 7. Aufl., München 1985, S. 6.

daß ferner bis zur Mitte der siebziger Jahre auch die DG BANK einen steuerlichen Sonderstatus hatte, der mit bestimmten Geschäftsbeschränkungen verbunden war und inzwischen – wie diese – abgebaut worden ist, dann wird deutlich, daß heute praktisch von einer steuerlichen Sonderbehandlung der Genossenschaften nicht mehr gesprochen werden kann. Wo der Steuergesetzgeber aus Gründen der Steuergerechtigkeit für die Genossenschaften Sonderbestimmungen getroffen hat (zum Beispiel § 22 KStG), mußte er unterschiedlichen wirtschaftlichen Wirkungen unterschiedlicher Rechtsformen Rechnung tragen; andernfalls hätte er nicht Gleiches, sondern Ungleiches gleich behandelt.[27]

C. Wettbewerbsrecht

Das für die Genossenschaften geltende Wettbewerbsrecht findet sich nicht im Genossenschaftsgesetz, denn dieses ist ein Organisationsgesetz und bezweckt nicht die Regelung von Wettbewerbsverhältnissen.[28] Genossenschaften sind vielmehr, als selbständige Unternehmen im Wettbewerb stehend, den allgemeinen Rechtsnormen unterworfen, die für den Wettbewerb gelten, insbesondere dem Gesetz gegen Wettbewerbsbeschränkungen (GWB).

Nach § 1 GWB sind Verträge, die Unternehmen oder Vereinigungen von Unternehmen zu einem gemeinsamen Zweck schließen, unwirksam, soweit sie geeignet sind, die Erzeugung oder die Marktverhältnisse für den Verkehr mit Waren oder gewerblichen Leistungen durch Beschränkung des Wettbewerbs zu beeinflussen. Dies gilt nicht, soweit in diesem Gesetz etwas anderes bestimmt ist. Nach § 1 Abs. 2 GWB gilt als einschlägiger Beschluß einer Vereinigung von Unternehmen auch der Beschluß der Mitgliederversammlung einer juristischen Person, soweit ihre Mitglieder Unternehmen sind.

Vereinigungen von Unternehmen im Sinne des § 1 GWB sind sämtliche Genossenschaften, deren Mitglieder Unternehmen sind. Von § 1 GWB werden daher praktisch nur diejenigen Genossenschaften nicht erfaßt, deren Mitglieder ausschließlich private Haushalte sind. Das sind die Kon-

---

27 Vgl. Lang-Weidmüller, a. a. O., S. 116.
28 Vgl. Harry Westermann, Rechtsprobleme der Genossenschaften, Karlsruhe 1969, S. 7.

sumgenossenschaften und die Wohnungsgenossenschaften.[29] Vorbehaltlich der weiteren in dieser Vorschrift behandelten Tatbestandsmerkmale unterliegen grundsätzlich alle anderen Genossenschaften § 1 GWB.

§ 1 GWB findet jedoch gemäß § 100 GWB keine Anwendung auf Verträge und Beschlüsse von Erzeugerbetrieben, Vereinigungen von Erzeugerbetrieben und Vereinigungen von Erzeugervereinigungen, soweit sie ohne Preisbindung die Erzeugung oder den Absatz landwirtschaftlicher Erzeugnisse oder die Benutzung gemeinschaftlicher Einrichtungen für die Lagerung, Be- oder Verarbeitung landwirtschaftlicher Erzeugnisse betreffen. Solche Verträge und Beschlüsse von Vereinigungen von Erzeugervereinigungen sind der Kartellbehörde aber unverzüglich zu melden. Sie dürfen den Wettbewerb nicht ausschließen. Daher unterliegen sie auch der kartellbehördlichen Mißbrauchsaufsicht gemäß § 104 GWB.

Da das Gesetz gegen Wettbewerbsbeschränkungen keine Sondervorschriften kennt, die Ausnahmen für die Rechtsform der Genossenschaft vorsehen,[30] knüpft auch die Freistellung der landwirtschaftlichen Erzeugerbereiche gemäß § 100 GWB nicht an die Rechtsform an; sie erfaßt aber landwirtschaftliche Genossenschaften als »Erzeugervereinigungen« und landwirtschaftliche Zentralgenossenschaften als »Vereinigungen von Erzeugervereinigungen« im Sinne des Gesetzes.

Bei Kreditgenossenschaften findet § 1 GWB gemäß § 102 Abs. 1 Satz 1 GWB keine Anwendung auf Wettbewerbsbeschränkungen, die im Zusammenhang mit Tatbeständen eintreten, die der Genehmigung oder Überwachung durch das Bundesaufsichtsamt für das Kreditwesen unterliegen und diesem gemeldet worden sind (§ 102 Abs. 1 Satz 2 GWB). Die weitgehende Freistellung der Kreditwirtschaft von den Vorschriften des Gesetzes gegen Wettbewerbsbeschränkungen erstreckt sich mithin auch auf die Kreditgenossenschaften.

Einer ausführlicheren Behandlung bedarf die wettbewerbsrechtliche Situation der gewerblichen Genossenschaften, die von Wissenschaft und Praxis ausgiebig diskutiert worden ist. Wir wollen diese Diskussion hier nicht nachvollziehen, sondern lediglich mit VOLKER BEUTHIEN[31] ihr Ergebnis festhalten: Demnach sind Verträge zu einem gemeinsamen Zweck nach

---

29 Vgl. Artikel Kartelle und Genossenschaften, in: HdG, Sp. 1010.
30 Vgl. Lang-Weidmüller, a. a. O., S. 95.
31 Vgl. Artikel Kartelle und Genossenschaften, in: HdG, Sp. 1009 ff., und Artikel Genossenschaften und Kartellrecht, in: Genossenschafts-Lexikon, a. a. O., S. 260 ff.

herrschender wettbewerbsrechtlicher Doktrin sämtliche Gesellschaftsverträge, also auch alle Genossenschaftssatzungen. Gemeinsamer Zweck der Gesellschafter ist der jeweilige Gesellschaftszweck, bei der Genossenschaft also der genossenschaftliche Förderzweck. Damit stelle sich die Frage, ob Genossenschaften schon aufgrund ihres Förderzweckes geeignet seien, die Erzeugung oder die Marktverhältnisse für den Verkehr mit Waren oder gewerblichen Leistungen durch Beschränkung des Wettbewerbs zu beeinflussen. Das scheine insofern der Fall zu sein, als erstens die Mitglieder der Genossenschaft in der erklärten Absicht beiträten, sich von dieser durch Inanspruchnahme der genossenschaftlichen Förderleistungen fördern zu lassen, und als zweitens die Genossenschaft ihrerseits bestrebt sei, diese Förderleistungen im Geschäftsverkehr mit ihren Mitgliedern zu erbringen. Deshalb habe man insbesondere den gewerblichen Einkaufsgenossenschaften vorgeworfen, sie seien darauf angelegt, durch Bündelung der Nachfrage ihrer Mitglieder den Nachfragewettbewerb von seiten ihrer Mitglieder zu Lasten der Anbieter zu beschränken und diese beim Aushandeln der Konditionen unangemessen unter Druck zu setzen. Einkaufsgenossenschaften seien daher schon wegen ihres Förderzwecks, das heißt schon wegen ihrer genossenschaftlichen Struktur, Kartellgesellschaften (sogenannte »per-se-Kartelle«).

Diese Sicht der Dinge würde jedoch, so weist BEUTHIEN nach, »weder der Entstehungsgeschichte des § 1 GWB noch dem Tatbestandsaufbau dieser Vorschrift noch der Gesetzessystematik gerecht«.[32] Der Wortlaut des § 1 GWB sei vielmehr dahin gefaßt worden, daß die Wettbewerbsbeschränkung die Ursache der möglichen Marktbeeinflussung sein müsse. Als Ursache der möglichen Marktfolge könne die Wettbewerbsbeschränkung aber nicht mit der Marktwirkung selbst gleichgesetzt werden, denn sie könne nicht Ursache und Wirkung zugleich sein. Daraus folge, daß Wettbewerbsbeschränkung im Sinne des § 1 GWB nicht Verminderung von Wettbewerb heißen könne, sondern Verlust von Wettbewerbsfreiheit, und zwar müsse nicht nur die wettbewerbliche Verhaltensfreiheit Dritter, sondern vor allem auch die der Vertragsbeteiligten, also die der Mitglieder selbst, begrenzt werden.

---

32 Artikel Kartelle und Genossenschaften, in: HdG, Sp. 1011.

Genossenschaften sind also keine »Kartelle per se«; »Kartellverbot heißt nicht Kooperationsverbot.«[33] Das deckt sich mit unserer an anderer Stelle[34] bereits getroffenen Feststellung, daß die Genossenschaften wichtige wettbewerbspolitische Funktionen wahrnehmen, weil sie zur Herstellung und zur Sicherung eines funktionsfähigen Wettbewerbs beitragen.[35] Eine Gleichstellung von Genossenschaften mit Kartellen und ein Kartellverbot der gewerblichen Einkaufsgenossenschaften gemäß § 1 GWB würden diese Zusammenhänge auf den Kopf stellen.[36] Genossenschaften sind eine arteigene Form wirtschaftlicher Kooperation, deren Struktur sich von anderen Unternehmensformen durch den in § 1 Abs. 1 GenG ausgedrückten Förderungsauftrag abhebt. Diese Gesellschaftsform dient der kooperativen Selbsthilfe zur Stärkung und Förderung der mitgliedschaftlichen Erwerbswirtschaften.[37] »Deshalb widerspräche es dem Schutzzweck des § 1 GWB, gerade das *Ergebnis einer Wettbewerbsleistung* als Wettbewerbsbeschränkung zu werten.«[38]

Drei spezielle Vorschriften des Gesetzes gegen Wettbewerbsbeschränkungen sollen die strukturellen Nachteile kleiner und mittlerer Unternehmen gegenüber größeren Wettbewerbern ausgleichen und damit langfristig die Voraussetzungen für den Wettbewerb verbessern.

Nach § 5 b Abs. 1 GWB gilt § 1 GWB nicht für Verträge und Beschlüsse, die die Rationalisierung wirtschaftlicher Vorgänge durch eine andere als die in § 5 a GWB bezeichnete Art der zwischenbetrieblichen Zusammenarbeit (das heißt anders als durch Spezialisierung) zum Gegenstand haben. Das gilt allerdings nur, wenn dadurch der Wettbewerb auf dem Markt nicht wesentlich beeinträchtigt wird und der Vertrag oder der Beschluß dazu dient, die Leistungsfähigkeit kleiner oder mittlerer Unternehmen zu fördern. Eine derartige »Mittelstandsvereinbarung« muß bei der Kartellbehörde angemeldet werden. § 5 b GWB bezieht sich auf alle Formen der Koopera-

---

33 Artikel Genossenschaften und Kartellrecht, in: Genossenschafts-Lexikon, a. a. O., S. 261.
34 Siehe S. 155.
35 Vgl. auch Artikel Genossenschaften, Stellung in der Gesamtwirtschaft, in: HdG, Sp. 693ff., und Artikel Genossenschaften, Stellung in der Gesamtwirtschaft, in: Genossenschafts-Lexikon, a. a. O., S. 259.
36 Vgl. auch Dülfer, Betriebswirtschaftslehre der Kooperative, a. a. O., S. 220.
37 Vgl. Lang-Weidmüller, a. a. O., S. 92.
38 Meyer-Meulenbergh-Beuthien, a. a. O., S. 38.

tion und damit auch auf Genossenschaften. Soweit die Voraussetzungen des § 5 b GWB vorliegen und insoweit eine Freistellung von § 1 GWB erfolgt ist, ist die Folge dann eine Mißbrauchsaufsicht gemäß § 12 GWB. Gemäß § 5 c GWB gilt § 1 GWB darüber hinaus nicht für Verträge und Beschlüsse (auch von Genossenschaften), die den gemeinsamen Einkauf von Waren oder die gemeinsame Beschaffung gewerblicher Leistungen zum Gegenstand haben, ohne für die beteiligten Unternehmen einen Bezugszwang zu begründen. Auch bei diesen Verträgen und Beschlüssen darf der Wettbewerb auf dem Markt nicht wesentlich beeinträchtigt werden, und der Vertrag oder Beschluß muß dazu dienen, die Wettbewerbsfähigkeit kleiner oder mittlerer Unternehmen zu verbessern. Im Gegensatz zu der Regelung des § 5 b GWB ist in diesem Fall eine Anmeldung des Vertrages oder Beschlusses bei der Kartellbehörde nicht erforderlich;[39] auch in diesem Fall findet aber eine Mißbrauchsaufsicht gemäß § 12 GWB statt.
Bei der »Mittelstandsempfehlung« gemäß § 38 Abs. 2 Nr. 1 GWB geht es – wie bei § 5 b GWB und § 5 c GWB – darum, strukturelle Wettbewerbsvorteile von Großunternehmen mit Hilfe der Kooperation zugunsten kleiner und mittlerer Unternehmen auszugleichen. Als Ausnahme vom grundsätzlichen Empfehlungsverbot des § 38 Abs. 1 Nr. 11 und Nr. 12 GWB sind Empfehlungen zulässig, die von Vereinigungen kleiner oder mittlerer Unternehmen (und damit auch von Genossenschaften) unter Beschränkung auf den Kreis der Beteiligten unter zwei Bedingungen ausgesprochen werden: Erstens müssen diese Empfehlungen dazu dienen, die Leistungsfähigkeit der Beteiligten gegenüber Großbetrieben oder großbetrieblichen Unternehmensformen zu fördern und dadurch die Wettbewerbsbedingungen zu verbessern, und zweitens müssen diese Empfehlungen gegenüber dem Empfehlungsempfänger ausdrücklich als unverbindlich bezeichnet werden, und es darf zu ihrer Durchsetzung kein wirtschaftlicher, gesellschaftlicher oder sonstiger Druck angewendet werden.

---

39 Vgl. Klaus Müller, Kommentar zum Gesetz betreffend die Erwerbs- und Wirtschaftsgenossenschaften, Erster Band (§§ 1–33), 2. Aufl., Bielefeld 1991, S. 97.

D. Verfassungsrecht

In der Bundesrepublik Deutschland *unterstehen Funktion und institutioneller Bestand des Genossenschaftswesens verfassungsrechtlichem Schutz.*[40]

Diese Feststellung läßt sich nach FRIEDRICH KLEIN[41] damit begründen, daß eine Reihe von Länderverfassungen die Förderung des Genossenschaftswesens verlangt. Die Verfassungen sprechen von der Sicherung oder dem Ausbau der genossenschaftlichen Selbsthilfe, die sie als einen entscheidenden instrumentalen Faktor zur Erhaltung des Mittelstandes begreifen.[42]

So heißt es in Artikel 153 der Verfassung des Freistaates Bayern vom 2. Dezember 1946: »Die selbständigen Kleinbetriebe und Mittelstandsbetriebe in Landwirtschaft, Handwerk, Handel, Gewerbe und Industrie sind in der Gesetzgebung und Verwaltung zu fördern und gegen Überlastung und Aufsaugung zu schützen. Sie sind in ihren Bestrebungen, ihre wirtschaftliche Freiheit und Unabhängigkeit sowie ihre Entwicklung durch genossenschaftliche Selbsthilfe zu sichern, vom Staat zu unterstützen.« In Artikel 44 der Verfassung des Landes Hessen vom 1. Dezember 1946 und in Artikel 65 der Verfassung für Rheinland-Pfalz vom 18. Mai 1947 findet sich die Grundsatznorm: »Das Genossenschaftswesen ist zu fördern.« Die Verfassung für das Land Nordrhein-Westfalen vom 28. Juni 1950 legt in Artikel 28 fest: »Die genossenschaftliche Selbsthilfe ist zu unterstützen«, und die Verfassung des Saarlandes vom 15. Dezember 1947 umschreibt den Verfassungsauftrag des Gesetzgebers in Artikel 54 wie folgt: »Der selbständige saarländische Mittelstand in Industrie, Gewerbe, Handwerk und Handel ist zu fördern und in seiner freien Entfaltung zu schützen. In gleicher Weise ist das Genossenschaftswesen zu fördern.« In einem anderen – nämlich nicht mittelständischen, sondern gemeinwirtschaftlichen – Zusammenhang legt Artikel 40 der Verfassung der Freien Hansestadt

---

40 Vgl. Friedrich Klein, Genossenschaftswesen und staatliches Verfassungsrecht, Karlsruhe 1958, S. 19: »Das bedeutet im ganzen, daß die bestehenden Genossenschaften und genossenschaftlichen Organisationen als Einrichtungen des Genossenschaftswesens und kooperativ-institutionelle Verkörperungen des Genossenschaftsgedankens von Verfassungs wegen institutionell gewährleistet sind.« Vgl. auch derselbe, Genossenschaftswesen und staatliches Verfassungsrecht, in: Aktuelle Probleme und zukünftige Aspekte genossenschaftswissenschaftlicher Forschung, Karlsruhe 1962, S. 211 f.

41 Vgl. Klein, a. a. O. 1958, S. 9 ff., und a. a. O. 1962, S. 204 ff.

42 Vgl. zu dieser Gesamtdarstellung Artikel Genossenschaften, Stellung in der Gesamtwirtschaft, in: Genossenschafts-Lexikon, a. a. O., S. 258.

Bremen vom 21. Oktober 1947 fest: »Genossenschaften aller Art und gemeinnützige Unternehmen sind als Form der Gemeinwirtschaft zu fördern.«[43]

Das Grundgesetz der Bundesrepublik Deutschland spricht sich nicht ausdrücklich für die Förderung des Genossenschaftswesens aus, aber KLEIN verwendet die landesverfassungsrechtlichen Bestimmungen zur entsprechenden Interpretation und Beurteilung des Grundgesetzes, indem er sich auf den Grundsatz der größtmöglichen Einheitlichkeit des Gesamtgefüges des Bundesstaates beruft.[44]

Auf der XII. Internationalen Genossenschaftswissenschaftlichen Tagung 1990 in Stuttgart-Hohenheim hat auch die Präsidentin des Deutschen Bundestages, RITA SÜSSMUTH, die Übereinstimmung zwischen den Grundprinzipien des Genossenschaftswesens und den Wertvorstellungen und Handlungsmaximen einer freiheitlichen Gesellschaftsordnung gewürdigt: »Was der einzelne aus eigener Initiative und Kraft nicht leisten kann, schafft er in der Gemeinschaft mit anderen. Der Genossenschaftsgedanke integriert in beispielhafter Weise diese Grundlagen. Er beinhaltet gemeinsames Wirken, ohne den Respekt vor der einzelnen Person, deren Selbständigkeit und Verantwortlichkeit zu verlieren ... Als Konzept zwischen den Polen des extremen Individualismus und des Kollektivismus verkörpert die Genossenschaftsidee die Synthese von Freiheit und Bindung, Tradition und Fortschritt, Dezentralität und Zentralität, wirtschaftlicher Selbständigkeit und gemeinschaftlicher Stärke ... Die zentralen Prinzipien des Genossenschaftswesens stehen daher in enger Beziehung zu den Grundsätzen, die auch hinsichtlich der Gestaltung unseres Gemeinwesens beachtet werden sollten ... Die Übereinstimmung genossenschaftlicher Grundsätze mit den Wertvorstellungen und Handlungsmaximen einer freiheitlichen Gesellschaftsordnung war und ist die Basis der unangefoch-

---

43 In den neuen Bundesländern finden sich vergleichbare Verfassungsnormen nur in zwei Fällen. So heißt es in Artikel 15 der am 16. Oktober 1994 endgültig in Kraft getretenen Verfassung des Freistaats Thüringen: »Es ist ständige Aufgabe des Freistaats, darauf hinzuwirken, daß in ausreichendem Maße angemessener Wohnraum zur Verfügung steht. Zur Verwirklichung dieses Staatsziels fördern das Land und seine Gebietskörperschaften die Erhaltung, den Bau und die Bereitstellung von Wohnraum im sozialen, genossenschaftlichen und privaten Bereich«, und die Verfassung des Landes Mecklenburg-Vorpommern vom 23. Mai 1993, die durch Volksentscheid am 12. Juni 1994 angenommen wurde und mit Beginn der zweiten Legislaturperiode endgültig in Kraft treten wird, legt in Artikel 19 fest: »Land, Gemeinden und Kreise fördern Initiativen, die auf das Gemeinwohl gerichtet sind und der Selbsthilfe sowie dem solidarischen Handeln dienen.«
44 Vgl. Klein, a. a. O. 1962, S. 211 f.

tenen Stellung der Genossenschaften in allen Ländern freiheitlicher Prägung.«[45]

Wir können als Ergebnis festhalten: Die Förderung des Genossenschaftswesens ist ein Verfassungsauftrag an den Gesetzgeber.[46] Diese Tatsache bestimmt in markanter Weise die Stellung der Genossenschaften in der deutschen Volkswirtschaft.

---

45 Rita Süssmuth, Selbstverantwortlich handeln – gemeinsam wirken, in: Herkunft und Zukunft – Genossenschaftswissenschaft und Genossenschaftspraxis an der Wende eines Jahrzehnts, Wiesbaden 1990, S. 11 ff.
46 Eine weit ausholende, systematische und historische Analyse deutscher Genossenschaftspolitik stellt die Analyse von Kluthe dar. Vgl. Klaus Kluthe, Genossenschaften und Staat in Deutschland, Berlin 1985.

VII. Die internationale Zusammenarbeit zwischen den Genossenschaften

Der Einfluß der beiden großen deutschen Genossenschaftsgründer RAIFFEISEN und SCHULZE-DELITZSCH auf die Ausbreitung der Genossenschaftsidee in Europa und in Übersee war außerordentlich groß und wurde von beiden Gründerpersönlichkeiten teilweise noch unmittelbar ausgeübt, soweit es um den Aufbau von Genossenschaften in unseren Nachbarländern ging.[1] Ihre grundlegenden, in vielfacher Auflage noch zu ihren Lebzeiten erschienenen, weiter vorn bereits zitierten Werke[2] über den Aufbau und die Führung von Kreditgenossenschaften verbreiteten ihre Erfahrungen bald auch über die europäischen Grenzen hinaus, zumal ihre Veröffentlichungen auch in viele andere Sprachen übersetzt wurden.

Zu einer internationalen Zusammenarbeit zwischen den Genossenschaften verschiedener Länder kam es jedoch erst, nachdem sich nationale Organisationen in Form von Verbänden und Zentralgenossenschaften gebildet hatten. Der erste internationale Zusammenschluß war der im Jahre 1895 in London gegründete Internationale Genossenschaftsbund (IGB). Er wurde im wesentlichen von konsumgenossenschaftlichen Verbänden und Großeinkaufsgesellschaften gegründet und hat seit 1946 den Konsultativstatus der Kategorie A im Wirtschafts- und Sozialrat der Vereinten Nationen;[3] später erhielt er den gleichen höchsten Beraterstatus beim Internationalen Arbeitsamt (ILO), Genf, bei der Ernährungs- und Landwirtschaftsorganisation der Vereinten Nationen (FAO), Rom, und bei der Erziehungs-, Wissenschafts- und Kulturorganisation der Vereinten Nationen (UNESCO), Paris, sowie bei der Internationalen Atomenergie-Behörde, Wien.[4]

Der IGB, der seinen Sitz heute in Genf hat, umfaßte 1991 annähernd 200 Mitgliedsorganisationen (unter ihnen acht internationale genossenschaft-

---

[1] Wie eine neuere Untersuchung in Erinnerung ruft, waren beispielsweise beim Aufbau von Kreditgenossenschaften im Baltikum, in Polen und Rußland sowie auf dem Gebiet der heutigen Tschechischen Republik in der zweiten Hälfte des vorigen Jahrhunderts die Ideen und Konzepte von Raiffeisen und Schulze-Delitzsch prägendes Vorbild. Vgl. Marburg Consult für Selbsthilfeförderung eG, Genossenschaften in Osteuropa, a. a. O.

[2] Siehe S. 20 und S. 22.

[3] Artikel 71 der Charta der Vereinten Nationen sieht konsultative Beziehungen der UNO mit nichtstaatlichen Organisationen vor. Vgl. William Pascoe Watkins, Die internationale Genossenschaftsbewegung, Frankfurt am Main 1969, S. 69.

[4] Vgl. Watkins, a. a. O., S. 100.

liche Vereinigungen) aus allen Erdteilen,[5] aus Ländern mit höchst unterschiedlicher Wirtschafts- und Gesellschaftsordnung und aus den verschiedensten Genossenschaftsbereichen: Konsumgenossenschaften, Kreditgenossenschaften, landwirtschaftliche Genossenschaften, Fischereigenossenschaften, Wohnungsgenossenschaften und Produktivgenossenschaften.[6] Die Mitgliedsorganisationen des IGB repräsentieren rund 700 Millionen individuelle Mitglieder von Genossenschaften aus 79 Ländern.[7] Aus der Bundesrepublik Deutschland sind unter anderem der Deutsche Genossenschafts- und Raiffeisenverband, der Gesamtverband der Wohnungswirtschaft und der Bundesverband deutscher Konsumgenossenschaften Mitglied.[8]

Unabhängig vom IGB wurde die internationale Zusammenarbeit zwischen den Genossenschaften nach dem Ende des Zweiten Weltkrieges vor allem in Europa intensiviert. Zu unterscheiden sind dabei die *Kooperation zwischen Verbänden* (mit der Hauptaufgabe der gemeinsamen Interessenwahrnahme auf europäischer Ebene) und die *Zusammenarbeit zwischen Genossenschaftszentralen* aus Gründen gemeinsamen geschäftlichen Interesses.

Zu der ersten Kategorie zählen, auch wenn teilweise dort ebenfalls Genossenschaftszentralen als Mitglieder vertreten sind:

– CICA (Confédération Internationale du Crédit Agricole, Internationale Vereinigung für Agrarkredit), Zürich

– CICP (Confédération Internationale du Crédit Populaire, Internationale Volksbankenvereinigung), Paris

– COGECA (Comité Général de la Coopération Agricole de la CEE, Allgemeiner Ausschuß des ländlichen Genossenschaftswesens der EWG), Brüssel

– EUROCOOP (Europäische Gemeinschaft der Verbrauchergenossenschaften), Brüssel

– Europäischer Genossenschaftlicher Versicherungsverband (Association des Assureurs Coopératifs Européens – AACE), Brüssel

---

5 Vgl. Review of International Co-operation, Vol. 84, No. 3/1991, S. 9.
6 Vgl. Artikel Internationaler Genossenschaftsbund, in: Genossenschafts-Lexikon, a. a. O., S. 359.
7 Vgl. Review of International Co-operation, Vol. 84, No. 3/1991, S. 9, und Vol. 87, No. 2/1994, S. 4.
8 Vgl. Review of International Co-operation, Vol. 85, Nos. 2/3/1992, S. 296.

– UGAL (Union des Groupements d'Achat Coopératifs de Détaillants de l'Europe, Union der Genossenschaftlichen Einkaufsorganisationen), Brüssel
– Vereinigung der Genossenschaftsbanken der EG (Groupement des Banques Coopératives de la CE), Brüssel.
Daneben gibt es auf europäischer Ebene noch CECODHAS (Verband der Wohnungsbaugenossenschaften, dem unter anderem der Gesamtverband der Wohnungswirtschaft angehört) sowie den Verband der Europäischen Sozialen und Genossenschaftlichen Apotheken und den Europäischen Ausschuß der Arbeiter- und Handwerker-Produktionsgenossenschaften (CECOP). COGECA, die Vereinigung der Genossenschaftsbanken der EG, UGAL, EUROCOOP und CECOP haben zur Abstimmung ihrer Aktivitäten im Jahre 1982 einen Koordinierungsausschuß der Genossenschaftsverbände der EG (Comité de Coordination des Associations Coopératives de la CEE – CCACC) gegründet, dem später weitere Verbände beitraten.[9]
Die CICA wurde (nach einer seit 1922 bestehenden Vorläuferorganisation) im Jahre 1950 neugegründet. Ihr Zweck ist die Repräsentation ihrer Mitglieder auf internationaler Ebene, die wechselseitige Information über den Stand und die Probleme des Agrarkredits in den beteiligten Ländern sowie die Organisation von internationalen Tagungen, die diesem Erfahrungsaustausch dienen. Ihre Mitglieder sind (vorwiegend europäische) Zentral- und Regionalorganisationen, die an der Entwicklung des Agrarkredits interessiert sind. Zu ihnen gehört auch die DG BANK. Im Jahre 1958 wurde, als Gemeinschaftsgründung der CICA und der CEA (Confédération Européenne de l'Agriculture), eine Arbeitsgruppe für den genossenschaftlichen Agrarkredit gegründet, in der die DG BANK ebenfalls mitarbeitet.
Die CICP, nach dem Muster der CICA 1952 gegründet, hat die Aufgabe, eine enge und dauerhafte Verbindung zwischen den Mitgliedsorganisationen herzustellen, den Erfahrungsaustausch zu fördern und die gemeinsamen Interessen der Volksbanken gegenüber supranationalen Instanzen zu vertreten. Ihre Mitglieder sind daher Genossenschaftsorganisationen, die an der Förderung der mittelständischen Wirtschaft und an der Entwicklung des gewerblichen Mittelstandskredits interessiert sind. Sie kommen vorwiegend aus Europa. Die deutschen Interessen in der CICP werden vom

---

9 Vgl. Artikel CCACC, in: Genossenschafts-Lexikon, a. a. O., S. 97 f.

BVR wahrgenommen,[10] doch arbeitet die DG BANK auch hier – in der Studienkommission »Internationale Angelegenheiten« – mit.

Nachdem im Jahre 1958 der Vertrag über die Gründung der Europäischen Wirtschaftsgemeinschaft (EWG) in Kraft getreten war, bildete sich 1959 COGECA, um die Interessen des ländlichen Genossenschaftswesens bei den Organen der Gemeinschaft wahrzunehmen und die Zusammenarbeit zwischen den ländlichen Genossenschaften zu fördern. COGECA ist durch die Gemeinschaftsinstanzen offiziell anerkannt worden. Mitglied ist unter anderem der Deutsche Raiffeisenverband; insgesamt gehören COGECA heute 18 genossenschaftliche Organisationen an.[11]

EUROCOOP entstand bereits 1957, um die nationalen Mitgliedsverbände bei den zukünftigen EG-Behörden, insbesondere der EG-Kommission, zu vertreten. Förderung und Koordinierung der gemeinsamen Interessen der konsumgenossenschaftlichen Organisationen ist auch hier das Hauptziel.

Der Europäische Genossenschaftliche Versicherungsverband, 1978 gegründet, hat sich zum Ziel gesetzt, die internationale Zusammenarbeit zwischen seinen Mitgliedern zu intensivieren und die genossenschaftliche Versicherungsarbeit in der EG zu koordinieren. Mitglied ist unter anderem die R+V Versicherungsgruppe.[12]

Die UGAL, 1963 gegründet, ist der europäische Dachverband der gewerblichen Waren- und Dienstleistungsgenossenschaften. Ursprünglich von den Einkaufsgenossenschaften des Lebensmitteleinzelhandels gegründet, hat die UGAL 1985 eine Aufgabenerweiterung insofern erfahren, als sie seither als Zusammenschluß der Organisationen sämtlicher gewerblichen Waren- und Dienstleistungsgenossenschaften fungiert. Sie hat, ähnlich wie CICA, CICP, COGECA und EUROCOOP, die Aufgabe, die Interessen ihrer Mitglieder bei den internationalen Organisationen, insbesondere auf europäischer Ebene, zu vertreten. Mitglied der UGAL ist unter anderem der EDEKA-Verband als Gründungsmitglied. Nachdem ZENTGENO bereits assoziiertes Mitglied war, ist der ZGV heute Vollmitglied der UGAL.[13]

---

10 Vgl. Artikel Internationale Volksbankenvereinigung (CICP), in: Genossenschafts-Lexikon, a. a. O., S. 359 f.
11 Vgl. Artikel COGECA, in: Genossenschafts-Lexikon, a. a. O., S. 106.
12 Vgl. Wirtschafts- und Sozialausschuß der Europäischen Gemeinschaften, Die Genossenschaften Europas und ihre Verbände, Baden-Baden 1986, S. 194 ff.
13 Vgl. Artikel UGAL, in: Genossenschafts-Lexikon, a. a. O., S. 645, und Günther Schulte, Vertretung der gewerblichen Verbundgruppen in Brüssel, in: BI/GF, Heft 8/1994, S. 73 f.

Auch die Vereinigung der Genossenschaftsbanken der EG, 1970 gegründet, hat als Hauptaufgabe die gemeinsame Vertretung der Interessen ihrer Mitglieder auf europäischer Ebene. Sie behandelt Rechts-, Steuer-, Kapitalmarkt- und spezielle Finanzierungsfragen in ständigen Arbeitsgruppen und Ad-hoc-Ausschüssen. Ihr gehören – anders als CICA und CICP – sämtliche wichtigen kreditgenossenschaftlichen Organisationen der Mitgliedsländer der Gemeinschaft unter Einschluß des BVR und der DG BANK an. Insgesamt repräsentieren die 25 Mitglieder, nationale Verbände und Spitzeninstitute aus allen EG-Ländern, rund 10 000 Genossenschaftsbanken mit 30 Millionen Mitgliedern.[14]

Einen über Europa hinausgreifenden Zusammenschluß von nationalen Genossenschaftsorganisationen bildet die Internationale Raiffeisen-Union (IRU), Neuwied. Entstanden anläßlich des 150. Geburtstages von FRIEDRICH WILHELM RAIFFEISEN im Jahre 1968, ist die IRU ein Zusammenschluß von Genossenschaftsorganisationen aus aller Welt mit dem Zweck, das Gedankengut RAIFFEISENS zu pflegen, es in der Öffentlichkeit zu vertreten und seine Verwirklichung mit zeitgemäßen Mitteln weltweit zu unterstützen. Dazu gehört die Förderung internationaler Management-Seminare, auf denen vornehmlich Genossenschaftsprobleme der Entwicklungsländer diskutiert werden. Neben der Evidenzzentrale der IRU beim DGRV gibt es weltweit vier Dokumentationszentralen, über die aktuelle Informationen abgefragt werden können. Deutsche Mitglieder der IRU sind der DGRV, der DRV, der BVR, die DG BANK sowie die Verbundinstitute BSH und R+V.[15] Die insgesamt 88 ordentlichen und fördernden Mitglieder, darunter drei internationale Genossenschaftsorganisationen, kommen aus 43 Ländern.

Die geschäftliche Zusammenarbeit der europäischen genossenschaftlichen Zentralbanken wurde seit den siebziger Jahren institutionalisiert. Hatten sich mannigfache Kontakte bereits früher, beispielsweise in der CICA und der CICP, ergeben, so standen jetzt viele genossenschaftliche Spitzeninstitute in verschiedenen Ländern Europas – und damit auch die DG BANK – vor neuen Aufgaben: Die mittelständischen Firmenkunden und die privaten Mitgliederhaushalte der örtlichen Genossenschaftsbanken machten zunehmend Bedarf an internationalen Bankleistungen geltend, die den

---

14 Vgl. Artikel Vereinigung der Genossenschaftsbanken der EG, in: Genossenschafts-Lexikon, a. a. O., S. 679 f.
15 Vgl. Artikel Internationale Raiffeisen-Union (IRU), in: Genossenschafts-Lexikon, a. a. O., S. 358 f.

Volksbanken und Raiffeisenbanken durch ihre regionalen genossenschaftlichen Zentralbanken und ihr Spitzeninstitut zur Verfügung zu stellen waren. Auch die Liquiditätsspeicherfunktion der je nationalen Verbundspitzen war nur noch im internationalen Rahmen zu erfüllen. Schließlich ergab sich über die notwendige Diversifizierung des Aktivgeschäftes die Verbindung zu großen Unternehmen, denen bei dem internationalen Zuschnitt ihrer eigenen Aktivitäten nur mit einem Bankservice gedient ist, der nicht an den nationalen Grenzen aufhört.[16]

Die jeweiligen nationalen genossenschaftlichen Spitzeninstitute trugen der Notwendigkeit, ihr internationales Geschäft auch durch den Aufbau von Stützpunkten im Ausland zu intensivieren, zunächst vor allem dadurch Rechnung, daß sie das Prinzip der Kooperation, dem sie ihre Entstehung verdankten, auch ihrerseits anwandten. Ein erstes Ergebnis dieser gemeinsamen Überlegungen war die Gründung der Merchantbank London & Continental Bankers Limited (LCB), London, im Jahre 1973. Ursprünglich nur von der damaligen Deutschen Genossenschaftskasse, der heutigen DG BANK, zusammen mit dem Bankhaus S. G. Warburg & Co. Limited, London, gegründet, zählte sie binnen weniger Monate die Spitzeninstitute aus zehn anderen europäischen Ländern zu ihren Anteilseignern. Die Bank war als Merchant- und Investmentbank über mehr als ein Jahrzehnt hinweg erfolgreich für die europäischen genossenschaftlichen Spitzeninstitute tätig; in der zweiten Hälfte der achtziger Jahre, als die meisten Kapitaleigner der LCB eigene Filialen in London errichtet hatten, wurde die DG BANK mehrheitlicher und schließlich alleiniger Anteilseigner – die Bank ist folgerichtig schließlich in der Filiale London der DG BANK aufgegangen.

Unmittelbar oder mittelbar waren praktisch sämtliche Zentralen der westeuropäischen Genossenschaftsbanken auch an der BEG Bank Europäischer Genossenschaftsbanken, Zürich, beteiligt, die, ebenso wie die LCB, London, unter Führung der DG BANK im Jahre 1975 entstanden war. Die Bank, zu deren Anteilseignern auch regionale genossenschaftliche Zentralbanken aus der Bundesrepublik Deutschland und die Schweizerische Volksbank gehörten, wurde – ähnlich der LCB – nach Änderung ihres Fir-

---

16 Vgl. Günther Schmidt-Weyland, Auslandsgeschäft im genossenschaftlichen Verbund, in: ZfgK, Heft 16/1981, S. 722, und Artikel Auslandsgeschäft der genossenschaftlichen Bankengruppe, in: Genossenschafts-Lexikon, a. a. O., S. 32 ff.

mennamens in DG BANK (Schweiz) 1987 im Jahre 1991 eine hundertprozentige Tochtergesellschaft der DG BANK, nachdem die bisherigen genossenschaftlichen Kapitaleigner in bezug auf den Schweizer Markt individuelle Strategien entwickelt hatten. Auch bei dieser Form der internationalen Zusammenarbeit zeigte sich aber, daß der erste Schritt auf einen neuen, ausländischen Finanzmarkt am besten im Wege der Kooperation miteinander vollzogen werden konnte. An der DG European Securities Corporation, New York, einer Brokerage-Gesellschaft mit der Aufgabe, Anlagestrategien für die Kundschaft der unmittelbar oder mittelbar beteiligten genossenschaftlichen Banken zu entwickeln und deren Aufträge über amerikanische Makler an die Börse zu leiten (und umgekehrt amerikanische Anleger hinsichtlich der europäischen Finanzmärkte zu unterstützen), sind noch heute neben dem Mehrheitsaktionär DG BANK die RZB, Wien, die OKOBANK, Helsinki, sowie die drei regionalen genossenschaftlichen Zentralbanken aus der Bundesrepublik Deutschland beteiligt. Daneben hält die DG BANK kleinere Anteile an der Österreichischen Volksbanken-AG, Wien, an der Caisse Centrale des Banques Populaires, Paris, sowie an der Canadian Cooperative Credit Society Limited, Toronto.
Einen besonderen Akzent im Rahmen der Neuausrichtung der Geschäftsaktivitäten der DG BANK stellte die Gründung des Banco Cooperativo Español S.A. (BCE), Madrid, dar, die 1990 vollzogen wurde. Die DG BANK hat dieses Spitzeninstitut zusammen mit 29 örtlichen genossenschaftlichen Banken (Cajas Rurales) errichtet, um die Geschäftsbeziehungen zwischen den deutschen und den spanischen Unternehmen zu fördern. Der BCE ist als Geschäftsbank im Kreditgeschäft, Geld- und Devisenhandel, Konsortialgeschäft und Auslandsgeschäft tätig; durch sein Verbindungsnetz zu den 2 535 Geschäftsstellen der Cajas Rurales bietet BCE den deutschen Unternehmen die Möglichkeit, fast jede Region Spaniens zu erreichen. Der DG BANK-Anteil an dem BCE beträgt 15 Prozent.
Als eine permanente und zukunftsgerichtete Institution mit weiten Perspektiven wurde im Jahre 1977 die UNICO-Bankengruppe mit Sitz in Amsterdam gegründet, in der heute die folgenden acht genossenschaftlichen Spitzeninstitute zusammengeschlossen sind:
– CERA Centrale Raiffeisenkas, Leuwen (Belgien)
– Caisse Nationale de Crédit Agricole (CNCA), Paris
– DG BANK Deutsche Genossenschaftsbank, Frankfurt am Main

195

- OKOBANK (Osuuspankkien Keskuspankki OY), Helsinki
- Rabobank Nederland, Utrecht
- Raiffeisen Zentralbank Österreich AG (RZB), Wien
- Föreningsbanken AB, Stockholm

sowie (als assoziiertes Mitglied)
- ICCREA (Istituto de Credito delle Casse Rurali ed Artigiane), Rom.

Aufgabe der UNICO (United Co-operatives')-Bankengruppe ist die Zusammenarbeit auf allen Gebieten des internationalen Geschäftes mit dem Ziel der Stärkung der Wettbewerbsposition auf den je nationalen Märkten. Sie erstreckt sich auf alle Bereiche und Arten des internationalen Kredit- und Wertpapiergeschäftes, auf den Devisenhandel, auf Leasing- und Factoring-Finanzierungen, Mergers and Acquisitions und den internationalen Zahlungsverkehr. »Dieser länderübergreifende Verbund lebt den genossenschaftlichen Gedanken der Dezentralität, der Partnerschaft, aber auch den Gedanken des pragmatischen Handelns.«[17] Die in der UNICO zusammengeschlossenen genossenschaftlichen Spitzeninstitute repräsentieren Genossenschaftsbanken mit fast 38000 Bankstellen und einer addierten Bilanzsumme von (Ende 1993) umgerechnet rund 2 200 Milliarden DM.[18]

Im Rahmen der UNICO-Bankengruppe sind zahlreiche Gemeinschaftsunternehmen und -institutionen entstanden, so die UNICO Financial Services S.A., Luxemburg, Finanzberatung und Administration, die ebenfalls – neben anderen Fonds – von den sechs Spitzeninstituten CERA, CNCA, DG BANK, OKOBANK, Rabobank und RZB getragene, 1979 gegründete UNICO Investment Fund Management Company S.A., Luxemburg, das UNICO Banking Institute für die Weiterbildung der Mitarbeiter der Partnerbanken in Fragen des internationalen Bankgeschäftes und die UNICO International Platform, der auch die Norinchukin Bank (Japan), die Caisse Centrale Desjardins du Quebec (Kanada) und der Banco del Desarollo (Chile) beigetreten sind. Schließlich ist in diesem Zusammenhang die UNICO-Repräsentanz in Teheran zu erwähnen, die von der DG BANK, der CNCA, der RZB und der Rabobank getragen wird.

Diese vielfältigen Aktivitäten werden ergänzt durch bilaterale Kooperationsverträge (hauptsächlich) zwischen den UNICO-Partnerbanken und

---

17 Bernd Thiemann, Kooperation ist das Schlüsselwort für die Integration in Europa, in: Wirtschaftskurier, Juli 1994.
18 Vgl. UNICO BANKING GROUP, Report 1993, Amsterdam 1994, S. 7.

durch multilaterale Vereinbarungen im Rahmen der CICP. An ihnen sind im Regelfall auf deutscher Seite auch die drei regionalen genossenschaftlichen Zentralbanken beteiligt. Derartige Kooperationsabkommen wurden mit der Caisse Centrale des Banques Populaires, der Rabobank, der RZB sowie der Caisse Centrale Desjardins du Quebec, Montreal, geschlossen; darüber hinaus gibt es einen Kooperationsvertrag zwischen der DG BANK und der CNCA sowie einen weiteren zwischen der WGZ-Bank, Düsseldorf, und der CERA sowie entsprechende Vereinbarungen der SGZ-Bank, Frankfurt am Main/Karlsruhe, mit der Banque Fédérative du Crédit Mutuel, Straßburg, dem Network Bancario Italiano, Mailand, und drei regionalen genossenschaftlichen Zentralbanken in Polen sowie schließlich (auf der Grundlage der DG BANK-Rabobank-Kooperation) eine regionenbezogene Zusammenarbeit zwischen der Rabobank Groningen, Niederlande, und den Volksbanken und Raiffeisenbanken der Region Weser-Ems. Ähnliche grenzüberschreitende Formen der Kooperation existieren – auf der Basis von abgeschlossenen oder geplanten Rahmenvereinbarungen der betroffenen Verbände – zwischen den benachbarten Genossenschaftsbanken im Westen, Südwesten und Süden der Bundesrepublik Deutschland und ihren niederländischen, belgischen, französischen und österreichischen Partnerbanken; eine grenzüberschreitende Zusammenarbeit in der genossenschaftlichen Agrarwirtschaft bahnt sich an.[19]

Schließlich ist noch auf die immer wichtiger werdende internationale Zusammenarbeit im Bereich des Zahlungsverkehrs hinzuweisen. So haben CICP- und UNICO-Mitgliedsbanken aus Belgien, der Bundesrepublik Deutschland, Frankreich, Großbritannien, Italien, Kanada, Österreich und Spanien (auf deutscher Seite die DG BANK und die drei regionalen genossenschaftlichen Zentralbanken) das Zahlungssystem TIPANET entwickelt (Transferts Interbancaires de Paiements Automatisés),[20] in dem mittels IFT (Interbank File Transfer) im Rahmen von SWIFT (Society for Worldwide Interbank Financial Telecommunication S.C., Brüssel) Zahlungsaufträge gepoolt werden, um der Anforderung der Europäischen Kommission

---

19 Vgl. Claus Peter Mossler, Förderung grenzüberschreitender Kooperation durch die Verbände, in: BI/GF, Heft 7/1992, S. 36 ff., Egon Gushurst, Badische Kreditgenossenschaften für den Binnenmarkt gerüstet. Starke Partner für den Mittelstand, in: BI/GF, Heft 4/1993, S. 31 f., und Herbert Kranz, Grenzüberschreitende Kooperationen in der Agrarwirtschaft, in: BI/GF, Heft 8/1992, S. 85.
20 Vgl. Ulrich Brixner, TIPA-NET – Dolmetscher für nationale Clearing-Systeme. Ein Zahlungssystem europäischer Genossenschaftsbanken für den Binnenmarkt, in: BI/GF, Heft 7/1992, S. 17 ff., und Dieter Wößner, a. a. O., S. 11 ff.

zu entsprechen, den Zahlungsverkehr zwischen den beteiligten Binnenmarkt-Teilnehmerländern sicherer, schneller und kostengünstiger zu gestalten. Hier ist ein beispielhaftes Modell für die internationale Zusammenarbeit zwischen den Genossenschaftsbanken verschiedener Länder aufgebaut worden.

Darüber hinaus bestehen Kooperationsvereinbarungen der deutschen Verbundinstitute BSH und R+V mit Partnern in Ost- und Westeuropa.

Die Vollendung des EG-Binnenmarktes zum Jahresbeginn 1993 sowie das Inkrafttreten der Bestimmungen des Vertrages von Maastricht über die Bildung der Europäischen Union und des Europäischen Wirtschaftsraumes zum Jahresbeginn 1994 sind Ausdruck einer sich vertiefenden Integration Westeuropas. Gleichzeitig intensiviert sich die Zusammenarbeit mit den Reformländern Osteuropas. Ein Beispiel dafür aus dem Genossenschaftssektor ist die Takarékbank, Budapest, die als Zentralbank der ungarischen Spargenossenschaften in die CICP aufgenommen wurde; auch die von der BSH gemeinsam mit Partnern gegründeten Bausparkassen in Bratislava (Slowakische Republik) und in Prag (Tschechische Republik) verdienen in diesem Zusammenhang hervorgehoben zu werden.

Insgesamt ist festzustellen, daß die grenzüberschreitende Zusammenarbeit im Genossenschaftswesen insbesondere in Europa in den letzten Jahrzehnten stark zugenommen hat. Neben die internationale Kooperation der Verbände traten seit den siebziger Jahren verstärkt die gemeinsame Trägerschaft internationaler Banken und unmittelbare geschäftliche Beziehungen mit dem Ziel, *Gemeinschaftsaktivitäten des genossenschaftlichen Bankwesens zu fördern* und zur Verbreiterung des Leistungsangebotes der beteiligten genossenschaftlichen Verbundsysteme zu nutzen. Inzwischen gibt es (als Verordnungsvorschlag der Europäischen Kommission nebst einem ergänzenden Richtlinien-Vorschlag) das Statut der Europäischen Genossenschaft für grenzüberschreitende Aktivitäten und Mitgliedschaften;[21] und die Gründung einer Europäischen Genossenschaftsbank S.A., Luxemburg, durch die DG BANK und die DG BANK Luxembourg S.A., Luxemburg, als Nukleus einer möglichen Europäischen Genossenschaftlichen Zentralbank veranschaulicht den weiten Weg, den das Spitzeninstitut der deutschen Genossenschaften seit seinen Anfängen vor einem Jahrhundert durchmessen hat.

21 Vgl. Wolfgang Kessel, Statut der Europäischen Genossenschaft. EG-Kommission legt Geänderten Entwurf vor, in: BI/GF, Heft 12/1993, S. 36 ff.

VIII. Einige Überlegungen zur Zukunft der Genossenschaften

»Die genossenschaftliche Idee ist eine eminent ethische und sittlich erhabene, die Wirkung des Genossenschaftswesens ist eine überaus karitative und sozial bedeutungsvolle, aber die dazwischen liegende genossenschaftliche Arbeit des Tages hat einen durchaus materiellen, nüchternen und rein ökonomischen Charakter, dessen Nichtbeachtung auf Abwege führt« (WILHELM HAAS, 1905).[1]

"... Cooperatives constitute a most significant element of the private sector and hence of national and regional economies ... With their hundreds of millions of members, to which the families of members must be added, they constitute a significant means of ensuring social stability throughout the world ... The cooperative movement is an independent area of societal organization within which citizens join together in pursuit of their own objectives and in full exercise of their freedom of association within the law" (Vereinte Nationen, 1992).[2]

Diese beiden Zitate, obwohl im Abstand von fast neun Jahrzehnten formuliert, machen deutlich, daß die Bedeutung der genossenschaftlichen Idee im Zeitablauf unverändert groß geblieben ist, einer Idee, die auf der schlichten Erkenntnis beruht, daß einzelne Menschen in Kooperation miteinander mehr für sich erreichen können als ohne diesen Zusammenschluß. Sie machen darüber hinaus deutlich, daß
– die einigende Kraft der Genossenschaftsidee innerhalb der soziologischen Gruppe der Träger einer Genossenschaft die »eine Seite der Medaille« bildet und die Führung genossenschaftlicher Unternehmen mit dem Ziel, auf den wettbewerblich umkämpften Märkten zu bestehen, die »andere Seite der Medaille« ausmacht;[3]

---

[1] Zitiert nach Otto Gennes, Haas, in: Vahan Totomianz, Internationales Handwörterbuch des Genossenschaftswesens, Berlin 1928, S. 436.
[2] United Nations, General Assembly, Economic and Social Council, Status and role of cooperatives in the light of new economic and social trends, o. O. 1992, S. 5, 13 und 21.
[3] Vgl. Georg Draheim, Die Genossenschaft als Unternehmungstyp, a. a. O., S. 16 ff.

– auch die Vereinten Nationen die Genossenschaft als eine freiwillig gebildete Organisationsform ansehen, in der sich Private (Personen und Unternehmen) zusammenschließen, um je für sich individuelle Vorteile zu gewinnen;
– die *mitgliederbezogene Förderungsorientierung das absolute Wesensprinzip* der genossenschaftlichen Zusammenarbeit bildet; die Mitglieder – nicht die Allgemeinheit – sind zu fördern.[4]

»Das Faszinierende an der Idee war und ist, daß basisorientierte Selbsthilfe, demokratische Selbstverwaltung und haftende Selbstverantwortung für die gemeinschaftliche Tätigkeit sowohl vom theoretischen Ansatz wie auch von den praktischen Anwendungen her zwangsläufig gesellschaftspolitisch neutral und überkonfessionell sind.«[5] Offensichtlich erklären diese Merkmale »das außerordentlich hohe *Fortschritts- und Anpassungspotential* der Genossenschaftsidee, die in unterschiedlicher Konzeption und Bedeutung über alle Kontinente verbreitet ist . . .«.[6] Die UNO listet einige imponierende Kennziffern über die weltweite Bedeutung der Genossenschaften auf. Beispielsweise
– werden in den Niederlanden 95 Prozent aller angebauten Blumen, 82 Prozent des Gemüses und 75 Prozent des Obstes genossenschaftlich vermarktet;
– beträgt der Marktanteil der Genossenschaften in der Holzproduktion in Norwegen 73 Prozent;
– beläuft sich der Marktanteil der Genossenschaftsbanken in der Europäischen Union auf 17 Prozent;[7]
– betrugen in dem Zeitraum von 1985 bis 1990 die jahresdurchschnittlichen Zuwachsraten bei den Spareinlagen der Kreditgenossenschaften in Lateinamerika 8,9 Prozent, in Afrika 13,4 Prozent und in Asien 85,9 Prozent.[8] Eine weltweit ausgerichtete, sehr detaillierte Studie von SVEN AKE BÖÖK über genossenschaftliche Grundprinzipien und Verfahrensweisen kommt zu dem Ergebnis, daß es heute nicht mehr allein auf die Grund-

---

4 Vgl. Günther Ringle, Genossenschaftskultur – Konzeption und strategische Bedeutung, in: Verbandsmanagement, Heft 2/1994, S. 8.
5 Hans-Detlef Wülker, Was ist die IRU – was will sie – was tut sie?, IRU-Seminar Nairobi/Kenia 1989, Manuskript, S. 3.
6 Ringle, a. a. O., S. 6.
7 Vgl. United Nations, a. a. O., S. 5.
8 Vgl. United Nations, a a. O., S. 9.

ideen selber ankomme, sondern auf »die Beziehungen zwischen diesen und der gegenwärtigen genossenschaftlichen Praxis«.[9]

Wir haben in der vorliegenden Veröffentlichung oft auf die Bedeutung der Genossenschaftsidee auch für die Zukunft hingewiesen, beispielsweise
- im Zusammenhang mit der Erörterung des Verhältnisses des Wirtschaftsprinzips der Kooperation zu den Grundsätzen der Sozialen Marktwirtschaft (in Kapitel II, Seite 40–41);
- im Zusammenhang mit der Abgrenzung zwischen marktwirtschaftlichen und sozialistischen Genossenschaften (in Kapitel II, Seite 44–45);
- im Zusammenhang mit dem genossenschaftlichen Gedankengut, insbesondere dem Förderungsauftrag, dem Identitätsprinzip und dem Demokratieprinzip (in Kapitel IV, Seite 146–150);
- im Zusammenhang mit dem Prinzip der genossenschaftlichen Selbstverwaltung (in Kapitel IV, Seite 150–153);
- im Zusammenhang mit der genossenschaftlichen Selbsthilfe zur Herstellung eines funktionsfähigen Wettbewerbs (in Kapitel IV, Seite 153–158);
- im Zusammenhang mit dem Image der Genossenschaften, insbesondere in seiner Würdigung durch die Wissenschaft (in Kapitel IV, Seite 158–162);
- im Zusammenhang mit dem genossenschaftlichen Unternehmensleitbild (in Kapitel V, Seite 163–170);
- im Zusammenhang mit der organisationsrechtlichen Regelung der Genossenschaft (in Kapitel VI, Seite 171–176);
- im Zusammenhang mit der wettbewerbsrechtlichen Regelung für gewerbliche Einkaufsgenossenschaften (in Kapitel VI, Seite 181–185);
- im Zusammenhang mit der verfassungsrechtlichen Würdigung genossenschaftlicher Selbsthilfe (in Kapitel VI, Seite 186–188);
- im Zusammenhang mit der internationalen Zusammenarbeit zwischen den Genossenschaften (in Kapitel VII, Seite 189–198).

Die genossenschaftliche Idee ist demnach eine vitale Kraft, die von den Anfängen des Genossenschaftswesens bei RAIFFEISEN und SCHULZE-DELITZSCH an bis in unsere Tage und für die Zukunft ihre Bedeutung gewahrt hat und behalten wird. In den Zitaten von HAAS[10] und BÖÖK[11] wird

---

9 Sven Ake Böök, Genossenschaftliche Werte in einer sich wandelnden Welt, Bericht an den IGB-Kongreß vom Oktober 1992 in Tokio, Genf 1992, S. 2.
10 Siehe S. 199.
11 Siehe S. 200 f.

aber darüber hinaus deutlich, wie wichtig es ist, daß diese Grundidee auch in der Praxis der täglichen Arbeit der Genossenschaften ihren Niederschlag findet.

Die Umsetzung der Genossenschaftsidee muß zum prägenden Unternehmensbestandteil werden, muß die Unternehmenskultur der Genossenschaften bestimmen. »Unter einer Unternehmenskultur wird eine Grundgesamtheit gemeinsamer Werte, Normen und Einstellungen verstanden, welche die Entscheidungen, die Handlungen und das Verhalten der Organisationsmitglieder prägen.«[12] Diese Aussage, die für Unternehmen generell gilt, muß jedoch für Genossenschaften abgewandelt werden, weil es darum geht, für diese eine »spezifische Organisationskultur«[13] zu formulieren, die sich auch auf die für Genossenschaften prägenden Beziehungen zwischen ihrer Betriebswirtschaft und ihren Mitgliedern erstreckt. Eine solche spezifische Organisationskultur für Genossenschaften wäre dann eine arteigene Genossenschaftskultur, die zum Ausdruck brächte, »daß sich Führungskräfte, Mitarbeiter und Mitglieder *mit spezifischen Maximen, Regeln und Einstellungen identifizieren,* ja zu diesen bekennen. Indem ›Cooperate Culture‹ *im Verhalten der Organisationsteilnehmer sichtbar* wird, stellt sie sich als ›gelebtes‹ Werte- und Sinnsystem dar.«[14] HELMUT LIPFERT hat in seinem grundlegenden Werk zu dieser Frage von »Cooperate Identity« gesprochen[15] und dazu im einzelnen ausgeführt: »Genossenschafts-Identität beinhaltet für Mitglieder/Kunden, Management und Mitarbeiter in Primärgenossenschaften und Zentralen den Zusammenhang zwischen den sachlichen Leistungsbeziehungen und den zwischenmenschlichen Kommunikationsbeziehungen. Sie manifestiert sich im *Selbstverständnis des Kooperativ-Organs Genossenschaft,* im Bewußtsein einer *gemeinsamen Wert- und Sinnorientierung* (Unternehmenszweck Mitgliederförderung) und im *Image dieses Kooperativ-Organs* bei seinen Mitgliedern und Mitarbeitern sowie bei Geschäftspartnern und in der Öffentlichkeit.«[16]

---

12 Peter Dill, Unternehmenskultur. Grundlagen und Anknüpfungspunkte für ein Kulturmanagement, Bonn 1987, S. 100.
13 Eberhard Dülfer, Die ›Unternehmenskultur‹ der Genossenschaft – ein traditionsreiches Thema in neuer Aktualität, in: 40 Jahre Institut für Genossenschaftswesen an der Philipps-Universität Marburg, Marburg 1987, S. 35.
14 Ringle, a. a. O., S. 6.
15 Vgl. Helmut Lipfert, Mitgliederförderndes Kooperations- und Konkurrenzmanagement in genossenschaftlichen Systemen, Göttingen 1986, S. 54.
16 Lipfert, a. a. O., S. 80 f.; vgl. zur Genossenschaftsidentität auch Strukturfragen der deutschen Genossenschaften, Teil II, a. a. O.

Wesensbestimmend für eine gelebte Genossenschaftskultur ist darüber hinaus die Verbundorientierung. »Die mitgliederorientierte Kooperationsorientierung findet ... eine Fortsetzung in der Beziehung zu Zentralen im mehrstufigen Verbund. Ein wesentliches Merkmal verbundweiser Kooperation ist die Freiwilligkeit intensiver Funktionalbeziehungen; ihrem Grundauftrag entsprechend soll jedoch die Primärgenossenschaft alle verbundwirtschaftlichen Vorteile nutzen, um den Mitgliedern optimale Leistungen bieten zu können.«[17]

Erfreulicherweise gibt es eine Fülle von Unternehmensleitbildern, die, aus der Praxis entwickelt, Handlungsanweisungen dafür enthalten, wie Genossenschaftskultur in unserer Zeit praktisch verwirklicht werden kann.[18] In dem von der Akademie Deutscher Genossenschaften formulierten »Unternehmensleitbild der genossenschaftlichen Bank« heißt es dazu unter anderem: »Zweck der genossenschaftlichen Bank ist die wirtschaftliche Förderung und Betreuung der Mitglieder ... Die Förderleistungen der einzelnen Genossenschaft werden auf der Grundlage ihres spezifischen Standortes und der Bedürfnisse ihrer Mitglieder entwickelt ... Bei allen Entscheidungen räumt der Vorstand der nachhaltigen Förderung der Mitglieder den Vorrang ein.«[19] Einem anderen Unternehmensleitbild ist sogar ein Bewertungsschema beigegeben, anhand dessen Zielvorstellungen und Ist-Werte der Mitgliederorientierung einander gegenübergestellt werden können.[20]

Aus jüngster Zeit verdienen in diesem Zusammenhang insbesondere das Unternehmensleitbild und die Führungsgrundsätze der DG BANK hervorgehoben zu werden. Das in ihnen verankerte »Wir-Prinzip« bestimmt

---

17 Ringle, a. a. O., S. 9.
18 Vgl. (allein von Genossenschaftsorganisationen aus der Bundesrepublik Deutschland) Deutscher Raiffeisenverband e.V., Der genossenschaftliche Förderungsauftrag aus der Sicht des Deutschen Raiffeisenverbandes, in: Genossenschaftsforum, Heft 2/1983, S. 71 ff.; Zentralverband der genossenschaftlichen Großhandels- und Dienstleistungsunternehmen e.V. (ZENTGENO), Die Erfüllung des Förderungsauftrages aus der Sicht der genossenschaftlichen Großhandels- und Dienstleistungsunternehmen, in: Genossenschaftsforum, Heft 3/1983, S. 118 ff.; Raiffeisenverband Schleswig-Holstein und Hamburg e.V., Leitlinien der Unternehmenspolitik für Genossenschaftsbanken (Diskussionspapier zum Unternehmensleitbild und Förderungsauftrag), Kiel 1986; Genossenschaftsverband Niedersachsen e.V., Unternehmensleitbild: Die leistungsfähige Kreditgenossenschaft im genossenschaftlichen Verbund, Münster 1987; Akademie Deutscher Genossenschaften e.V., Unternehmensleitbild der genossenschaftlichen Bank, Montabaur o. J.
19 Akademie Deutscher Genossenschaften e.V., Unternehmensleitbild der genossenschaftlichen Bank, a. a. O., S. 5 f.
20 Vgl. Raiffeisenverband Schleswig-Holstein und Hamburg e.V., Leitlinien der Unternehmenspolitik für Genossenschaftsbanken, a. a. O.

auch die neue Werbelinie der Bank; sie verdeutlicht das partnerschaftliche Zusammenwirken des Spitzeninstituts mit seinen Kunden, vor allem den Kreditgenossenschaften als der wichtigsten Zielgruppe, zu deren Förderung die DG BANK gesetzlich verpflichtet ist.

Gerade angesichts der Tatsache, daß die genossenschaftlichen Unternehmen generell in ihrem äußeren Erscheinungsbild und ihrer Geschäftstätigkeit ihren Wettbewerbern immer ähnlicher werden,[21] können und sollten Unternehmensleitbilder als Ausdruck gelebter Genossenschaftskultur dazu beitragen, die *Genossenschaftsidee* zu verdeutlichen, die seit eh und je in dem Gedanken besteht, *durch freiwillige, untereinander gleichberechtigte und miteinander solidarische Zusammenarbeit der Mitglieder in einem gemeinsamen Geschäftsbetrieb diese, die Träger der Genossenschaft, wirtschaftlich zu fördern.*

Daß diese Idee nicht nur für das Wirtschaftsleben Bedeutung hat, sondern weit darüber hinaus gilt, hat der seinerzeit amtierende Bundespräsident KARL CARSTENS treffend umrissen, als er beim Deutschen Genossenschaftstag im Jahre 1980 feststellte: »Wenn wir uns bei der Lösung der geistigen, politischen, sozialen und wirtschaftlichen Fragen von den bewährten Prinzipien der Genossenschaften: Selbsthilfe, Selbstverantwortung und Selbstverwaltung leiten lassen, werden wir den richtigen Weg ins 21. Jahrhundert finden.«[22]

---

21 Siehe S 157.
22 Karl Carstens, Verantwortung der Genossenschaften für Staat und Gesellschaft, in: Presse- und Informationsamt der Bundesregierung, Bulletin Nr. 59, Bonn 1980, S. 501.

Verzeichnis der Abkürzungen

AACE	Association des Assureurs Coopératifs Européens (Europäischer Genossenschaftlicher Versicherungsverband), Brüssel
AGI	Arbeitsgemeinschaft Genossenschaftswissenschaftlicher Institute
AWG	Arbeiterwohnungsbaugenossenschaft
BÄKO	Bäcker- und Konditorengenossenschaften
BCE	Banco Cooperativo Español S.A., Madrid
BEV	Bundesvereinigung Deutscher Einkaufs- und Verbundgruppen des Handels e.V., Köln
BHG	Bäuerliche Handelsgenossenschaft
BI	Bankinformation
BI/GF	Bankinformation und Genossenschaftsforum
BLN	Bank für Landwirtschaft und Nahrungsgüterwirtschaft der Deutschen Demokratischen Republik
BSH	Bausparkasse Schwäbisch Hall AG, Schwäbisch Hall
BVK	Bundesverband deutscher Konsumgenossenschaften e.V., Hamburg
BVR	Bundesverband der Deutschen Volksbanken und Raiffeisenbanken e.V., Bonn
BZG	Bundes-Zentralgenossenschaft Straßenverkehr eG, Frankfurt am Main
CCACC	Comité de Coordination des Associations Coopératives de la CEE (Koordinierungsausschuß der Genossenschaftsverbände der EG), Brüssel
CEA	Confédération Européenne de l'Agriculture (Verband der Europäischen Landwirtschaft), Brüssel
CECODHAS	Europäischer Verbindungsausschuß der Wohnungsgenossenschaften, Brüssel
CECOP	Comité Européen des Coopératives Ouvrières de Production (Europäischer Ausschuß der Arbeiter- und Handwerker-Produktionsgenossenschaften), Brüssel
CERA	Centrale Raiffeisenkas, Leuwen (Belgien)
CICA	Confédération Internationale du Crédit Agricole (Internationale Vereinigung für Agrarkredit), Zürich
CICP	Confédération Internationale du Crédit Populaire (Internationale Volksbankenvereinigung), Paris
CNCA	Caisse Nationale de Crédit Agricole, Paris
COGECA	Comité Général de la Coopération Agricole de la CEE (Allgemeiner Ausschuß des ländlichen Genossenschaftswesens der EWG), Brüssel
DDR	Deutsche Demokratische Republik
DEFO	Deutsche Fonds für Immobilienvermögen GmbH, Frankfurt am Main
DEVIF	Deutsche Gesellschaft für Investment-Fonds GmbH, Frankfurt am Main
DGK	Deutsche Genossenschaftskasse, Frankfurt am Main
DGRV	Deutscher Genossenschafts- und Raiffeisenverband e.V., Bonn

DIFA	Deutsche Immobilienfonds AG, Hamburg
DMK	Deutsches Milchkontor GmbH, Hamburg
DRV	Deutscher Raiffeisenverband e.V., Bonn
DRWZ	Deutsche Raiffeisen-Warenzentrale GmbH, Frankfurt am Main
EFTA	European Free Trade Association (Europäische Freihandelszone)
eG	eingetragene Genossenschaft
EG	Europäische Gemeinschaft(en)
ELG	Einkaufs- und Liefergenossenschaft des Handwerks
EU	Europäische Union
EUROCOOP	Europäische Gemeinschaft der Verbrauchergenossenschaften, Brüssel
EWG	Europäische Wirtschaftsgemeinschaft
EWR	Europäischer Wirtschaftsraum
EWS	Europäisches Währungssystem
GBB	Genossenschaftsbank Berlin
GdW	Gesamtverband der Wohnungswirtschaft e.V., Köln
GEBI	Genossenschaftliche EG-Beratungs- und Informationsgesellschaft mbH, Bonn
GEG	Großeinkaufs-Gesellschaft Deutscher Consumvereine mbH, Hamburg
GenG	Genossenschaftsgesetz
GewStG	Gewerbesteuergesetz
GEZ	Groß-Einkaufs-Zentrale deutscher Konsumvereine GmbH, Köln-Mülheim
GF	Genossenschaftsforum
GHG	Genossenschaftskasse für Handwerk und Gewerbe
GIS	Genossenschaftlicher Informations-Service GmbH, Frankfurt am Main
GWB	Gesetz gegen Wettbewerbsbeschränkungen
GWG	Gemeinnützige sozialistische Wohnungsbaugenossenschaft
GZB-Bank	Genossenschaftliche Zentralbank AG Stuttgart, Stuttgart
HdG	Handwörterbuch des Genossenschaftswesens, Wiesbaden 1980
HDSW	Handwörterbuch der Sozialwissenschaften, Stuttgart-Tübingen-Göttingen 1956
HdWW	Handwörterbuch der Wirtschaftswissenschaft, Stuttgart-New York-Tübingen-Göttingen-Zürich 1977
IFT	Interbank File Transfer
IGB	Internationaler Genossenschaftsbund, Genf
ILO	International Labour Office (Internationales Arbeitsamt), Genf
IRU	Internationale Raiffeisen-Union, Neuwied
KStG	Körperschaftsteuergesetz
LCB	London & Continental Bankers Limited, London
LPG	Landwirtschaftliche Produktionsgenossenschaft
PGH	Produktionsgenossenschaft des Handwerks
RdK	Revisionsverband deutscher Konsumgenossenschaften e.V., Hamburg
R + V	R + V Versicherung
RZB	Raiffeisen Zentralbank Österreich AG, Wien
SGZ-Bank	Südwestdeutsche Genossenschafts-Zentralbank AG, Frankfurt am Main/Karlsruhe
SWIFT	Society for Worldwide Interbank Financial Telecommunication

TIPANET	Transferts Interbancaires de Paiements Automatisés
UGAL	Union des Groupements d'Achat Coopératifs de Détaillants de l'Europe (Union der Genossenschaftlichen Einkaufsorganisationen), Brüssel
UNICO	United Cooperatives' Banking Group
UNO	United Nations Organization (Vereinte Nationen)
VdgB	Vereinigung der gegenseitigen Bauernhilfe
VDK	Verband der Konsumgenossenschaften eG, Berlin
VEB	Volkseigener Betrieb
VStG	Vermögensteuergesetz
WGZ-Bank	Westdeutsche Genossenschafts-Zentralbank eG, Düsseldorf
WWU	Wirtschafts- und Währungsunion
ZEG	Zentrale Einkaufsgenossenschaft Deutscher Konsumgenossenschaften eG, Hamburg
ZENTGENO	Zentralverband der genossenschaftlichen Großhandels- und Dienstleistungsunternehmen e.V., Bonn
ZfgG	Zeitschrift für das gesamte Genossenschaftswesen
ZfgK	Zeitschrift für das gesamte Kreditwesen
ZGV	Zentralverband Gewerblicher Verbundgruppen e.V., Bonn

Verzeichnis der Übersichten

Übersicht 1:
Die Genossenschaften in der Bundesrepublik Deutschland — 50
Übersicht 2:
Die wirtschaftliche Organisation der Genossenschaften
in der Bundesrepublik Deutschland — 52
Übersicht 3:
Die Verbandsstruktur der Genossenschaften
in der Bundesrepublik Deutschland — 54
Übersicht 4:
Die Struktur der genossenschaftlichen Bankengruppe — 56
Übersicht 5:
Anzahl, Mitglieder und Bilanzsumme der Kreditgenossenschaften — 84
Übersicht 6:
DG BANK und regionale Zentralbanken mit ihren
angeschlossenen Kreditgenossenschaften — 85
Übersicht 7:
Marktanteile der genossenschaftlichen Bankengruppe — 87
Übersicht 8:
Die Struktur der Raiffeisen-Organisation — 90
Übersicht 9:
Anzahl, Mitglieder und Umsatz der ländlichen Genossenschaften — 104
Übersicht 10:
Die Struktur der gewerblichen Genossenschaftsorganisation — 109
Übersicht 11:
Anzahl, Mitglieder und Umsatz der gewerblichen Genossenschaften — 124
Übersicht 12:
Die Struktur der konsumgenossenschaftlichen Organisation — 129
Übersicht 13:
Die Struktur der wohnungswirtschaftlichen Genossenschaftsorganisation — 137

Literaturverzeichnis

I. Bücher und Aufsätze

Akademie Deutscher Genossenschaften e.V., Unternehmensleitbild der genossenschaftlichen Bank, Montabaur o. J.

Albrecht, Gerhard, Die Bedeutung des Genossenschaftswesens in Vergangenheit und Gegenwart, in: Derselbe, Die soziale Funktion des Genossenschaftswesens, Berlin 1965.

Arnold, Walter, und Fritz H. Lamparter, Friedrich Wilhelm Raiffeisen: Einer für alle – alle für einen, Stuttgart 1985.

Aschhoff, Gunther, Die Geschichte der genossenschaftlichen Wirtschafts- und Marktverbände in Deutschland, in: Geschichte, Struktur und Politik der genossenschaftlichen Wirtschafts- und Marktverbände, Karlsruhe 1965.

Aschhoff, Gunther, Die Akademie der Volksbanken und Raiffeisenbanken auf Schloß Montabaur, Neuwied-Wiesbaden 1972.

Aschhoff, Gunther, Das Bildungswesen der Genossenschaften – Entwicklung, Leistungen, Perspektiven, in: Archiv für öffentliche und freigemeinnützige Unternehmen, Bd. 10, 1972.

Aschhoff, Gunther, Die Veränderung der Marktanteile der Genossenschaftsbanken in der Nachkriegszeit, in: Jürgen Zerche (Hrsg.), Aspekte genossenschaftlicher Forschung und Praxis, Düsseldorf 1981.

Aschhoff, Gunther, Die Verwirklichung der Genossenschaftsidee durch Hermann Schulze-Delitzsch in der zweiten Hälfte des 19. Jahrhunderts, in: Sparkassenidee und Genossenschaftsgedanke, Zeitschrift für bayerische Sparkassengeschichte, Heft 4, (Wolnzach) 1990.

Aschhoff, Gunther, und Eckart Henningsen, Die Funktion genossenschaftlicher Spitzeninstitute in ausgewählten Ländern, in: ZfgG, Bd. 42 (1992).

Aufarbeitung der historischen Traditionen des Genossenschaftswesens an der Martin-Luther-Universität Halle-Wittenberg und an der Humboldt-Universität zu Berlin, Halle-Berlin 1994.

Bak, Sigurd, Konsumgenossenschaften und Wirtschaftsordnung – Stimmen die Rahmenbedingungen?, in: ZfgG, Bd. 44 (1994).

Batzer, Erich, Erich Greipl und Uwe Täger, Kooperation im Einzelhandel, Berlin-München 1982.

Batzer, Erich, und Uwe Christian Täger, Erheblicher Wandel im Struktur- und Leistungsbild des Großhandels, in: Genossenschaftsforum, Heft 4/1985.

Baumann, Horst, Die Neuordnung der gewerblichen und ländlichen Genossenschaftsorganisationen in Deutschland, in: Die gewerbliche Genossenschaft, Heft 1/2 und Heft 3/1973.

Bester, Eugen, Die regionalen genossenschaftlichen Zentralbanken im Verbund, in: Jürgen Zerche (Hrsg.), Aspekte genossenschaftlicher Forschung und Praxis, Düsseldorf 1981.
Betz, Wolfgang, Genossenschaften freier Berufe. Eine Untersuchung ihrer Strukturen, Aufgaben und Entfaltungsmöglichkeiten, Neuendettelsau 1992.
Bieser, Karl Ludwig, Deutsche Winzergenossenschaften: Traditionelle Erzeuger und moderne Marktpartner, in: BI/GF, Heft 8/1991.
Blöcker, Uwe, Drum prüfe, wer sich ewig bindet . . . Verschmelzung von Wohnungsbaugenossenschaften in den neuen Ländern, in: Die Wohnungswirtschaft, Heft 2/1992.
Blüher, Jürgen, und Erwin Kuhn, Zur Genossenschaftsentwicklung in der ehemaligen DDR, Marburg 1990.
Böök, Sven Ake, Genossenschaftliche Werte in einer sich wandelnden Welt, Bericht an den IGB-Kongreß vom Oktober 1992 in Tokio, Genf 1992.
Boettcher, Erik, Ökonomische und soziale Voraussetzungen der Förderung in modernen Genossenschaften, in: Blätter für Genossenschaftswesen, Heft 14/1969.
Boettcher, Erik, Die Genossenschaft in der Marktwirtschaft, Tübingen 1980.
Bonus, Holger, Die Genossenschaft als Unternehmungstyp, Münster 1985.
Bonus, Holger, Das Selbstverständnis moderner Genossenschaften, Tübingen 1994.
Brixner, Ulrich, TIPA-NET – Dolmetscher für nationale Clearing-Systeme. Ein Zahlungssystem europäischer Genossenschaftsbanken für den Binnenmarkt, in: BI/GF, Heft 7/1992.
Büschgen, Hans E., Zeitgeschichtliche Problemfelder des Bankwesens der Bundesrepublik Deutschland, in: Deutsche Bankengeschichte, Bd. 3, Frankfurt am Main 1983.
Bundesverband der Deutschen Volksbanken und Raiffeisenbanken e.V., Bericht/Zahlen '92, Bonn (1993).
Bundesverband der Deutschen Volksbanken und Raiffeisenbanken e.V., Bericht/Zahlen '93, Bonn (1994).

Carlsen, Burchard, Agrarproduktivgenossenschaften – Bewährung in der Marktwirtschaft, in: Aktive Genossenschaften im gesellschaftlichen und wirtschaftlichen Wandel. Festschrift für Verbandspräsident Manfred Martersteig, Stuttgart-Hohenheim 1993.
Carstens, Karl, Verantwortung der Genossenschaften für Staat und Gesellschaft, in: Presse- und Informationsamt der Bundesregierung, Bulletin Nr. 59, Bonn 1980.

Denken, handeln – Hermann Schulze-Delitzsch, Wiesbaden 1993.
Deutsche Bundesbank, Monatsbericht April 1994.
Deutsche Bundesbank, Monatsbericht Mai 1994.
Deutsche Bundesbank, Monatsbericht August 1994.
Deutsche Genossenschaftskasse, Die Genossenschaften der Bundesrepublik Deutschland im Jahre 1966.
Deutsche landwirtschaftliche Genossenschaftspresse, 57. Jg., Nr. 5, Darmstadt 1930.
Deutscher Genossenschafts- und Raiffeisenverband e.V., Bildungskonzeption der Volksbanken und Raiffeisenbanken in der Praxis, Wiesbaden 1993.
Deutscher Genossenschafts- und Raiffeisenverband e.V., Geschäftsbericht 1993.
Deutscher Genossenschaftsverband, Jahrbuch des Deutschen Genossenschaftsverbandes für 1938, Berlin 1939.

Deutscher Raiffeisenverband e.V., Der genossenschaftliche Förderungsauftrag aus der Sicht des Deutschen Raiffeisenverbandes, in: Genossenschaftsforum, Heft 2/1983.
Deutscher Raiffeisenverband e.V., Raiffeisen Jahrbuch 1988, Bonn 1989.
Deutscher Raiffeisenverband e.V., Raiffeisen Jahrbuch 1992, Bonn 1993.
Deutscher Raiffeisenverband e.V., Empfehlungen und Überlegungen zur künftigen Strategie der Raiffeisen-Genossenschaften und des Deutschen Raiffeisenverbandes, Bonn 1993.
Deutscher Raiffeisenverband e.V., Raiffeisen Jahrbuch 1993, Bonn 1994.
Deutscher Raiffeisenverband e.V., Raiffeisen. Aktueller Überblick 1994, Bonn (1994).
Deutscher Raiffeisenverband e. V., Die deutschen Winzergenossenschaften 1994, (Bonn 1994).
DG BANK Deutsche Genossenschaftsbank, Die Genossenschaften in der DDR, (Frankfurt am Main 1990).
DG BANK Deutsche Genossenschaftsbank, Genossenschaften 1950–1990. Grafiken und Tabellen zum Genossenschaftswesen in der Bundesrepublik Deutschland, (Frankfurt am Main 1991).
DG BANK Deutsche Genossenschaftsbank, Die Genossenschaften in der Bundesrepublik Deutschland 1992, (Frankfurt am Main 1992).
DG BANK Deutsche Genossenschaftsbank, Die Genossenschaften in der Bundesrepublik Deutschland 1993, Statistik, (Frankfurt am Main 1993).
Die Genossen distanzieren die deutschen Großbanken, in: manager magazin, Heft 6/1993.
Die Preußische Zentralgenossenschaftskasse. Ihre Aufgaben und ihr Wirken. Aus 25jähriger Tätigkeit, Berlin 1922.
Dilcher, Gerhard, Die genossenschaftliche Struktur von Gilden und Zünften, in: Gilden und Zünfte. Kaufmännische und gewerbliche Genossenschaften im frühen und hohen Mittelalter, Sigmaringen 1985.
Dill, Peter, Unternehmenskultur. Grundlagen und Anknüpfungspunkte für ein Kulturmanagement, Bonn 1987.
Dorner, Karin, Die Eisenbahn-Spar- und Darlehnskassen als Banktyp, Nürnberg 1979.
Draheim, Georg, Die Genossenschaft als Unternehmungstyp, 2. Aufl., Göttingen 1955.
Draheim, Georg, Genossenschaften im Wandel, in: Helmut Faust, Genossenschaftliches Lesebuch, Frankfurt am Main 1967.
Draheim, Georg, Zur Ökonomisierung der Genossenschaften, Göttingen 1967.
Draheim, Georg, Vortrag, in: Genossenschaft und Bildung, Vorträge und Ansprachen, Frankfurt am Main 1970.
Draheim, Georg, Aktuelle Grundsatzprobleme des Genossenschaftswesens, Reden und Aufsätze, Frankfurt am Main 1983.
Dülfer, Eberhard, Strukturprobleme der Genossenschaft in der Gegenwart, in: Neuere Tendenzen im Genossenschaftswesen, Göttingen 1966.
Dülfer, Eberhard, Betriebswirtschaftslehre der Kooperative, Göttingen 1984.
Dülfer, Eberhard, Die ›Unternehmenskultur‹ der Genossenschaft – ein traditionsreiches Thema in neuer Aktualität, in: 40 Jahre Institut für Genossenschaftswesen an der Philipps-Universität Marburg, Marburg 1987.

Ellgering, Ingo, Die Kreditgenossenschaften im Jahre 1993, in: Sparkasse, Heft 8/1993.
Engelhardt, Werner Wilhelm, Allgemeine Ideengeschichte des Genossenschaftswesens, Darmstadt 1985.

Faust, Helmut, Geschichte der Genossenschaftsbewegung, 3. Aufl., Frankfurt am Main 1977.
Fest, Joachim, in: Ansprachen zur Einweihung des Neubaus der DG BANK, (Frankfurt am Main 1985).
Fickenscher, Gisela, Gesundheits- und umweltorientiertes Marketing bei Konsumgenossenschaften (Nutritional Marketing), Nürnberg 1991.
Frank, Thomas H., Die Bau- und Sparvereine in Deutschland und Europa um die Jahrhundertwende, in: Die Bank, Heft 3/1981.
Fuchs, Heinrich, Kreditgenossenschaftlicher Garantiefonds, in: Die Bank, 30. Jg. (1937).
75 Jahre »Esüdro«. Leistungsstarker Partner von 75 % aller Drogerien, in: Mitteilungsblatt des Badischen Genossenschaftsverbandes, Heft 4/1984.
Fürstenberg, Friedrich, Genossenschaft und Bildung, in: Genossenschaft und Bildung, Vorträge und Ansprachen, Frankfurt am Main 1970.

Galbraith, John Kenneth, American Capitalism – The Concept of Countervailing Power, Boston 1952.
GdW Gesamtverband der Wohnungswirtschaft e.V., Wohnen bei Genossenschaften – Mehr als Wohnen, Köln 1992.
GdW Gesamtverband der Wohnungswirtschaft e.V., Bericht 1991/92, Köln 1992.
GdW Gesamtverband der Wohnungswirtschaft e.V., Bericht 1992/93, Köln 1993.
Genossenschaftsverband Niedersachen e.V., Unternehmensleitbild: Die leistungsfähige Kreditgenossenschaft im genossenschaftlichen Verbund, Münster 1987.
von Gierke, Otto, Das deutsche Genossenschaftsrecht, 1. Bd., Rechtsgeschichte der deutschen Genossenschaft, Berlin 1868, Neudruck Graz 1954.
Glaeßner, Gert-Joachim, Arbeiterbewegung und Genossenschaft. Entstehung und Entwicklung der Konsumgenossenschaften in Deutschland am Beispiel Berlins, Göttingen 1989.
Grüger, Wolfgang, Der Weg zur Universalbank, in: ZfgK, Heft 19/1967.
Gushurst, Egon, Badische Kreditgenossenschaften für den Binnenmarkt gerüstet. Starke Partner für den Mittelstand, in: BI/GF, Heft 4/1993.

Hamm, Walter, Mißbrauch von Nachfragemacht durch Genossenschaften?, in: Genossenschaftsforum, Heft 1/1978.
Hasselmann, Erwin, Geschichte der deutschen Konsumgenossenschaften, Frankfurt am Main 1971.
Henzler, Reinhold, Die Genossenschaft – eine fördernde Betriebswirtschaft, Essen 1957.
Henzler, Reinhold, Der genossenschaftliche Grundauftrag: Förderung der Mitglieder, Frankfurt am Main 1970.
Hermann Schulze-Delitzsch. Genossenschaftsgründer und Sozialreformer, in: DG BANK Deutsche Genossenschaftsbank, Bericht über das Geschäftsjahr 1982.
Herrmann, Armin, Das Geschäft der Genossenschaftlichen Zentralbanken, in: Bankkaufmann, Heft 10/1980.
Hochbein, Hans Gerd, Genossenschaftliche Milchwirtschaft: Deutsches Milch-Kontor, in: BI/GF, Heft 3/1992.
100 Jahre Deutscher Genossenschaftsverband, Wiesbaden (1959).

120 Jahre Dresdner Bank. Unternehmens-Chronik 1872 bis 1992, Frankfurt am Main 1992.

Jenkis, Helmut W., Ursprung und Entwicklung der gemeinnützigen Wohnungswirtschaft, Bonn 1973.

Kaltenborn, Wilhelm, Die Konsumgenossenschaften in Deutschland – ein auslaufendes Modell?, in: Der genossenschaftliche Aufbau in den neuen Bundesländern. Die Situation der Konsum- und gewerblichen Genossenschaften, Berlin 1993.
Kantzenbach, Erhard, Die Funktionsfähigkeit des Wettbewerbs, 2. Aufl., Göttingen 1967.
Kathe, Rainer, Entwicklung, Stand, Probleme und Möglichkeiten des ländlichen genossenschaftlichen Bildungswesens in der Bundesrepublik Deutschland, Münster 1962.
Kessel, Wolfgang, Statut der Europäischen Genossenschaft. EG-Kommission legt Geänderten Entwurf vor, in: BI/GF, Heft 12/1993.
Klein, Friedrich, Genossenschaftswesen und staatliches Verfassungsrecht, Karlsruhe 1958.
Klein, Friedrich, Genossenschaftswesen und staatliches Verfassungsrecht, in: Aktuelle Probleme und zukünftige Aspekte genossenschaftswissenschaftlicher Forschung, Karlsruhe 1962.
Kluge, Arnd Holger, Geschichte der deutschen Bankgenossenschaften. Zur Entwicklung mitgliederorientierter Unternehmen, Frankfurt am Main 1991.
Kluthe, Klaus, Genossenschaften und Staat in Deutschland, Berlin 1985.
Komossa, Dietrich, Die Entwicklung von Wohnungsbaugenossenschaften, Münster 1976.
Kranz, Herbert, Grenzüberschreitende Kooperationen in der Agrarwirtschaft, in: BI/GF, Heft 8/1992.
Kuhn, Johannes, Produktivgenossenschaften, in: Marburg Consult für Selbsthilfeförderung eG, Genossenschaftliche Selbsthilfe und struktureller Wandel, Marburg 1992.

Landwirtschaftsanpassungsgesetz vom 20. Juni 1990.
Lang-Weidmüller, Genossenschaftsgesetz, 32. Aufl., Berlin-New York 1988.
Lay, Rupert, Festansprache anläßlich des 100jährigen Jubiläums der genossenschaftlichen Zentralbanken im Rheinland und in Westfalen, in: Westdeutsche Genossenschafts-Zentralbank, Perspektiven, Düsseldorf 1984.
Link, Günter, Das Bildungswesen des ländlichen Genossenschaftssektors in Deutschland, Erlangen 1969.
Lipfert, Helmut, Mitgliederförderndes Kooperations- und Konkurrenzmanagement in genossenschaftlichen Systemen, Göttingen 1986.
Loest, Johannes, Die Deutsche Genossenschaftskasse – Vorgeschichte, Aufbau und Aufgaben, Neuwied 1952.

Marburg Consult für Selbsthilfeförderung eG, Genossenschaften in Osteuropa, Marburg 1994.
Markloff, Robert, Kreditgenossenschaften: Im Wertpapiergeschäft auf gutem Weg, in: BI/GF, Heft 5/1994.
Maxeiner, Rudolf, Gunther Aschhoff und Herbert Wendt, Raiffeisen. Der Mann, die Idee und das Werk, Bonn 1988.
Meier, Agnes, Von der Ländlichen Centralkasse zur Westdeutschen Genossenschafts-Zentralbank, in: ZfgK, Heft 17/1984, Beilage: Beiträge zur Bankengeschichte.

Meyer-Meulenbergh-Beuthien, Genossenschaftsgesetz, 12. Aufl., München 1983.
Monatsberichte der Deutschen Bundesbank, März 1961, April 1971, Mai 1974, August 1978, April 1989.
Mossler, Claus Peter, Förderung grenzüberschreitender Kooperation durch die Verbände, in: BI/GF, Heft 7/1992.
Müller, Klaus, Kommentar zum Gesetz betreffend die Erwerbs- und Wirtschaftsgenossenschaften, Erster Band (§§ 1–33), 2. Aufl., Bielefeld 1991.
Münkner, Hans-H., Economie sociale in Frankreich und in der EG, in: Genossenschaftsforum, Heft 10/1988.

Neues Statut der Sicherungseinrichtung des BVR, in: Genossenschaftliche Mitteilungen, Heft 6/1985.

Obstkauf per Computer. Der Centralmarkt Bonn-Roisdorf eG: Deutschlands größter Vermarkter für Obst und Gemüse, in: Rheinisches Genossenschaftsblatt, Heft 3/1994.

Paulick, Heinz, Das Recht der eingetragenen Genossenschaft, Karlsruhe 1956.
Pester, Marion, und Jürgen Zerche, Das »Image von Genossenschaften«, in: ZfgG, Bd. 44 (1994).
Pleister, Christopher, und Eckart Henningsen, Das Spitzeninstitut der deutschen Genossenschaften und seine Tätigkeit in den neuen Bundesländern, in: ZfgG, Bd. 41 (1991).
Pohl, Hans, Wohnungsgenossenschaften auf dem Weg zu einem neuen Selbstverständnis, Münster 1990.
Preußische Central-Genossenschafts-Kasse, Mitteilungen zur deutschen Genossenschaftsstatistik für 1913 und 1914, Berlin 1918.

Raiffeisen, Friedrich Wilhelm, Die Darlehnskassen-Vereine als Mittel zur Abhilfe der Noth der ländlichen Bevölkerung, sowie auch der städtischen Handwerker und Arbeiter, 1. Aufl., Neuwied 1866.
Raiffeisen, Friedrich Wilhelm, Die Darlehnskassen-Vereine, 3. Aufl., Neuwied 1881.
Raiffeisenverband Schleswig-Holstein und Hamburg e.V., Leitlinien der Unternehmenspolitik für Genossenschaftsbanken (Diskussionspapier zum Unternehmensleitbild und Förderungsauftrag), Kiel 1986.
Review of International Co-operation, Vol. 84, No. 3/1991.
Review of International Co-operation, Vol. 85, Nos. 2/3/1992.
Review of International Co-operation, Vol. 87, No. 2/1994.
Revisionsverband deutscher Konsumgenossenschaften e.V., 40 Jahre erfolgreich am Markt. Die größten Konsumgenossenschaften in der Bundesrepublik, Hamburg 1989.
Revisionsverband deutscher Konsumgenossenschaften e.V., RdK Verbandsbericht 1989–1991, Hamburg (1992).
Ringle, Günther, Genossenschaftskultur – Konzeption und strategische Bedeutung, in: Verbandsmanagement, Heft 2/1994.
Rönnebeck, Gerhard, Die Konsumgenossenschaften der ehemaligen DDR – eine kritische Analyse, Berlin 1994.
Ruppe, Hans Georg, Das Genossenschaftswesen in Österreich, Frankfurt am Main 1970.
Ruwisch, Helmut, Die Entwicklung der ostdeutschen gewerblichen Genossenschaften im Handel und Handwerk, Münster 1993.

Satzung des DGRV.

Satzung des (neuen) Gesamtverbandes der Wohnungswirtschaft, in: Gemeinnütziges Wohnungswesen, Heft 1/1990.

Schaefers, Thomas, Gibt es noch genossenschaftlichen Wohnungsbau?, in: Die Genossenschaften und der Wohnungsmarkt – nur Probleme oder auch Chancen?, Berlin 1992.

Schaffland, Hans-Jürgen, Änderung des Genossenschaftsgesetzes, in: BI/GF, Heft 2/1994.

Schmidt-Weyland, Günther, Auslandsgeschäft im genossenschaftlichen Verbund, in: ZfgK, Heft 16/1981.

Schramm, Bernhard, Die Volksbanken und Raiffeisenbanken, Frankfurt am Main 1982.

Schulte, Günther, Vertretung der gewerblichen Verbundgruppen in Brüssel, in: BI/GF, Heft 8/1994.

Schultz, Reinhard, und Jürgen Zerche, Genossenschaftslehre, 2. Aufl., Berlin-New York 1983.

Schultze-Kimmle, Horst-Dieter, Sicherungseinrichtungen gegen Einlegerverluste bei deutschen Kreditgenossenschaften, Würzburg 1974.

Schulze-Delitzsch, Hermann, Vorschuß- und Kreditvereine als Volksbanken, Leipzig 1855.

Schulze-Delitzsch, ein Lebenswerk für Generationen, Bonn 1987.

Schwäbisch Hall: 25 Jahre Bausparkasse der Volksbanken und Raiffeisenbanken, in: Bankinformation, Heft 8/1981.

Seelmann-Eggebert, Erich Lothar, Friedrich Wilhelm Raiffeisen – Sein Lebensgang und sein genossenschaftliches Werk, Stuttgart 1928.

Seminare 1994 Akademie Deutscher Genossenschaften e.V., Neuwied o. J.

Seraphim, Hans-Jürgen, Die genossenschaftliche Gesinnung und das moderne Genossenschaftswesen, Karlsruhe 1956.

Seraphim, Hans-Jürgen, Wie muß eine wirklichkeitsnahe Theorie das Wesen der Genossenschaften erfassen?, in: ZfgG, Bd. 8 (1958).

Sombart, Werner, Sinn und Bedeutung der Genossenschaftsbewegung, in: Vahan Totomianz, Anthologie des Genossenschaftswesens, Berlin 1922.

Steding, Rolf, Produktivgenossenschaften in der ostdeutschen Landwirtschaft – Ursprung und Anspruch, Berlin 1993.

Strukturfragen der deutschen Genossenschaften, Teil I: Werner Grosskopf, Der Förderungsauftrag moderner Genossenschaftsbanken und seine Umsetzung in die Praxis (unter Mitarbeit von Roman Glaser und Ludwig Glatzner), Frankfurt am Main 1990.

Strukturfragen der deutschen Genossenschaften, Teil II: Hans-H. Münkner und Forschergruppe, Genossenschaftliche Identität und Identifikation der Mitglieder mit ihrer Genossenschaft, Frankfurt am Main 1990.

Süchting, Joachim, Zuwachsraten im verteilten Markt, in: Westdeutsche Genossenschafts-Zentralbank, Perspektiven, (Düsseldorf) 1978.

Süssmuth, Rita, Selbstverantwortlich handeln – gemeinsam wirken, in: Herkunft und Zukunft – Genossenschaftswissenschaft und Genossenschaftspraxis an der Wende eines Jahrzehnts, Wiesbaden 1990.

Syndikus, Walter, Willensbildung im kreditgenossenschaftlichen Verbund, Köln 1993.

Tepper, Helmut, Die Genossenschaften als Instrumente sektoraler Wirtschaftspolitik, in: Wilhelm Jäger und Hans Pauli (Hrsg.), Genossenschaften und Genossenschaftswissenschaft, Wiesbaden 1984.

Thiemann, Bernd, Zur Identität der ostdeutschen Volksbanken und Raiffeisenbanken, Münster 1993.

Thiemann, Bernd, Die Strategie der DG BANK für das Jahr 2000, in: Bernd Lüthje (Hrsg.), Bankstrategie 2000. Geschäftsphilosophien, organisatorische Vorbereitungen, Planungsansätze, Bonn 1993.

Thiemann, Bernd, Kooperation ist das Schlüsselwort für die Integration in Europa, in: Wirtschaftskurier, Juli 1994.

UNICO BANKING GROUP, Report 1993, Amsterdam 1994.

United Nations, General Assembly, Economic and Social Council, Status and role of cooperatives in the light of new economic and social trends, o. O. 1992.

Verfassung des Freistaats Thüringen vom 16. Oktober 1994.

Verfassung des Landes Mecklenburg-Vorpommern vom 23. Mai 1993, durch Volksentscheid vom 12. Juni 1994 angenommen.

Viehoff, Felix, Zur mittelstandsbezogenen Bankpolitik des Verbundes der Genossenschaftsbanken, Teil I: Zum Begriff und zur wirtschaftlichen Bedeutung des Mittelstandes (unter Mitarbeit von Eckart Henningsen), Frankfurt am Main 1978.

Viehoff, Felix, Zur mittelstandsbezogenen Bankpolitik des Verbundes der Genossenschaftsbanken, Teil II: Wirtschaftlicher Mittelstand und genossenschaftliche Bankpolitik (unter Mitarbeit von Gunther Aschhoff), Frankfurt am Main 1979.

Wartner, Rudolf, Das Bildungswesen der Genossenschaften, Halberstadt 1927.

Watkins, William Pascoe, Die internationale Genossenschaftsbewegung, Frankfurt am Main 1969.

Weippert, Georg, Jenseits von Individualismus und Kollektivismus, Düsseldorf 1964.

Weiser, Klaus, Entwicklung der Berufsbildung in der genossenschaftlichen Bankengruppe, in: Berufsbildung in der deutschen Kreditwirtschaft, Mainz 1983.

Weiser, Klaus, Die Sicherungseinrichtung der Genossenschaftsbanken, in: Informationsblatt des Württembergischen Genossenschaftsverbandes, Heft 2/1983.

Wellenbeck, Manfred T., 75 Jahre NORD-WEST-RING Schuh-Einkaufsgenossenschaft eG. Darstellung einer Entwicklung, Marburg 1994.

Westermann, Harry, Rechtsprobleme der Genossenschaften, Karlsruhe 1969.

Winter, Hans-Werner, Genossenschaftswesen, Stuttgart-Berlin-Köln-Mainz 1982.

Wirtschafts- und Sozialausschuß der Europäischen Gemeinschaften, Die Genossenschaften Europas und ihre Verbände, Baden-Baden 1986.

Wößner, Dieter, EDV-unterstütztes Produktangebot der DG BANK und der Zentralbanken, in: BI/GF, Heft 2/1994.

Wohlers, Günther, BÄKO: Förderauftrag im Mittelpunkt, in: BI/GF, Heft 11/1992.

Wülker, Hans-Detlef, Was ist die IRU – was will sie – was tut sie?, IRU-Seminar Nairobi/Kenia 1989, Manuskript.

Zeidler, Hugo, Geschichte des deutschen Genossenschaftswesens der Neuzeit, Leipzig 1893.
Zentralverband der genossenschaftlichen Großhandels- und Dienstleistungsunternehmen e.V. (ZENTGENO), Die Erfüllung des Förderungsauftrages aus der Sicht der genossenschaftlichen Großhandels- und Dienstleistungsunternehmen, in: Genossenschaftsforum, Heft 3/1983.
Zentralverband der genossenschaftlichen Großhandels- und Dienstleistungsunternehmen e.V., Zukunftsaspekte genossenschaftlicher Kooperationen in Einzelhandel und Handwerk, Bonn 1988.
Zülow-Schubert-Rosiny, Die Besteuerung der Genossenschaften, 7. Aufl., München 1985.

II. Artikel aus Handwörterbüchern

Ärztegenossenschaften, in: Genossenschafts-Lexikon.
Agrarpolitik (II), in: HDSW, Bd. 1.
Akademie Deutscher Genossenschaften e.V., in: Genossenschafts-Lexikon.
Alternative Genossenschaften, in: Genossenschafts-Lexikon.
Apothekergenossenschaften, in: Genossenschafts-Lexikon.
Architektengenossenschaften, in: Genossenschafts-Lexikon.
Auslandsgeschäft der genossenschaftlichen Bankengruppe, in: Genossenschafts-Lexikon.

BÄKO, in: HdG.
BÄKO-Genossenschaften, in: Genossenschafts-Lexikon.
Bäuerliche Handelsgenossenschaft – BHG, in: Genossenschafts-Lexikon.
Baugenossenschaften, in: Handwörterbuch des Wohnungswesens, Jena 1930.
Bauhandwerkergenossenschaften, in: Genossenschafts-Lexikon.
Beamtenbank, genossenschaftliche, in: Genossenschafts-Lexikon.
Besteuerung der Genossenschaften, in: Genossenschafts-Lexikon.
Bezugs- und Absatzgenossenschaften, in: Genossenschafts-Lexikon.
Bezugs- und Absatzgenossenschaften, Geschäftsstruktur, in: Genossenschafts-Lexikon.
Bildungskonzeption für Volksbanken und Raiffeisenbanken,
   in: Genossenschafts-Lexikon.
Brennereigenossenschaften, in: Genossenschafts-Lexikon.
Bundeszentralen, Genossenschaftliche, in: HdG.

CCACC, in: Genossenschafts-Lexikon.
COGECA, in: Genossenschafts-Lexikon.
co op Unternehmensgruppe, in: HdG.

Dachdecker-Einkaufsgenossenschaften, in: Genossenschafts-Lexikon.
Datenverarbeitungsgenossenschaft des steuerberatenden Berufes,
   in: Genossenschafts-Lexikon.
Demokratieprinzip, Genossenschaftliches, in: HdG.
Demokratieprinzip, genossenschaftliches, in: Genossenschafts-Lexikon.

Deutsche Raiffeisen-Warenzentrale GmbH (DRWZ), in: Genossenschafts-Lexikon.
Deutscher Raiffeisenverband e.V., in: Genossenschafts-Lexikon.
Deutsches Milchkontor, in: Genossenschafts-Lexikon.
Drogeriegenossenschaften, in: Genossenschafts-Lexikon.

Edeka-Gruppe, in: Genossenschafts-Lexikon.
Ehrenamt, Genossenschaftliches, in: HdG.
Ehrenamt, genossenschaftliches, in: Genossenschafts-Lexikon.
Einkaufsgenossenschaften des Eisenwaren- und Hausratshandels, in: HdG.
Einkaufsgenossenschaften des Radio-, Fernseh- und Elektro-Facheinzelhandels, in: Genossenschafts-Lexikon.
Einkaufsgenossenschaften des Schuheinzelhandels, in: HdG.
Einkaufsgenossenschaften des Sportartikel-Fachhandels, in: Genossenschafts-Lexikon.
Elektrizitätsgenossenschaften, in: Genossenschafts-Lexikon.

Fachprüfungsverbände, in: Genossenschafts-Lexikon.
FinanzVerbund, in: Genossenschafts-Lexikon.
Fischergenossenschaften, in: Genossenschafts-Lexikon.
Fleischergenossenschaften, in: Genossenschafts-Lexikon.
Förderungsauftrag, genossenschaftlicher, in: Genossenschafts-Lexikon.
Friseurgenossenschaften, in: Genossenschafts-Lexikon.

Gartenbaugenossenschaften, in: Genossenschafts-Lexikon.
Gegengewichtige Marktmacht und Genossenschaften, in: Genossenschafts-Lexikon.
Gemischtwirtschaftliche Kreditgenossenschaften, in: HdG.
Gemischtwirtschaftliche Kreditgenossenschaften, in: Genossenschafts-Lexikon.
Genossenschaften I: Begriff und Aufgaben, in: HdWW, Bd. 3.
Genossenschaften in der DDR, in: HdG.
Genossenschaften in sozialistischen Ländern, in: HdG.
Genossenschaften in sozialistischen Ländern, in: Genossenschafts-Lexikon.
Genossenschaften, Rechtliche Struktur, in: HdG.
Genossenschaften, Stellung in der Gesamtwirtschaft, in: HdG.
Genossenschaften, Stellung in der Gesamtwirtschaft, in: Genossenschafts-Lexikon.
Genossenschaften, Steuerliche Behandlung, in: HdG.
Genossenschaften und Kartellrecht, in: Genossenschafts-Lexikon.
Genossenschaftscharakteristika, in: Genossenschafts-Lexikon.
Genossenschaftsgeschichte, in: HdG.
Genossenschaftsrecht, deutsches, in: Genossenschafts-Lexikon.
Genossenschaftsverbände in der Bundesrepublik Deutschland, in: HdG.
Genossenschaftsverbände in Deutschland, in: Genossenschafts-Lexikon.
Gilde, in: Genossenschafts-Lexikon.
Glaserhandwerker-Genossenschaften, in: Genossenschafts-Lexikon.

Haas, in: Vahan Totomianz, Internationales Handwörterbuch des Genossenschaftswesens, Berlin 1928.
Haas, Wilhelm, in: Genossenschafts-Lexikon.

Haftsummenzuschlag bei Kreditgenossenschaften, in: HdG.
Handwerkergenossenschaften, in: HdG.
Handwerkergenossenschaften, in: Genossenschafts-Lexikon.
Hausrat- und Eisenwarengenossenschaften des Einzelhandels,
    in: Genossenschafts-Lexikon.
Hypothekenbanken, Genossenschaftliche, in: HdG.

Installateurgenossenschaften, in: Genossenschafts-Lexikon.
Internationale Raiffeisen-Union (IRU), in: Genossenschafts-Lexikon.
Internationaler Genossenschaftsbund, in: Genossenschafts-Lexikon.
Internationale Volksbankenvereinigung (CICP), in: Genossenschafts-Lexikon.

Kartelle und Genossenschaften, in: HdG.
Kreditgenossenschaften, in: Genossenschafts-Lexikon.

Landwirtschaftliche Produktionsgenossenschaften (LPG) in der DDR,
    in: Genossenschafts-Lexikon.

Malergenossenschaften, in: Genossenschafts-Lexikon.
Marktwirtschaft, soziale, in: Handwörterbuch der Wirtschaftswissenschaft, Stuttgart-
    New York-Tübingen-Göttingen-Zürich 1977, Bd. 5.
Mehrstimmrechte, in: Genossenschafts-Lexikon.
Molkereigenossenschaften, in: HdG.

Neue Genossenschaften, in: Genossenschafts-Lexikon.

Obst- und Gemüsegenossenschaften, in: HdG.

Partielle Steuerpflicht bei Genossenschaften, in: Genossenschafts-Lexikon.
Post-Spar- und Darlehnsvereine, in: Genossenschafts-Lexikon.
Produktionsgenossenschaften, in: HdG.
Produktionsgenossenschaften, in: Genossenschafts-Lexikon.
Produktivgenossenschaften, in: Genossenschafts-Lexikon.

Raiffeisenbanken, in: Genossenschafts-Lexikon.
Raumausstattergenossenschaften, in: Genossenschafts-Lexikon.
Reformhausgenossenschaften, in: HdG.
Reformhausgenossenschaften, in: Genossenschafts-Lexikon.
REWE-Handelsgruppe, in: Genossenschafts-Lexikon.
Rückvergütung, genossenschaftliche, in: Genossenschafts-Lexikon.

Schiffahrtsgenossenschaften, in: Genossenschafts-Lexikon.
Schreinergenossenschaften, in: Genossenschafts-Lexikon.
Schuheinkaufsgenossenschaften, in: Genossenschafts-Lexikon.
Schuhmachergenossenschaften, in: Genossenschafts-Lexikon.
Seniorengenossenschaften, in: Genossenschafts-Lexikon.

Sicherungseinrichtungen für Kreditgenossenschaften, in: Genossenschafts-Lexikon.
Soziale Marktwirtschaft, in: HDSW.
Soziale Marktwirtschaft, in: Horst Claus Recktenwald, Wörterbuch der Wirtschaft, Stuttgart 1975.
Sparda-Banken, in: Genossenschafts-Lexikon.
Spielwareneinkaufsgenossenschaften, in: Genossenschafts-Lexikon.
Steuerbefreite Genossenschaften, in: Genossenschafts-Lexikon.
Straßenverkehrsgenossenschaften, in: Genossenschafts-Lexikon.

Textileinkaufsgenossenschaften, in: Genossenschafts-Lexikon.
Trocknungsgenossenschaften, in: Genossenschafts-Lexikon.

Übersetzungsgenossenschaften, in: Genossenschafts-Lexikon.
UGAL, in: Genossenschafts-Lexikon.

Vereinigung der Genossenschaftsbanken der EG, in: Genossenschafts-Lexikon.
Verkehrsgenossenschaften, in: HdG.
Vermietungsgenossenschaften, in: Genossenschafts-Lexikon.
Versicherungsunternehmen, Genossenschaftliche, in: HdG.
Vieh- und Fleischwirtschaft, Genossenschaftliche, in: HdG.
Volksbanken, in: Genossenschafts-Lexikon.

Wasserwerke, genossenschaftliche, in: Genossenschafts-Lexikon.
Weidegenossenschaften, in: Genossenschafts-Lexikon.
Winzergenossenschaften, in: HdG.
Winzergenossenschaften, in: Genossenschafts-Lexikon.
Wohnungsbaugenossenschaften, in: HdG.
Wohnungsgemeinnützigkeit, in: Genossenschafts-Lexikon.

Zentralbanken, Genossenschaftliche, in: HdG.
Zünfte und moderne Genossenschaften, in: Genossenschafts-Lexikon.

Personenverzeichnis

Albrecht, Gerhard 160 f.
Arnold, Walter 23
Aschhoff, Gunther 19, 21, 23, 25 f., 28, 32, 57, 67, 163, 166

Bak, Sigurd 133
Batzer, Erich 111, 127
Baumann, Horst 49
Bester, Eugen 65
Betz, Wolfgang 118
Beuthien, Volker 182
Bieser, Karl Ludwig 99
Blöcker, Uwe 140
Blüher, Jürgen 46
Böök, Sven Ake 200 f.
Boettcher, Erik 147, 155, 161, 169
Bonus, Holger 154, 170
Brixner, Ulrich 197
Büschgen, Hans E. 88

Carlsen, Burchard 101
Carstens, Karl 204

Dilcher, Gerhard 17
Dill, Peter 202
Dorner, Karin 62
Draheim, Georg 40, 148 f., 157 f., 199
Dülfer, Eberhard 149 f., 184, 202

Ellgering, Ingo 159
Engelhardt, Werner Wilhelm 19
Eucken, Walter 155

Faust, Helmut 16 f., 19 f., 30, 34, 63, 67, 74, 128, 154 f.
Fest, Joachim 19
Fickenscher, Gisela 133
Frank, Thomas H. 139
Fuchs, Heinrich 81
Fürstenberg, Friedrich 169

Galbraith, John Kenneth 156
Gennes, Otto 199
Gide, Charles 148
von Gierke, Otto 16, 160
Glaeßner, Gert-Joachim 131
Glaser, Roman 147
Glatzner, Ludwig 147
Greipl, Erich 127
Grosskopf, Werner 101, 147
Grüger, Wolfgang 58
Gushurst, Egon 197

Haas, Wilhelm 23 ff., 31, 63, 91, 164 f., 199, 201
Hamm, Walter 155
Hasselmann, Erwin 25
Henningsen, Eckart 12, 57, 69
Henzler, Reinhold 147 f.
Herrmann, Armin 66
Hochbein, Hans Gerd 96
Huber, Victor Aimé 25 f., 138

Jäger, Wilhelm 144
Jenkis, Helmut W. 138

Kaltenborn, Wilhelm 130 ff.
Kantzenbach, Erhard 154
Kathe, Rainer 164
Kaufmann, Heinrich 31 f.
Kessel, Wolfgang 198
Klein, Friedrich 186 f.
Kluge, Arnd Holger 59, 86
Kluthe, Klaus 188
Komossa, Dietrich 139
Korthaus, Karl 31 f., 165
Kranz, Herbert 197
Kuhn, Erwin 46
Kuhn, Johannes 101

Lamparter, Fritz H. 23
Lassalle, Ferdinand 25
Lay, Rupert 153
Link, Günter 165
Lipfert, Helmut 202
Loest, Johannes 29
Lüthje, Bernd 69

Markloff, Robert 88
Martersteig, Manfred 101
Marx, Karl 25, 130
Maxeiner, Rudolf 23
Meier, Agnes 63
von Miquel, Johannes 29
Mossler, Claus Peter 197
Müller, Klaus 185
Münkner, Hans-H. 61, 148 f.

Parrisius, Rudolf 21
Pauli, Hans 144
Paulick, Heinz 16 f., 19, 172
Pester, Marion 158
Pfeiffer, Eduard 25 f., 130
Pleister, Christopher 69
Pohl, Hans 140

Raiffeisen, Friedrich Wilhelm 18 f., 21 ff., 26 f., 31, 43, 57, 63, 79, 92, 153 f., 163 f., 189, 193, 201
Recktenwald, Horst Claus 13
Ringle, Günther 200, 202 f.
Rönnebeck, Gerhard 131
Ruppe, Hans Georg 14 f.
Ruwisch, Helmut 110, 117

Schaefers, Thomas 141
Schaffland, Hans-Jürgen 152, 175

Schmidt-Weyland, Günther 194
Schramm, Bernhard 58 f.
Schulte, Günther 192
Schultz, Reinhard 146, 148, 150
Schultze-Kimmle, Horst-Dieter 80 f.
Schulze-Delitzsch, Hermann 18 ff., 31 f., 43, 57, 63, 116, 151, 154 f., 163, 165, 171, 189, 201
Seelmann-Eggebert, Erich Lothar 22
Seraphim, Hans-Jürgen 147, 151
Sombart, Werner 160
Steding, Rolf 101, 107
Süchting, Joachim 88
Süssmuth, Rita 187 f.
Syndikus, Walter 64

Täger, Uwe Christian 111, 127
Tepper, Helmut 144
Thiemann, Bernd 69, 196
Totomianz, Vahan 199

Viehoff, Felix 12, 19, 60, 83

Wartner, Rudolf 163
Watkins, William Pascoe 189
Weippert, Georg 40
Weiser, Klaus 80, 163 f., 169
Wellenbeck, Manfred T. 113
Wendt, Herbert 23
Westermann, Harry 181
Winter, Hans-Werner 19, 152, 171, 174 f.
Wößner, Dieter 67, 197
Wohlers, Günther 126
Wülker, Hans-Detlef 200

Zeidler, Hugo 26
Zerche, Jürgen 65, 86, 146, 148, 150, 158

Sachverzeichnis

Absatzgenossenschaften siehe Bezugs- und Absatzgenossenschaften
Ärztegenossenschaften 118, 127
AGAB Aktiengesellschaft für Anlagen und Beteiligungen 75
Agrarexport 107
Agrargenossenschaften 89, 101, 102, 106
Agrarmarktordnung 95
AKA Ausfuhrkredit-GmbH 72
Akademie Deutscher Genossenschaften 80, 166, 167, 168, 203
Aktienbanken 20
Aktiengesetz 171
Allfinanz-Verbund 86; siehe auch Finanzverbund, genossenschaftlicher
Allgemeiner Verband der auf Selbsthilfe beruhenden deutschen Erwerbs- und Wirtschaftsgenossenschaften 14, 18, 25, 31–34
Allmende 16, 17
Alternative Genossenschaften 147, 161
Anlageberatung 66
Anteilseigner, genossenschaftliche 49, 61
Apothekergenossenschaften 118, 127
Arbeiter, Arbeiterbewegung 25, 32, 130
Arbeiterwohnungsbaugenossenschaften (AWG) 47, 139
Arbeitnehmer 12, 83, 121
Arbeitsgemeinschaft der ländlichen Genossenschaftsverbände 38
Arbeitsgemeinschaft EDEKA-REWE 38
Arbeitsgemeinschaft gewerblicher Genossenschaften 38
Architektengenossenschaften 119
ARISTON Schuh-Einkaufsvereinigung 111
ASKO Deutsche Kaufhaus AG 131
Aufsichtsrat 61, 151, 152, 175
Aufstiegsfortbildung 167, 168

Ausbildung, Ausbildungsarbeit 163, 164, 167, 169, 170
Ausfuhren 100, 106
Auslandsgeschäft 66, 70–72
Auslands-Verbund-System 71
Auslandszahlungsverkehr 66
Außenhandel 12, 97
Außenhandelsfinanzierung 58

Badischer Genossenschaftsverband 81
Badischer Winzerkeller 99
Bäcker- und Konditorengenossenschaften (BÄKO) 107, 114, 115, 126
BÄKO-Bundeszentrale Deutscher Bäcker- und Konditorengenossenschaften 115, 125
BÄKO-Landeszentralen 115
BÄKO-Prüfungsverband Deutscher Bäcker- und Konditorengenossenschaften 123
Bäuerliche Handelsgenossenschaft (BHG) 42, 57, 91
Banco Cooperativo Español 195
Banco del Desarrollo 196
Bank für Landwirtschaft und Nahrungsgüterwirtschaft der Deutschen Demokratischen Republik (BLN) 43, 57, 69
Bankstellen, Bankstellennetz 83
Banque Fédérative du Crédit Mutuel 197
Bausparengeschäft, genossenschaftliches 35, 66, 73
Bausparkasse der deutschen Volksbanken AG 36, 74
Bausparkasse Schwäbisch Hall 39, 74, 84, 193, 198
Bauverein der Elbgemeinden 140
Bayerische Milchindustrie, Landshut 94
Bayerischer Raiffeisen- und Volksbanken-Verlag 79

223

BayWa AG 92
Beamtenbanken 62
Bedarfsprüfung bei Eröffnung neuer Bankzweigstellen 88
BEG Bank Europäischer Genossenschaftsbanken 194
Beratung 49, 53, 82, 110, 115, 116, 122, 142
Berliner Volksbank 84
Berufsgenossenschaften 14
Beschäftigte in den Genossenschaften 49, 105, 135, 167, 168
Beteiligungsgesellschaft für mittelständische Unternehmen 75
Betreuung 49, 53, 82, 122, 142
Betriebswirtschaftliches Institut der Deutschen Kreditgenossenschaften (BIK) 78
Bezugsgenossenschaften 23, 156, 178, 179; siehe auch Bezugs- und Absatzgenossenschaften
Bezugs- und Absatzgenossenschaften 24, 48, 91–94, 105
Bilanzsumme der Genossenschaftsbanken 83
Bildungsarbeit, -tätigkeit siehe Ausbildung
Binnenschiffahrtsgenossenschaften 33, 119, 127
Blumengenossenschaften 100
Börse 65, 75
Brauereigenossenschaften 121
Brennerei- und Kartoffeltrocknungsgenossenschaften 37, 100
Bruttoinlandsprodukt 13
Bruttosozialprodukt 12, 13
Bruttowertschöpfung 11
Buchungsgemeinschaften 78
büro actuell Einkaufs- und Marketingverband 111
Bundesanleihekonsortium 70
Bundesaufsichtsamt für das Kreditwesen 182
Bundesverband der Deutschen Volksbanken und Raiffeisenbanken (BVR) 49, 53, 55, 79, 80, 122, 192, 193

Bundesverband deutscher Konsumgenossenschaften 128, 134, 190
Bundesvereinigung der Erzeugerorganisationen Obst und Gemüse 98, 105
Bundeszentralen 103, 120; siehe auch Zentralgenossenschaften
Bundes-Zentralgenossenschaft Straßenverkehr (BZG) 120, 125
Butter-Absatz-Zentrale Niedersachsen 94

Caisse Centrale des Banques Populaires 195, 197
Caisse Centrale Desjardins du Quebec 196, 197
Caisse Nationale de Crédit Agricole 195, 196
Canadian Cooperative Credit Society 195
CEA 191
CECODHAS 191
Center-Werbung 79
Centralkorrespondenzbüro der Deutschen Vorschuß- und Kreditvereine 21
CERA 195, 196, 197
CG Nordfleisch 96
CICA 190–193
CICP 190–193, 197, 198
COGECA 190–192
Consulting 73
co op AG 131, 133
co op Schleswig-Holstein 132, 135

Dachdeckergenossenschaften siehe Genossenschaften des Dachdeckerhandwerks
Dachverband 79, 122
Darlehnskassenvereine 22, 24
Datenverarbeitung 67, 78, 88
DATEV Datenverarbeitungsorganisation des steuerberatenden Berufes in der Bundesrepublik Deutschland 119, 123, 127
DEFO Deutsche Fonds für Immobilienvermögen 76
Delkredere, -geschäft 110, 113, 117
Demokratieprinzip 148–153, 158, 169, 201
Depotgeschäft 66

DEUTAG Deutsche Tapezierer-Genossenschaft 117, 125
Deutsche Apotheker- und Ärztebank 83, 118
Deutsche Bundesbank 72, 159, 160
Deutsche Genossenschaftsbank von Soergel, Parrisius & Co. (»Soergel-Bank«) 21, 35, 63, 68
Deutsche Genossenschafts-Hypothekenbank 35, 73, 84
Deutsche Genossenschaftskasse (DGK) 39, 166, 194
Deutsche Genossenschafts-Leasing (DeGeno-Leasing) 74, 86
Deutsche Genossenschafts-Revision Wirtschaftsprüfungsgesellschaft 103
Deutsche Genossenschafts-Wein eG 99, 105
Deutsche Landwirtschaftliche Genossenschaftsschule 164
Deutsche Raiffeisen-Warenzentrale 91, 93, 105
Deutscher Bausparer AG, Bau-, Spar- und Entschuldungskasse 35, 36, 74
Deutscher Genossenschaftsring 59, 65, 70
Deutscher Genossenschafts- und Raiffeisenverband (DGRV) 49, 53, 55, 79, 89, 102, 108, 122, 134, 167, 190, 193
Deutscher Genossenschaftsverband 33, 38, 49, 74, 79, 80
Deutscher Genossenschafts-Verlag 79
Deutscher Raiffeisenverband (DRV) 38, 49, 53, 79, 89, 102, 122, 192, 193
Deutsches Milch-Kontor 95, 96, 105, 106
Deutsche Zentralgenossenschaftskasse (»Deutschlandkasse«) 35, 68, 74
Deutsch-Türkische Bank 71
Deutsch-Ungarische Bank 71
DEVIF Deutsche Gesellschaft für Investment-Fonds 76
Devisenhandel 196
DG Agropartners Absatzberatungs- und Projekt GmbH 77
DG Agroprogress International 77
DG Anlage-Gesellschaft 76

DG BANK Deutsche Genossenschaftsbank 14, 28, 55, 58, 59, 64, 66–73, 76, 77, 82, 84, 89, 93, 95, 181, 191–198, 203, 204
DG BANK Luxembourg 198
DG Capital Management 76
DG Consult Unternehmensberatungsgesellschaft 78
DG Corporate Finance 75
DG Diskontbank 72, 75, 84
DG European Securities Corporation 72, 195
DG Immobilien Management Gesellschaft 76
Dienstleistungsbilanz 12
Dienstleistungsgenossenschaften 100
Dienstleistungsgeschäft 59
DIFA Deutsche Immobilienfonds AG 76, 84, 85
Dividenden 60, 180
Doppelnatur der Genossenschaft 148, 149
Dreistufigkeit 55, 115, 158
Dresdner Bank 35, 68
Durchdringungsgrad, genossenschaftlicher 48, 106

EDEKA-Genossenschaften 110, 136, 155
EDEKA Verband kaufmännischer Genossenschaften 33, 122, 192
EDEKA Zentrale 36, 108, 125
EDV-Anwendungen 67, 78
Ehrenamt 23, 153, 168
Eigengeschäfte 115
Eigenkapital 48
Eigenkapitalfinanzierung 73, 75
Einfuhren 12
Eingetragene Genossenschaft (Rechtsform) siehe Rechtsform der (eingetragenen) Genossenschaft
Einkaufsgenossenschaften des Einzelhandels und des Handwerks 19, 38
Einkaufsgenossenschaften für Tischler und Schuhmacher 22, 116
Einkaufs- und Liefergenossenschaften des Handwerks (ELG) 45, 46, 57, 114, 115
Einlagengeschäft 46, 58, 86

225

Einlagensicherungseinrichtung,
 -schutzeinrichtung 49, 80
Ein Mitglied-eine Stimme-Prinzip 152, 176
Eisenbahn-Spar- und Darlehnskassen 62
EK Großeinkauf eG 111
Elektrizitätsgenossenschaften 37, 100
Emissionsrecht 39, 69
Energieverbrauchergenossenschaften 134
Entwicklungsländer 22, 162, 193
Erwerbstätige 11
Erzeugerorganisationen 98, 177
ESÜDRO Einkaufsgenossenschaft
 Deutscher Drogisten 112, 126
EUROCOOP 190–192
Europäische Freihandelszone (EFTA) 12
Europäische Gemeinschaft 12
Europäische Genossenschaftsbank 198
Europäischer Ausschuß der Arbeiter-
 und Handwerker-Produktionsgenossen-
 schaften 191
Europäischer Binnenmarkt 74, 76, 77, 111,
 113, 120, 198
Europäischer Genossenschaftlicher
 Versicherungsverband 190, 192
Europäischer Verbindungsausschuß der
 Wohnungsgenossenschaften 143
Europäischer Wirtschaftsraum (EWR)
 12, 198
Europäisches Währungssystem 12
Europäische Union (EU) 12, 76, 96, 102,
 198
Europäische Wirtschaftsgemeinschaft 41
Euroscheck 59
EVG Ein- und Verkaufsgenossenschaft
 selbständiger Glasermeister
 Deutschlands 117
Existenzgründungsdarlehen 46
Exporte siehe Ausfuhren
Exportfinanzierungen 72

Fach(prüfungs)verbände 33, 34, 53, 55, 82,
 108, 122
Factoring 66, 72, 73, 75, 196
Finanzverbund, genossenschaftlicher
 73, 78; siehe auch Allfinanz-Verbund
Fischereigenossenschaften 100, 106, 190

Fleischergenossenschaften siehe Genossen-
 schaften des Fleischerhandwerks
Flurzwang 16, 18
Förderung der Mitglieder
 siehe Mitgliederförderung
Förderungsauftrag, -prinzip 15, 60, 97, 112,
 148–150, 158, 169, 171, 172, 180, 184, 200,
 201
Föreningsbanken 196
Fortbildung, genossenschaftliche 163, 164,
 166
Frankfurt Bukarest Bank 71
Freier Ausschuß der deutschen Genossen-
 schaftsverbände 15, 33, 39, 53, 134
Full-Service-Genossenschaften 110, 111,
 114, 117, 119
Fusionen 88, 105, 113, 117, 125, 131, 143

Garantiefonds 61, 80, 81
Garantieverbund 61, 81
Garant Schuh AG 112
Gartenbaugenossenschaften 100
Gebietswinzergenossenschaft Franken 99
GEBI Genossenschaftliche EG-Beratungs-
 und Informationsgesellschaft 76
GEB-Schuh Großeinkaufs-Bund 112
Geldausgabeautomaten 59
Geldausgleich, Geldausgleichsfunktion,
 -stelle 29
Geld- und Kapitalmarkt 29, 30
Gemeinnützige sozialistische Wohnungs-
 baugenossenschaften (GWG) 47, 139
Gemeinnützige Wohnungsbaugenossen-
 schaft Cottbus 141
Gemeinschaftlicher Geschäftsbetrieb 172
Gemeinschaftsdatenverarbeitung
 siehe Datenverarbeitung
Gemeinschaftskredite 70
Gemischtwirtschaftliche Genossenschaften
 siehe Kreditgenossenschaften mit
 Warengeschäft
Generalverband der Deutschen Raiffeisen-
 Genossenschaften 77
Generalverband ländlicher Genossen-
 schaften für Deutschland 31, 164
Generalversammlung 151, 152, 175

Genossenschaften
- der Freien Berufe 118, 119
- des Bäckerhandwerks siehe Bäcker- und Konditorengenossenschaften
- des Bauhandwerks 116
- des Dachdeckerhandwerks 116, 126
- des (Einzel-)Handels 34, 125
- des Fleischerhandwerks 114, 115, 126
- des Friseurhandwerks 116
- des Glaserhandwerks 116
- des Handwerks 32, 34
- des Installationshandwerks 116
- des Malerhandwerks 116, 126
- des Nahrungsmittelhandwerks 114, 115
- des Nahrungs- und Genußmitteleinzelhandels 108–111
- des Nicht-Nahrungsmitteleinzelhandels 111–113
- des Nicht-Nahrungsmittelhandwerks 116, 117
- des Radio-, Fernseh- und Elektrofacheinzelhandels 112
- des Raumausstatterhandwerks 116
- des Schuhfacheinzelhandels 113
- des Schuhmacherhandwerks 116
- des Spielwarenfacheinzelhandels 112
- des Sportartikelfacheinzelhandels 112
- des Tischler- und Schreinerhandwerks 116
- des Uhren- und Schmuckfacheinzelhandels 112
Genossenschaften mit beschränkter Haftpflicht 139, 174
Genossenschaften mit unbeschränkter Haftpflicht 139, 174
Genossenschaften ohne Haftpflicht 174
Genossenschaftliche Rechtsform siehe Rechtsform der (eingetragenen) Genossenschaft
Genossenschaftlicher Informations Service (GIS) 71, 78
Genossenschaftliches Bank-Führungsseminar 168
Genossenschaftsbank Berlin (GBB) 69
Genossenschaftsbanken 55–88; siehe auch Kreditgenossenschaften

Genossenschaftsbetrieb 146, 148, 172
Genossenschaftsgedanke 187
Genossenschaftsgesetz 14, 21, 26–28, 31, 65, 92, 139, 148, 150, 151, 171, 173, 181
Genossenschaftsidee 20, 187, 189, 199–202, 204
Genossenschafts-Identität 202, 203
Genossenschaftskassen für Handwerk und Gewerbe (GHG) 45, 46, 57
Genossenschaftskultur 202–204
Genossenschaftsrechtsnovellen 36, 37
Genossenschaftsregister 172, 173
Genossenschaftsverbände siehe Verbände
Genossenschaftsverband Bayern 81
Genossenschaftsverband Berlin-Hannover 81
Genossenschaftsverband Hessen/Rheinland-Pfalz/Thüringen 81
Genossenschaftsverband Rheinland 82
Genossenschaftsverband Sachsen 82
Genossenschaftsverband Weser-Ems 82
Genossenschaftswesen (Begriff) 13, 15
Genossenschaftswissenschaft 148, 160
Germanen, germanische Stämme 16
Gesamtverband der Wohnungswirtschaft 134, 142, 143, 190, 191
Gesamtverband Gemeinnütziger Wohnungsunternehmen 39, 142
Geschäftsanteile 23, 60, 174
Geschäftsbezirk 23
Geschäftsguthaben 49, 60, 174
Gesetz gegen Wettbewerbsbeschränkungen 41, 181, 182, 184
Gesetz über die Deutsche Genossenschaftsbank 69
Gewerbefreiheit 18
Gewerbliche Genossenschaften 14, 26, 30, 31, 48, 107, 179, 182, 192
Gewinnsparen 58
Gilden 17, 18
Gironetz 21
Giroverband der deutschen Genossenschaften 21
GmbH-Gesetz 171
Großeinkaufs-Gesellschaft Deutscher Consumvereine (GEG) 25, 32, 130, 133

Großeinkaufs-Gesellschaft Deutscher Konsumgenossenschaften 40
Groß-Einkaufs-Zentrale deutscher Konsumvereine (GEZ) 133
Gründungsgutachten 176
Grünfuttertrocknungsgenossenschaften 100
Grundauftrag der Genossenschaften 147, 148
Grundgesetz 11, 187
GZB-Bank Genossenschaftliche Zentralbank AG Stuttgart 64

Haftendes Eigenkapital 60
Haftpflicht
– beschränkte 27
– unbeschränkte 22, 26, 27
Haftsumme 29
Haftsummenkredite 29, 30
Haftsummenverpflichtung der Mitglieder 175
Haftsummenzuschlag 60
Haftung der Mitglieder 174
Handelsbilanz 12
Handwerkereinkaufsgenossenschaften siehe Genossenschaften des Handwerks
Hauptgenossenschaften 91–93, 105
Hauptverband deutscher Baugenossenschaften 34
Hauptverband deutscher gewerblicher Genossenschaften 31–33
Hauptverband deutscher Wohnungsunternehmen (Baugenossenschaften und -gesellschaften) 37
Hausbanken 66, 70
Hilfsgeschäfte 178
Hilfs- und Ergänzungsgenossenschaften 18
Holdinggesellschaften, regionale genossenschaftliche 55, 64, 72
Hypothekarkredit, Hypothekendarlehen 66, 73

ICCREA 196
Identitätsprinzip 15, 148, 149, 158, 169, 201
Image der Genossenschaften 158–162, 201, 202

Immobilienfinanzierungen im Ausland 74
Immobilienfonds 73, 76
Importe siehe Einfuhren
Industrialisierung 11, 18, 19, 138
Industriegesellschaft 157
Industriestaaten 11
Integrierte Genossenschaft 150
Interfunk 126
Internationale Raiffeisen-Union 193
Internationaler Genossenschaftsbund 143, 189, 190
Internationales Arbeitsamt 189
Intersport Deutschland 126
Investment-Zertifikate, -fonds 66

Jagdgenossenschaften 14

Kalthausgenossenschaften 177
Kapitalanlagen, Kapitalanlagegesellschaften 65, 76, 86
Kapitalbeteiligungen 150, 151
Kartell 183, 184
Kaufring AG 112, 136
Kleine und mittlere Betriebe, Unternehmen 12, 28, 58, 184, 185
Konsortialkredit, Konsortialgeschäft 65, 70
Konsumgenossenschaft Berlin 132
Konsumgenossenschaft Dortmund-Kassel 132, 135
Konsumgenossenschaft Dresden 132
Konsumgenossenschaften 14, 25, 30, 32, 34, 37, 39, 46, 110, 112, 129–136, 179, 182, 190, 192
Konsumgenossenschaft Leipzig 132
Konsum-Prüfverband 128, 134, 135
Konsumvereine 25
– landwirtschaftliche 23–25
Konvertibilität der Deutschen Mark 41
Kooperationsabkommen, Kooperationen (grenzüberschreitende) 72, 74, 77, 113, 190, 194–198
Koordinierungsausschuß der Genossenschaftsverbände der EG 191
Kreditbanken 86

Nebengeschäfte 178, 179
NEUE LÜBECKER Schleswig-
   Holsteinische Baugenossenschaft 141
Neuform Vereinigung Deutscher
   Reformhäuser 111
Norddeutscher Genossenschaftsverband 82
Nordwesthandel AG 112
Nord-West-Ring Schuh-Einkaufs-
   genossenschaft 112
Norinchukin Bank 196
NOWEDA Nordwestdeutsche Apotheker-
   genossenschaft 118
Nürnberger Bund Großeinkauf 112

Obst- und Gemüsegenossenschaften
   97, 177
Öffentlich-rechtliche Genossenschaften 14
Ökonomisierung 149
Österreichische Volksbanken-AG 195
OKOBANK 195, 196
Oldenburgische Zentral-Genossenschaft
   für Viehverwertung 96
Organe der Genossenschaft 175
Ortsbezogenheit 88

Personalkredit 29
Personenbezogenheit der Genossenschaft
   153
Personenschiffahrtsgenossenschaften 120
Pflichtmitgliedschaft im Prüfungsverband
   14, 36
Pflichtprüfung 27, 28, 36, 176
Post-Spar- und Darlehnsvereine 61, 62
Prager Handelsbank 71
Preußische Central-Genossenschafts-Kasse
   (»Preußenkasse«) 27–32, 34, 35, 63, 67,
   68, 70, 73
Privateigentum 13
Privatrechtliche Genossenschaften 14
Produktionsgenossenschaften 57, 121
 – des Handwerks (PGH) 45, 121
Produktivgenossenschaften 43, 45, 48, 101,
   121, 190
Programmkredite 58, 65, 70, 86
Prüfung(sfunktion) 49, 53, 122, 142
Prüfungsrecht 176

Prüfungsverbände
   siehe Regionale Prüfungsverbände
Prüfungsverband der Deutschen
   Verkehrsgenossenschaften 123
Prüfungsverband Deutscher
   Produktivgenossenschaften 123
Publikumsfonds 76

Rabatt, Rabattgesetz 131
Rabobank Nederland 196, 197
Raiffeisen Allgemeine Versicherungs-
   gesellschaft 35, 77
Raiffeisenbanken 55, 57, 194;
   siehe auch Kreditgenossenschaften
Raiffeisen-Central-Genossenschaft
   Nordwest 92
Raiffeisendruckerei 79
Raiffeisen, Fassbender & Cons. 23, 92
Raiffeisen Hauptgenossenschaft Frankfurt
   92
Raiffeisen Hauptgenossenschaft, Hannover
   92
Raiffeisen Hauptgenossenschaft Nord 92
Raiffeisen-Lebensversicherungsbank 35, 77
Raiffeisen- und Volksbanken-Versicherung
   40, 77
Raiffeisen-Warenzentrale Kurhessen-
   Thüringen 92
Raiffeisen-Waren-Zentrale Rheinland 93
Raiffeisen Zentralgenossenschaft,
   Karlsruhe 93
Rechenzentralen, genossenschaftliche
   65, 78, 105
Rechtsform der (eingetragenen)
   Genossenschaft 14
Redliche Pioniere von Rochdale 24
Regionale genossenschaftliche Zentral-
   banken siehe Zentralbanken, regionale
   genossenschaftliche
Regionale Prüfungsverbände, Regional-
   verbände 24, 31, 53, 55, 81, 82, 89, 103,
   108, 142, 164, 176
Registergericht 36
Reichsverband der deutschen landwirt-
   schaftlichen Genossenschaften 24, 31,
   164

Kreditgenossenschaften 14, 19, 22, 24, 26, 29, 30, 33, 34, 36, 42, 48, 49, 55, 57–63, 69, 82, 179, 182, 189, 190
Kreditgenossenschaften mit Warengeschäft, -verkehr 19, 22, 24, 48, 60, 89–91, 103, 105
Kreditgeschäft 58, 62, 63, 65, 70, 86, 196
Kreditwesengesetz 58, 60, 65, 175
Kurhessische Molkereizentrale, Kassel 94

Länderverfassungen 186
Ländliche Centralkasse AG 63
Ländliche Genossenschaften 14, 26, 30, 34, 37, 44, 89–107, 177, 180, 182, 190
Lagergeschäft 108
Landwirtschaftliche Central-Darlehnskasse 23
Landwirtschaftliche Dorfgenossenschaft 42
Landwirtschaftliche Genossenschaftsbank AG 63
Landwirtschaftliche Produktions- genossenschaften (LPG) 43–45, 101
Landwirtschaftliche Zentralkasse für das Großherzogtum Hessen 63
Leasing 66, 73–75, 196
Leistungsbilanz 12
Liberalisierung des Auslandszahlungs- verkehrs 41
Liberalisierung des Wirtschaftslebens 18
Liquiditätsausgleichsstelle, -zentrale 65, 70, 72
London & Continental Bankers 194

Malergenossenschaften siehe Genossen- schaften des Malerhandwerks
Marketing 88, 113
Markgenossen, Markgenossenschaft 16
Marktanteile, -stellung, -gewicht
– Genossenschaftsbanken 86–88, 159, 160, 200
– gewerbliche Genossenschaften 126, 127
– Konsumgenossenschaften 130–132, 136
– ländliche Genossenschaften 106, 107, 200
– Wohnungsgenossenschaften 143
Marktgenossenschaft 149
Marktmacht, gegengewichtige 154, 156

Marktvereinigungen 98
Marktwirtschaft, Soziale 13, 40, 41, 64, 139, 155, 201
Maschinen- und Dreschgenossenschaften 177
Mehrstimmrecht 152, 176
Mehrzweckgenossenschaften 89
Mergers and Acquisitions 73, 75, 196
Mißbrauchsaufsicht 182, 185
Mitarbeiter der Genossenschaften siehe Beschäftigte in den Genossenschaften
Mitglieder 148, 150, 152, 157, 158, 163, 183
– gewerbliche Genossenschaften 112, 121, 123
– Konsumgenossenschaften 131, 132, 135
– Kreditgenossenschaften 58, 61, 83
– ländliche Genossenschaften 103, 105
– Wohnungsgenossenschaften 139, 144
Mitgliederförderung 41, 83, 113–115, 119, 136, 138, 147, 172, 200, 202, 203
Mitgliederstruktur 61, 83
Mitgliedschaften in Genossenschaften 30, 36, 48, 159, 174
Mittelstand, mittelständisch 12, 20, 29, 30, 32, 48, 57, 58, 61, 70, 75, 83, 110, 112, 115, 117, 128, 130, 158, 161, 186, 191, 193
Mittelstandsempfehlung 185
Mittelstandsvereinbarung 184
Mittel- und Kleinbetriebe siehe kleine und mittlere Betriebe, Unternehmen
Molkereigenossenschaften 24, 94–96, 105, 106, 177
Molkerei-Zentrale Bayern 94
Molkerei-Zentrale Hessen 94
Molkereizentralen 94–96, 105
Molkerei-Zentrale Südwest 95
Molkerei-Zentrale Westfalen-Lippe 95
Moselland Winzergenossenschaft 99
Münchener Hypothekenbank 73
MZO Molkereizentrale Oldenburg-Osnabrück-Ostfriesland 95

Nachschußpflicht 60, 174, 175
Nahe-Winzer 99
Naturkostgenossenschaften 134

Reichsverband der deutschen landwirtschaftlichen Genossenschaften
   – Raiffeisen – 34, 80, 102
Reichsverband deutscher Konsumvereine 32
Revision 28
Revisionistische Marx-Kritik, Revisionismus 25, 32, 130
Revisionsbestimmungen 15
Revisionsverbände
   siehe Regionale Prüfungsverbände
Revisionsverband deutscher Konsumgenossenschaften 128, 134
Revisor 27, 36
REWE-Genossenschaften 110, 155
REWE-Prüfungsverband 33, 122
REWE-Zentral-AG 36, 108, 125
REWE-Zentralfinanz 125
Rheinhessen Winzer 99
Rheinische Landwirtschaftliche Genossenschaftsbank 63
Ring der Wohnungsbaugenossenschaften 141
Rohstoffassoziationen 20, 24
Rücklagen 60, 174
Rückvergütung 130, 179
R+V Versicherungsgruppe 77, 86, 192, 193, 198
RZB 195–197

Saarländischer Genossenschaftsverband 82
Sanacorp eG 118
Satzung 173, 175, 183
Scheckkarten 59
Schiffahrtsgenossenschaften siehe Binnenschiffahrtsgenossenschaften
Schloß Montabaur 80, 166
Schulung, Schulungseinrichtungen 80, 82, 88, 122
Schulungsfunktion 49
Selbstbedienungsläden 130
Selbsthilfe 20, 155, 184, 186, 200, 201, 204
Selbstverantwortung 153, 200, 204
Selbstverwaltung 153, 200, 201, 204
Seniorengenossenschaften 141

SGZ-Bank Südwestdeutsche Genossenschafts-Zentralbank 64, 197
Sicherungseinrichtung, -fonds 60, 61, 80, 81
Sippe, Sippenverband 16
Solidarhaft 21
Solidarische Selbsthilfe 19, 21, 154
Solidarität 20, 153, 157, 175
Soll- und Habenzinsabkommen
   siehe Zinsabkommen
Soziale Marktwirtschaft
   siehe Marktwirtschaft, Soziale
Sozialistische Genossenschaften 44, 45, 139, 201
Sparbrief 58
Sparda-Banken 61, 62
Sparkassen, -sektor 21, 86, 159
Sparobligation 59
Spezialfonds 76
Spezialgenossenschaften 24, 91
Spitzeninstitute,
   nationale genossenschaftliche 194–196
Spitzenverbände (der Genossenschaftsorganisationen) 79, 122
Statut siehe Satzung
Statut der Europäischen Genossenschaft 198
Stein-Hardenberg'sche Reformen 19
Steuerbefreiung 177–179
Steuerberatergenossenschaft siehe DATEV
Steuerreformgesetz 179
Stimmrecht 152
Stimmvollmacht 152
Straßen(güter)verkehrsgenossenschaften 120
Südfleisch 96
SWIFT 59, 197

Tabakwaren-Großeinkaufszentrale 111, 125
TAWAGRO-Gruppe 111
Taxigenossenschaften 120, 127
Taxi-Zentral-Genossenschaft 120, 125
TIPANET 59, 197
Traditioneller Genossenschaftstyp 149
Trocknungsgenossenschaften 177

Übersetzergenossenschaften 119
Übertragungsbilanz 12
UGAL 191, 192
Umsatz
– gewerbliche Genossenschaften 123, 125
– Konsumgenossenschaften 135
– ländliche Genossenschaften 103, 105
Umwandlungsverordnung 115, 121
Umweltschutz 76, 98, 133
UNICO-Bankengruppe 72, 195, 196
UNICO Banking Institute 196
Union-Investment-Gesellschaft 75, 76, 84
Universalbanken 58, 60, 86
Unternehmensfinanzierung 58
Unternehmenskultur der Genossenschaften siehe Genossenschaftskultur
Unternehmensleitbild, genossenschaftliches 169, 201, 203, 204

VEDES Vereinigung der Spielwaren-Fachgeschäfte 126
Verbände 27, 49
Verband der Baugenossenschaften Deutschlands 34
Verband der Europäischen Sozialen und Genossenschaftlichen Apotheken 191
Verband der hessischen landwirtschaftlichen Konsumvereine 24
Verband der Konsumgenossenschaften 128, 131, 134
Verband der Post-Spar- und Darlehnsvereine 62, 82
Verband der Sparda-Banken 62, 82
Verband Deutscher Produktivgenossenschaften 123
Verbandskassen 29
Verbandswesen, genossenschaftliches 79–82, 102, 103, 122, 123, 134, 135, 142, 143
Verbrauchergenossenschaften 134
Verbund 158, 203; siehe auch Finanzverbund, genossenschaftlicher
Verbundintensivierung 150
Verbundunternehmen, -institute 55, 58, 72–79, 82, 84

Vereinigung der gegenseitigen Bauernhilfe (Bäuerliche Handelsgenossenschaft) – VdgB (BHG) 42
Vereinigung der gegenseitigen Bauernhilfe (VdgB) 42
Vereinigung der Genossenschaftsbanken der EG 191, 193
Vereinigung Rheinischer Molkereien 95
Vereinte Nationen 189, 200
Verein zur Förderung der Bundesgenossenschaftsschule – Raiffeisen – 166
Verein zur Förderung des Schulze-Delitzsch-Instituts 166
Verkehrsgenossenschaften 119, 120
Vermietungsgenossenschaften 140, 177–180
Vermittlungsgeschäft 59, 110, 113, 115
Vermögensverwaltung 73, 76
Versicherungswesen, genossenschaftliches 66, 73
Vertreterversammlung 152, 175
Vieh- und Fleischgenossenschaften 96, 97
Vieh- und Fleischzentralen 96, 97, 105, 106
Viehzentrale Südwest 96
Volksbanken 20, 32, 46, 55, 57, 191, 194; siehe auch Kreditgenossenschaften
Vorschußvereine 20, 21, 24
Vorstand 151, 152, 175
VR-Leasing 74

Wagnisfinanzierungsgesellschaft 75
Waldgenossenschaften 14
Warenrückvergütung siehe Rückvergütung
Warenzentralen 31, 91; siehe auch Zentralgenossenschaften
Wasserleitungsgenossenschaften 100
Wasser- und Bodengenossenschaften 14
Weidegenossenschaften 100
Weinabsatzzentrale Deutscher Winzergenossenschaften 99
Werbung 79, 108, 113, 115, 116
Wertpapierdepots 75
Wertpapiergeschäft 59, 65, 70, 72, 73, 78, 86, 196
Wertpapier-Verbund-System 71
Westfälische Landwirtschaftliche Bank 63

Westfälischer Genossenschaftsverband 82
Westfleisch Vieh- und Fleischzentrale Westfalen 96
Wettbewerb 149, 153–155, 157, 158, 169, 183, 184, 201, 204
Wettbewerbsbeschränkung 183
Wettbewerbspolitische Funktion der Genossenschaften 154
WGZ-Bank Westdeutsche Genossenschafts-Zentralbank 64, 84, 197
Wiedervereinigung Deutschlands 11, 13, 53, 57, 62, 69, 74, 82, 91, 101, 102, 110, 121, 134, 140, 144
Willensbildung in Genossenschaften 151
WINORA Wirtschaftvereinigung deutscher Ärzte 118
Winzergenossenschaften 24, 98, 99, 105, 177
Wirtschaftliches Potential
– Genossenschaftsbanken 82–88
– gewerbliche Genossenschaften 123–128
– Konsumgenossenschaften 135, 136
– ländliche Genossenschaften 103–107
– Wohnungsgenossenschaften 143–145
Wirtschaftsstruktur Deutschlands 11, 123
Wirtschafts- und Währungsunion (WWU) 12
WLZ Raiffeisen 93
Wohnungsbauförderungsprogramme der öffentlichen Hand 139
Wohnungsgemeinnützigkeitsgesetz 140, 141, 142, 179
Wohnungsgenossenschaft Aufbau Dresden 141
Wohnungsgenossenschaften 14, 25, 27, 30, 34, 37, 136–145, 177, 179, 182, 190
Württembergischer Genossenschaftsverband 82
Württembergische Weingärtner-Zentralgenossenschaft 99

Zahlungsverkehr(sabwicklung) 46, 59, 65, 70, 72, 78, 196, 197
ZEDACH Zentralgenossenschaft des Dachdeckerhandwerks 117, 125
ZENTRAG Zentralgenossenschaft des deutschen Fleischergewerbes 115, 125
Zentralbanken, regionale genossenschaftliche 43, 55, 57, 58, 63–67, 69, 72, 82, 84, 194, 195, 197; siehe auch Zentralkassen,
regionale genossenschaftliche
Zentrale Einkaufsgenossenschaft Deutscher Konsumgenossenschaften (ZEG) 133
Zentralen siehe Zentralgenossenschaften
Zentralgenossenschaften 23, 27, 36, 49, 107, 117, 123, 125, 133, 152, 156, 158, 182
Zentralgenossenschaftskasse für Niedersachsen 63
Zentralkassen, regionale genossenschaftliche 29–32, 35, 68, 69; siehe auch Zentralbanken,
regionale genossenschaftliche
Zentralkellereien 98, 99, 105
Zentralregulierung 75, 113, 117, 133
Zentralverband der genossenschaftlichen Großhandels- und Dienstleistungsunternehmen (ZENTGENO) 39, 122, 192
Zentralverband der Schuhmacher-Rohstoffgenossenschaften 36, 117, 125
Zentralverband deutscher Konsumgenossenschaften 39
Zentralverband deutscher Konsumvereine 31, 32, 130, 165
Zentralverband Gewerblicher Verbundgruppen (ZGV) 53, 108, 122, 192
Zinsabkommen 88
Zuchtgenossenschaften 100
Zünfte 17, 18
Zukunft der Genossenschaften 199–204
Zunftzwang 18
Zweckgeschäfte 178, 179
Zweistufigkeit 55, 108, 115, 117

Bisher erschienen in der Schriftenreihe
*Veröffentlichungen der
DG BANK Deutsche Genossenschaftsbank*

Band 1	Dr. Helmut Faust Die Zentralbank der deutschen Genossenschaften. Vorgeschichte, Aufbau, Aufgaben und Entwicklung der Deutschen Genossenschaftskasse. 1967 (vergriffen)
Band 2	Konrad Engelmann Soziologische und psychologische Aspekte des genossenschaftlichen Aufbaues in Entwicklungsländern. Eindrücke und Erfahrungen aus der Genossenschaftsarbeit des Nahen Ostens, Asiens und Afrikas, ergänzt durch Berichte aus anderen Ländern. 1966 (vergriffen)
Band 3	Nationale Coöperatieve Raad Das Genossenschaftswesen in den Niederlanden. 1966 (vergriffen)
Band 4	Dr. Erwin Hasselmann Die Rochdaler Grundsätze im Wandel der Zeit. 1968 (vergriffen) *(Schwedische Übersetzung unter dem Titel Rochdale-grundsatserna, De kooperativa idéernas historia, Stockholm 1971)*
Band 5	William Pascoe Watkins Die internationale Genossenschaftsbewegung. Ihr Wachstum, ihre Struktur und ihre zukünftigen Möglichkeiten. 1969 (vergriffen) *(Schwedische Übersetzung unter dem Titel Internationall kooperation, Stockholm 1971)* *(Englische Übersetzung unter dem Titel The International Co-operative Movement, its Growth, Structure and Future Possibilities, Manchester 1976)* *(Spanische Übersetzung unter dem Titel El Movimiento Cooperativo Internacional, Buenos Aires 1977)* *(Japanische Übersetzung Tokyo 1979)*

Band 6   Genossenschaftswesen in der Schweiz
Mit Beiträgen von Arnold Edelmann, Wilhelm Gasser, Alfred Gutersohn, Ernst Jaggi, Werner Kellerhals, Heinrich Küng, Paul Meyer und Jörg Schuh.
Herausgegeben von Ernst-Bernd Blümle.
1969 (vergriffen)

Band 7   DDr. Hans Georg Ruppe
Das Genossenschaftswesen in Österreich.
1970 (vergriffen)

Band 8   Prof. Dr. Reinhold Henzler
Der genossenschaftliche Grundauftrag: Förderung der Mitglieder. Gesammelte Abhandlungen und Beiträge.
1970 (vergriffen)

Band 9   Margaret Digby
Das Genossenschaftswesen in Großbritannien.
1971, 230 Seiten, Leinen, DM 56,80

Band 10   Dr. Theodor Bergmann
Die Genossenschaftsbewegung in Indien.
Geschichte, Leistungen, Aufgaben.
1971, 200 Seiten, Leinen, DM 59,80

Band 11   Dr. Felix Viehoff
Zur mittelstandsbezogenen Bankpolitik des Verbundes der Genossenschaftsbanken.
Teil I: Zum Begriff und zur wirtschaftlichen Bedeutung des Mittelstandes (unter Mitarbeit von Eckart Henningsen).
1978 (vergriffen)

Band 12   Dr. Felix Viehoff
Zur mittelstandsbezogenen Bankpolitik des Verbundes der Genossenschaftsbanken.
Teil II: Wirtschaftlicher Mittelstand und genossenschaftliche Bankpolitik (unter Mitarbeit von Gunther Aschhoff).
1979, 150 Seiten, Leinen, DM 32,50

Band 13   Dr. Felix Viehoff
             Zur mittelstandsbezogenen Bankpolitik des Verbundes der Genossenschaftsbanken.
             Teil III: Zum Zusammenwirken in der kreditgenossenschaftlichen Organisation.
             1980, 182 Seiten, Leinen, DM 38,–

Band 14   Prof. Dr. Dr. h. c. Georg Draheim
             Grundfragen des Genossenschaftswesens.
             Reden und Aufsätze.
             1983, 192 Seiten, Leinen, DM 28,–

Band 15   Dr. Gunther Aschhoff / Eckart Henningsen
             Das deutsche Genossenschaftswesen.
             Entwicklung, Struktur, wirtschaftliches Potential.
             Erste Auflage, 1985, 168 Seiten, Leinen, DM 36,–
             (Englische Übersetzung unter dem Titel The German Cooperative System.
             Its History, Structure and Strength, Frankfurt am Main 1986)
             (Chinesische Übersetzung Taiyuan, Shanxi 1989)
             (Japanische Übersetzung Tokyo 1990)
             (Arabische Übersetzung in Vorbereitung)
             Zweite, völlig überarbeitete und erweiterte Auflage,
             1995, 240 Seiten, Leinen, DM 56,–

Band 16   Prof. Dr. Werner Grosskopf
             Strukturfragen der deutschen Genossenschaften.
             Teil I: Der Förderungsauftrag moderner Genossenschaftsbanken
             und seine Umsetzung in die Praxis
             (unter Mitarbeit von Roman Glaser und Ludwig Glatzner).
             1990, 188 Seiten, Leinen, DM 48,50

Band 17   Prof. Dr. Hans-H. Münkner
             Strukturfragen der deutschen Genossenschaften.
             Teil II: Genossenschaftliche Identität und Identifikation der Mitglieder
             mit ihrer Genossenschaft.
             1990, 257 Seiten, Leinen, DM 56,50

Band 18   Prof. Dr. Horst Seuster / Dr. Stephan Gerhard
             Strukturfragen der deutschen Genossenschaften.
             Teil III: Verbesserung der Eigenkapitalausstattung bei Kreditgenossenschaften.
             1990, 195 Seiten, Leinen, DM 51,80

Band 19   Prof. Dr. Hans-H. Münkner
          Strukturfragen der deutschen Genossenschaften.
          Teil IV: Chancen der Genossenschaften in den neunziger Jahren.
          1991, 240 Seiten, Leinen, DM 58,–

Heft 1   Dr. Ulrich Brixner
          Credit Unions in den USA.
          Struktur, Funktionen, Probleme.
          1971, 118 Seiten, broschiert, DM 28,–

FRITZ KNAPP VERLAG · FRANKFURT AM MAIN